사회보장제도 진단과 대안 모색

사회보장제도 진단과 대안 모색

국정과제협의회 정책기획시리즈 **09**

노대명 김현경 정세은
강병구 양난주 정창수
강희정 이승호 정해식
구인회 이원진 최옥금
김 윤 장지연 하준경

대통령직속
정책기획위원회
소득주도성장특별위원회

차 례

표 차례

그림 차례

국정과제협의회 정책기획시리즈
발간에 붙여

대통령직속 정책기획위원회
위원장 조대엽

1. 문재인 정부 5년, 정책기획위원회 5년을 돌아보며

문재인 정부가 출범한 지 5년차가 되었습니다. 돌이켜보면 전국의 거리를 밝힌 거대한 촛불의 물결과 전임 대통령의 탄핵, 새 정부출범에 이르는 과정은 '촛불혁명'이라고 할 만했습니다. 2016년 촛불혁명은 법과 제도의 틀에서 전개된 특별한 혁명이었습니다. 1,700만 명의 군중이 모여 촛불의 바다를 이루었지만 법의 선을 넘지 않았습니다. 전임 대통령의 탄핵과 새 대통령의 선출이 법과 정치적 절차의 훼손 없이 제도적으로 진행되었습니다. '제도혁명'이라고도 부를 수 있는 참으로 특별한 정치 과정이 아닐 수 없습니다. 세계적으로 대의 민주주의의 위기와 한계가 뚜렷한 가운데 2017년 문재인 정부의 출범 과정은 현대 민주주의의 범위와 내용을 제도적으로 확장한 정치사적 성과라고도 할 수 있습니다.

현대 민주주의의 괄목할 만한 진화를 이끌고 제도혁명으로 집권한 문재인 정부가 5년차를 맞았습니다. 선거 후 바로 대통령 취임과 함께 국정기획자문위원회가 출발해 100대 국정과제를 선별하면서 문재인 정부의 정치 일정이 시작되었습니다. 집권 5년차를 맞으며 인수위도 없이 출발한 집권 초기의 긴박한 과정을 떠올리면 문재인 정부는 임기 마지막까지 국정의 긴장을 늦출 수 없는 운명을 지녔습니다. 어쩌면 문재인 정부는 '제도혁명정부'라는 특별한 성격을 갖는다는 점에서 거의 모든 정부가 예외 없이 겪었던 임기 후반의 '레임덕'이라는 표현은 정치적 사치일 수 있습니다. 문재인 정부의 남은 시간 동안 지난 5년의 국정 성과에 이어 마지막까지 성과를 만들어냄으로써 국정의 긴장과 동력을 잃지 않는 일이 무엇보다 중요한 시점입니다. 그것이 문재인 정부의 역사적 소명이기도 합니다.

정책기획위원회는 지난 5년간 대통령 직속기구로서 폭넓은 국정자문 활동을 했습니다. 정책기획위원회의 주된 일은 국정과제 전반을 점검하고 대통령에게 필요한 내용들을 보고하는 일입니다. 지난 5년 정책기획위원회의 역할을 구분하면 정책 콘텐츠 관리와 정책 네트워크 관리, 정책소통 관리라는 세 가지로 요약할 수 있습니다.

먼저, 정책 콘텐츠 관리는 국가 중장기 발전전략 및 정책 방향 수립과 함께 100대 국정과제의 추진과 조정, 국정과제 관련 보고회의 지원, 국정분야별 정책 및 현안과제 연구, 대통령이 요구하는 국가 주요 정책 연구 등을 포괄합니다. 둘째로 정책 네트워크 관리는 청와대, 총리실, 정부부처, 정부출연 연구기관, 정당 등과의 협업 및 교류가 중요하며, 학계, 전문가 집단, 시민단체 등과의 네트워크 확장을 포함합니다. 특히 정책기획위원회는 대통령 소속 위원회를 통괄하는 기능을 갖기도 합니다.

대통령 소속의 9개 주요 위원회로 구성된 '국정과제협의회'의 의장위원회로서 대통령 위원회의 소통과 협업의 구심 역할을 했습니다. 셋째로 정책소통 관리는 정부부처 간의 소통과 협력을 매개하는 역할이나 정책 쟁점이나 정책 성과에 대해 국민들이 공감할 수 있도록 정책 담론을 생산하고 확산하는 일을 포괄합니다. 연구용역이나 주요 정책 TF 운용의 결과를 다양한 형태의 간담회, 학술회의, 토론회, 언론 기고, 자체 온라인 방송 채널을 통해 공유하기도 했습니다.

정책기획위원회의 1기는 정부 출범 시 '국정기획자문위원회'가 만든 100대 국정과제의 관리와 '미래비전 2045'를 만드는 데 중점이 두어졌습니다. 말하자면 정책 콘텐츠 관리에 중점을 둔 셈입니다. 정책기획위원회의 2기는 위기적 정책 환경에 대응하는 정책 콘텐츠 생산과 집권 후반부의 성과관리라는 측면에서 과제가 큰 폭으로 늘었습니다. 주지하듯 문재인 정부의 후반부는 세계사적이고 문명사적인 아주 특별한 시대적 위기를 맞고 있습니다. 코로나19 팬데믹이라는 문명사적 위기는 정책기획위원회 2기의 정책 환경을 완전히 바꾸었습니다. 정책기획위원회는 코로나19 발생 이후 포스트 코로나시대에 새롭게 부가되는 국정과제를 100대 과제와 조정 보완하는 작업, 감염병 대응과 보건의료체제 혁신을 위한 종합 대책의 마련, 코로나19 이후 거대 전환의 사회변동에 대한 전망, 한국판 뉴딜의 보완과 국정자문단의 운영 등을 새로운 과제로 진행했습니다.

정책기획위원회의 2기는 코로나19 팬데믹으로 인한 방역위기와 경제위기를 뚫고 나아가는 국가 혁신전략들을 지원하는 일과 함께, 무엇보다도 문재인 정부의 국정성과를 정리하고 〈국정백서〉를 집필하는 일이 남아 있습니다. 우리 위원회는 성과관리를 단순히 정부의 치적을 정리하는 수준이 아니라 국정성과를 국민의 성과로 간주하고 국민과 공유해야 한다는 차원에서 정책 소통의 한 축으로 간주하고 있습니다.

우리 위원회는 문재인 정부가 촛불혁명의 정부로서 그리고 제도혁명의 정부로서 지향했던 비전의 진화 경로를 종합적 조감도로 그렸고 이 비전 진화의 경로를 따라 축적된 지난 5년의 성과를 포괄적으로 정리하기도 했습니다. 다양한 정책성과 관련 담론들을 세부적으로 만드는 과정이 이어지는 가운데, 우리 위원회는 그간의 위원회 활동 결과로 생산된 다양한 정책담론들을 단행본으로 만들어 대중적으로 공유하면 좋겠다는 데에 뜻을 모았습니다. 이러한 취지는 정책기획위원회뿐 아니라 국정과제협의회 소속의 다른 대통령 위원회도 공유함으로써 단행본 발간에 동참하게 되었습니다. '국정과제협의회 정책기획시리즈'가 탄생했고 각 단행본의 주제와 필진 선정, 그리고 출판은 각 위원회가 주관해서 진행하는 것으로 했습니다.

정책기획위원회가 출간하는 이번 단행본들은 정부의 중점 정책이나 대표 정책을 다루는 것이 아닙니다. 또 단행본의 주제들은 특별한 기준에 따라 선별된 것도 아닙니다. 이번에 출간하는 단행본 시리즈의 내용들은 정부 정책이나 법안에 반영된 것도 있고 그렇지 않은 것도 포함되어 있습니다. 따라서 이 책의 내용들은 정부나 정책기획위원회의 공식 입장이라고 할 수 없습니다. 정책기획위원회에서 지난 5년간 다양한 방식으로 논의된 정책담론들 가운데 비교적 단행본으로 엮어내기에 수월한 것들을 모아 필진들이 수정하는 수고를 더한 것입니다. 문재인 정부의 정책기획위원회에 모인 백여 명의 정책기획위원들이 다양한 분야에서 국가의 미래를 고민했던 흔적을 담아보자는 취지라 할 수 있습니다.

2. 문재인 정부 5년의 국정비전과 국정성과에 대하여

문재인 정부는 촛불시민의 염원을 담아 '나라다운 나라, 새로운 대한민국'을 약속하며 출발했습니다. 지난 5년은 우리 정부가 국민과 약속한 나라를 만들기 위해 진지하고도 일관된 노력을 기울인 시간이었습니다. 지난 5년, 국민의 눈높이에 미흡하고 부족한 부분이 있었습니다. 그러나 예상하지 못한 거대한 위기가 거듭되는 가운데서도 정부는 국민과 함께 다양한 국정성과를 만들었습니다.

어떤 정부든 공과 과가 있기 마련입니다. 한 정부의 공은 공대로 평가되어야 하고 과는 과대로 평가되어야 합니다. 아무리 미흡한 부분이 있더라도 한 정부의 국정성과는 국민이 함께 만든 것이기 때문에 국민적으로 공유되어야 하고, 국민적 자부심으로 축적되어야 합니다. 국정의 성과가 국민적 자부심과 자신감으로 축적되어야 새로운 미래가 있습니다.

정부가 국정 성과에 대해 오만하거나 공치사를 하는 것은 경계해야 할 일이지만 적어도 우리가 한 일에 대한 자신감과 자부심 없이는 대한민국의 미래 또한 밝을 수 없습니다. 정책기획위원회는 이 같은 취지로 2021년 4월, 『문재인 정부 국정비전의 진화와 국정성과』라는 제목의 보고서를 만들었고, 이 보고서를 바탕으로 5월에는 문재인 정부 4주년을 기념하는 컨퍼런스도 개최했습니다.

문재인 정부는 2017년 출범 후 '국민의 나라, 정의로운 대한민국'을 국가비전으로 제시하고 5대 국정목표, 20대 국정전략, 100대 국정과제를 제시했습니다. '국민의 나라, 정의로운 대한민국'이라는 국정의 총괄 비전은 "대한민국의 모든 권력은 국민으로부터 나온다"라고 하는 헌법 제1조의 정신입니다. 여기에 '공정'과 '정의'에 대한 문재인 대통령의 통치 철학을 담았습니다. 정의로운 질서는 사회적 기회의 윤리인 '공정', 사회적 결과의 윤리인 '책임', 사회적 통합의 윤리인 '협력'이라는 실천윤리가 어울려 완성됩니다. 문재인 정부 5년은 공정국가, 책임국가, 협력국가를 향한 일관된 여정이었습니다. 그리고 문재인 정부의 국정성과는 공정국가, 책임국가, 협력국가를 향한 일관된 정책의 효과였습니다.

돌이켜보면 문재인 정부 5년은 중첩된 위기의 시간이었습니다. 집권 초기 북핵위기에 이은 한일통상위기, 그리고 코로나19 팬데믹 위기라는 예측하지 못한 3대 위기에 문재인 정부는 놀라운 위기 대응 능력을 보였습니다. 2017년 북핵위기는 평창올림픽과 다자외교, 국방력 강화를 통한 한반도 평화 프로세스로 위기 극복의 성과를 만들었습니다. 2019년의 한일통상위기는 우리 정부와 기업이 소부장산업 글로벌 공급망을 재편하고 소부장산업 특별법 제정 등 모든 수단을 동원해 제조업의 경쟁력을 강화함으로써 위기를 극복했습니다. 일본과의 무역마찰을 극복하는 이 과정에서 '아무도 흔들 수 없는 나라'를 만들겠다는 대통령의 약속이 있었고 마침내 우리는 일본과 경쟁할 만하다는 국민적 자신감을 갖게 되었습니다.

이제는 핵심 산업에서 한국 경제가 일본을 추월하게 되었지만 우리 국민이 갖게 된 일본에 대한 자신감이야말로 무엇보다 큰 국민적 성과가 아닐 수 없습니다.

2020년 이후의 코로나19 위기는 지구적 생명권의 위기이자 인류 삶의 근본을 뒤흔드는 문명사적 위기라 할 수 있습니다. 우리는 개방, 투명, 민주방역, 과학적이고 창의적 방역으로 전면적 봉쇄 없이 팬데믹을 억제한 유일한 나라가 되었습니다. K-방역의 성공은 K-경제의 성과로도 확인됩니다. K-경제의 주요 지표들은 우리 경제가 코로나19 이전으로 회복되었을 뿐 아니라 성공적 방역으로 우리 경제가 새롭게 도약하고 있다는 사실을 보여주고 있습니다.

문재인 정부 5년 간 겪었던 3대 거대 위기는 인류의 문명사에 대한 재러드 다이아몬드식 설명에 비유하면 '총·균·쇠'의 위기라 할 수 있습니다. 인류문명을 관통하는 총·균·쇠의 역사는 제국주의로 극대화된 정복과 침략의 문명사였습니다. 그러나 문재인 정부가 지난 5년 총·균·쇠에 대응한 방식은 평화와 협력, 상생의 패러다임으로 인류의 신문명을 선도하는 것이었습니다. 세계가 이 같은 총·균·쇠의 새로운 패러다임에 주목하고 있습니다. 문재인 정부가 총·균·쇠의 역사를 다시 쓰고 인류문명을 새롭게 이끌고 있다고 감히 말할 수 있습니다.

문재인 정부는 지난 5년, 3대 위기를 극복함으로써 '위기에 강한 정부'의 성과를 얻었습니다. 또 한국판 뉴딜과 탄소중립 선언, 4차 산업혁명과 혁신성장, 문화강국과 자치분권의 확장을 주도해 '미래를 여는 정부'의 성과를 만들었습니다. 돌봄과 무상교육, 건강공공성, 노동복지 등에서 '복지를 확장한 정부'의 성과도 주목할 만합니다. 국정원과 검찰·경찰 개혁, 공수처 출범 및 시장권력의 개혁과 같은 '권력을 개혁한 정부'의 성과에도 주목해야 합니다. 나아가 문재인 정부는 한반도 평화유지와 국방력 강화를 통해 '평화시대를 연 정부'의 성과도 거두고 있습니다.

위기대응, 미래대응, 복지확장, 권력개혁, 한반도 평화유지의 성과를 통해 강한 국가, 든든한 나라로 거듭나는 정부라는 점에 주목하면 우리는 '문재인 정부 국정성과로 보는 5대 강국론'을 강조할 수 있습니다. 이 같은 '5대 강국론'을 포함해 주요 입법성과를 중심으로 '대한 민국을 바꾼 문재인 정부 100대 입법성과'를 담론화하고, 또 문재인 정부 들어 눈에 띄게 달라진 주요 국제지표를 중심으로 '세계가 주목 하는 문재인 정부 20대 국제지표'도 담론화하고 있습니다.

2021년 4월 26일 국정성과를 보고하는 비공개 회의에서 문재인 대 통령은 "모든 위기 극복의 성과에 국민과 기업의 참여와 협력이 있었 다"는 말씀을 몇 차례 반복했습니다. 지난 5년, 국정의 성과는 오로지 국민이 만든 국민의 성과입니다. 그래서 문재인 정부 5년의 성과는 오 롯이 우리 국민의 자부심의 역사이자 자신감의 역사입니다. 문재인 정 부 5년의 성과는 국민과 함께 한 일관되고 연속적인 국정비전의 진화 를 통해 축적되었습니다. '국민의 나라, 정의로운 대한민국'이라는 국 가비전이 구체화되고 세분화되어 진화하는 과정에서 '소득주도성장· 혁신성장·공정경제'의 비전이 제시되었고, 이러한 경제운용 방향은 '혁신적 포용국가'라는 국정비전으로 포괄되었습니다.

3대 위기과정을 극복하는 과정에서 문재인 정부는 '아무도 흔들 수 없는 나라', '위기에 강한 나라'라는 비전을 진화시켰고, 코로나19 팬 데믹 위기에서 '포용적 회복과 도약'의 비전이 모든 국정 방향을 포괄 하는 비전으로 강조되었습니다. 코로나19 팬데믹으로 인한 방역위기 와 경제위기를 극복하는 과정에서 대한민국은 새로운 세계표준이 되 었습니다. 또 최근 탄소중립시대와 디지털 경제로의 대전환을 준비하 는 한국판 뉴딜의 국가혁신 전략은 '세계선도 국가'의 비전으로 포괄 되었습니다.

이 모든 국정비전의 진화와 성과에는 국민과 기업의 기대와 참여가 있었습니다. 그러나 우리는 문재인 정부의 임기가 그리 많이 남지 않은 시점에서 국민의 기대와 애초의 약속에 미치지 못한 많은 부분들은 남겨놓고 있습니다. 혁신적이고 종합적인 새로운 그림이 필요한 부분도 있고 강력한 실천과 합의가 필요한 부분도 있습니다. 무엇보다도 민주주의에 대한 새로운 기획이 필요합니다. 문재인 정부는 촛불혁명이라는 제도혁명을 통해 민주주의를 진화시킨 정치사적 성과를 얻었으나 정작 민주주의에 대한 새로운 전망을 제시하는 데는 미치지 못했습니다. 문재인 정부는 헌법 제1조의 민주주의를 실현하고자 했으나 문재인 정부 이후의 민주주의는 국민의 행복추구와 관련된 헌법 제10조의 민주주의로 진화해야 할지 모릅니다. 민주정부 4기로 이어지는 새로운 민주주의의 디자인이 필요합니다.

둘째는 공정과 평등을 구성하는 새로운 정책비전의 제시와 합의가 요구됩니다. 오늘날 대부분의 국가는 정의로운 공동체를 추구합니다. 정의로운 질서는 불평등과 불공정, 부패를 넘어 실현됩니다. 이 같은 질서에는 공정과 책임, 협력의 실천윤리가 요구되지만 우리 시대에 들어 이러한 실천윤리에 접근하는 방식은 세대와 집단별로 큰 차이를 보입니다.

신자유주의 시대에 성장한 청년세대는 능력주의와 시장경쟁력을 공정의 근본으로 인식하는 반면 기성세대는 달리 인식합니다. 공정과 평등에 대한 '공화적 합의'가 필요합니다. 소득과 자산의 분배, 성장과 복지의 운용, 일자리와 노동을 둘러싼 공정과 평등의 가치에 합의함으로써 '공화적 협력'에 관한 새로운 그림이 제시되어야 합니다.

셋째는 지역을 살리는 그랜드 비전이 새롭게 제시되어야 합니다. 공공기관 이전을 통한 중앙정부 주도의 혁신도시 정책을 넘어 지역 주도의 메가시티 디자인과 한국판 뉴딜의 지역균형 뉴딜, 혁신도시 시즌

2 정책이 보다 큰 그림으로 결합되어 지역을 살리는 새로운 그랜드 비전으로 제시될 필요가 있습니다.

넷째는 고등교육 혁신정책과 새로운 산업 전환에 요구되는 인력양성 프로그램이 결합된 교육혁신의 그랜드 플랜이 만들어져야 합니다.

다섯째는 커뮤니티 케어에 관한 혁신적이고 복합적인 정책 디자인이 준비되어야 합니다. 지역 기반의 교육시스템과 지역거점 공공병원, 여기에 결합된 지역 돌봄 시스템이 복합적이고 혁신적으로 기획되어야 합니다.

이 같은 과제들은 더 큰 합의와 더 많은 시간이 필요합니다. 그러나 이러한 쟁점들이 다음 정부의 과제나 미래과제로 막연히 미루어져서는 안 됩니다. 문재인 정부의 국정성과들이 국민의 기대와 참여로 가능했듯이 이러한 과제들은 기존의 국정성과에 이어 문재인 정부의 마지막까지 국민과 함께 제안하고 추진함으로서 정책동력을 놓치지 않는 것이 중요합니다.

코로나19 변이종이 기승을 부리면서 여전히 코로나19 팬데믹의 엄중한 위기가 진행되는 가운데 국민의 생명과 삶을 지켜야 하는 절체절명한 시간이 흐르고 있습니다. 문명 전환기의 미래를 빈틈없이 준비해야하는 절대시간이기도 합니다. 여기에 대응하는 문재인 정부의 남은 시간이 그리 길지 않습니다. 그러나 인수위도 없이 서둘러 출발한 정부라는 점과 코로나 상황의 엄중함을 생각하면 문재인 정부에게 남은 책임의 시간은 길고 짧음을 잴 여유가 없습니다.

이 절대시간 동안 코로나19보다 위태롭고 무서운 것은 가짜뉴스나 프레임 정치가 만드는 국론의 분열입니다. 세계가 주목하는 정부의 성과를 애써 외면하고 근거 없는 프레임을 공공연히 덧씌우는 일은 우리 공동체를 국민의 실패, 대한민국의 무능이라는 벼랑으로 몰아가는 것과 다르지 않습니다. 국민이 선택한 정부는 진보정부든 보수정부든 성공해야 합니다. 책임 있는 정부가 작동되는 데는 책임 있는 '정치'가 동반되어야 합니다.

정책기획위원회를 포함한 국정과제위원회들은 문재인 정부의 남은 기간 동안 국정성과를 국민과 공유하는 적극적 정책소통관리에 더 많은 의미를 두어야 합니다. 문재인 정부의 성과를 정확하게, 사실에 근거해서 평가하고 공유하는 데 더 많은 시간을 써야 합니다. 다른 무엇보다도 객관적이고 종합적인 국정성과에 기반을 둔 세 가지 국민소통전략이 강조됩니다.

첫째는 정책 환경과 정책 대상의 상태를 살피고 문제를 찾아내는 '진단적 소통'입니다. 둘째는 국정성과에 대한 이해를 통해 민심과 정부 정책의 간극이나 긴장을 줄이고 조율하는 '설득적 소통'이 중요합니다. 셋째는 국민들이 삶의 현장에서 정책의 성과를 체감할 수 있게 하는 '체감적 소통'을 강조할 수 있습니다. 위기대응정부론, 미래대응정부론, 복지확장정부론, 권력개혁정부론, 평화유지정부론의 '5대 강국론'을 비롯한 다양한 국정성과 담론들이 이 같은 국민소통전략으로 공유될 수 있기를 바랍니다.

정책기획위원회의 눈으로 지난 5년을 돌이켜보면 문재인 정부의 시간은 '일하는 정부'의 시간, '일하는 대통령'의 시간이었습니다. 촛불혁명으로 집권한 제도혁명정부로서는 누적된 적폐의 청산과 산적한 과제의 해결이 국민의 명령이었기 때문에 옆도 뒤도 보지 않고 오로지 이 명령을 충실히 따라야 했습니다. 그 결과가 '일하는 정부', '일하는 대통령'의 시간으로 남게 된 셈입니다.

정부 광화문청사에 있는 정책기획위원회 위원장실에는 한 쌍의 액자가 걸려 있습니다. 위원장 취임과 함께 우리 서예계의 대가 시중(時中) 변영문(邊英文) 선생님께 부탁해 받은 것으로 "先天下之憂而憂, 後天下之樂而樂"(선천하지우이우, 후천하지락이락)이라는 글씨입니다. 북송의 명문장가였던 범중엄(范仲淹)이 쓴 '악양루기'(岳陽樓記)의 마지막 구절입니다. "천하의 근심은 백성들이 걱정하기 전에 먼저 걱정하고, 천하의 즐거움은 모든 백성들이 다 즐긴 후에 맨 마지막에 즐긴다"는 의미로 풀어볼 수 있습니다. 국민들보다 먼저 걱정하고 국민들보다 나중에 즐긴다는 말로 해석됩니다. 일하는 정부, 일하는 대통령의 시간과 닿아 있는 글귀입니다.

문재인 정부의 남은 시간이 길지 않지만, 일하는 정부의 시간으로 보면 짧지만도 않습니다. 결코 짧지 않은 문재인 정부의 시간을 마지막까지 일하는 시간으로 채우는 것이 제도혁명정부의 운명입니다. 촛불시민의 한 마음, 문재인 정부 출범 시의 절실했던 기억, 국민의 위대한 힘을 떠올리며 우리 모두 초심으로 돌아가야 합니다.

앞선 두 번의 정부가 국민적 상처를 남겼습니다. 진보와 보수를 떠나 국민이 선택한 정부가 세 번째 회한을 남기는 어리석은 역사를 거듭해서는 안 됩니다. 문재인 정부의 성공이 우리 당대, 우리 국민 모두의 시대적 과제입니다.

3. 한없는 고마움을 전하며

아무리 작은 일이라도 일이 마무리되고 결과를 얻는 데는 드러나지 않는 많은 분들의 기여와 관심이 있기 마련입니다. 정책기획위원회는 앞에서 밝힌 바와 같이 정책 콘텐츠 관리와 정책 네트워크 관리, 정책 소통 관리에 포괄되는 광범한 활동을 수행하고 있습니다. 사실 이 책과 같은 단행본 출간사업은 정책기획위원회의 관례적 활동과는 별개로 진행되는 여벌의 사업이라 할 수 있습니다. 이러한 부가적 사업이 가능한 것은 6개 분과 약 백여 명의 정책기획위원들이 위원회의 정규 사업들을 충실히 해낸 효과라 할 수 있습니다. 무엇보다도 정책기획위원회라는 큰 배를 위원장과 함께 운항해주신 두 분의 단장과 여섯 분의 분과위원장께 감사의 말씀을 드려야 합니다. 미래정책연구단장을 맡아 위원회에 따뜻한 애정을 쏟아주셨던 박태균 교수와 2021년 하반기부터 박태균 교수의 뒤를 이어 중책을 맡아주신 추장민 박사, 그리고 국정과제지원단장을 맡아 헌신적으로 일해주신 윤태범 교수께 각별한 마음을 전합니다. 김선혁 교수, 양종곤 교수, 문진영 교수, 곽채기 교수, 김경희 교수, 구갑우 교수, 그리고 지금은 자치분권위원회로 자리를 옮긴 소순창 교수께서는 6개 분과를 늘 든든하게 이끌어 주셨습니다. 한없는 고마움을 전합니다.

단행본 사업에 흔쾌히 함께 해주신 정책기획위원뿐 아니라 비록 단행본 집필에는 참여하지 않았지만 지난 5년 정책기획위원회에서 문재인 정부의 다양한 정책담론을 다루어주신 1기와 2기 정책기획위원 모든 분께 이 자리를 빌려 그간 가슴 한 곳에 묻어두었던 고마운 마음을 전합니다.

위원들의 활동을 결실로 만들고 그 결실을 빛나게 만든 것은 정부 부처의 파견 공무원과 공공기관의 파견 위원, 그리고 전문위원으로 구성된 위원회 직원들의 공이었습니다. 국정담론을 주제로 한 단행본들이 결실을 본 것 또한 직원들의 헌신 덕분입니다. 행정적 지원을 진두지휘한 김주이 기획운영국장, 김성현 국정과제국장, 백운광 국정연구국장, 박철응 전략홍보실장께 각별한 감사를 드리며, 본래의 소속으로 복귀한 직원들을 포함해 정책기획위원회에서 함께 일한 직원들 한 분 한 분께도 감사의 마음을 전합니다.

한국판 뉴딜을 정책소통의 차원에서 국민적으로 공유하기 위해 정책기획위원회는 '한국판 뉴딜 국정자문단'을 만들었고, 지역자문단도 순차적으로 구성한 바 있습니다. 한국판 뉴딜 국정자문단의 자문위원으로 함께 해주신 모든 분들께도 이 자리를 빌려 감사드립니다.

「사회보장제도 진단과 대안 모색」을 펴내며

대통령직속 정책기획위원회
소득주도성장특별위원회 위원장 김유선

소득주도성장은 가계소득을 높이고 사회안전망과 복지를 확대하며 사람에 대한 투자를 늘리는 것이 성장에 도움이 된다고 보는 경제전략입니다. 모든 사회 구성원이 성장의 과실을 함께 나누고 이를 통해 성장을 촉진하는 선순환이 이루어질 수 있도록, 보다 촘촘한 사회보장제도와 복지 체계를 구축하기 위한 노력은 지속되어야 할 과제입니다.

사회보장제도의 본질은 빈곤과 실직, 사고와 질병 등 개인과 가족을 위협하는 모든 사회적 위험으로부터 국민을 보호하고, 인간다운 삶을 보장하는 데 있습니다. 그동안, 우리나라는 시대 변화에 따른 새로운 사회보장 요구에 부응하면서도, 사회보장제도의 내실을 다지기 위해 지속적으로 노력하였습니다.

특히 지난 5년간 정부는 '보다 촘촘한 고용·사회안전망을 구축'하고, '포용적 복지국가를 실현'하고자 힘써왔습니다.

전 국민 고용보험의 단계적 추진과 국민취업지원제도 실시를 통해 고용충격을 완화하였고, 기초생활보장제도 사각지대 해소, 근로·자녀장려금 확대, 기초연금 인상, 건강보험과 노인장기요양보험의 보장성 강화 등 제도 개선을 통해 저소득층과 청년, 그리고 노인의 소득과 건강을 보다 두텁게 보장하고자 하였습니다.

또한, 예기치 못한 코로나19 위기에는 전 국민 재난지원금 등 특별지원금을 지급하고, 긴급고용안정지원금을 제공하여 민생 안정에도 적극적으로 대응한 바 있습니다.

그럼에도, 우리나라 사회보장제도는 급속한 사회·경제적 변화 속에서 여전히 한계를 드러내고 있으며, 새로운 도전과 요구에 직면하고 있습니다. 저출산·고령화에 따른 인구·가구 구조의 변화는 노인빈곤 완화 등 가구의 소득보장 강화와 함께 돌봄 서비스를 비롯한 사회서비스의 전반적인 확대를 요구하고 있습니다.

또한, 특수고용직과 플랫폼 종사자의 출현 등 다변화되고 있는 고용 형태에 대응하여, 근로자의 소득과 고용을 지속적으로 보장하기 위한 대책이 필요한 상황입니다.

최근 장기화된 코로나19 위기 속에서 체감하였듯, 많은 사람들이 감염병 위험에 불균등하게 노출되는 것과 부족한 공공의료 인프라와 인력, 운용 시스템에 대해서도 보완이 필요하다는 지적이 제기되고 있습니다.

이러한 목소리에 부응하여, 이 책에서는 우리나라 사회보장의 현 수준을 살펴보고, 향후 우리나라 사회보장제도가 나아가야 할 방향성을 짚어보고자 했습니다.

먼저 1부에서는 사회보장제도의 중장기 개편방향을 제안하고, 2부에서는 근로계층, 저소득층 그리고 노인 대상 소득보장 제도 개편방향을 논의하였습니다. 3부에서는 돌봄을 중심으로 한 사회서비스의 공공성 강화 방향을, 4부에서는 상병수당 도입과 지역 기반의 건강보장제도 구축을 위한 과제를 모색해보았습니다. 뿐만 아니라, 5부에서는 사회보장제도의 확충과 제도개편을 위한 재정지출 규모룰 전망하고 향후 사회보장 재원을 확보하는 방안도 함께 고민하였습니다.

「사회보장제도 진단과 대안 모색」의 발간은 한국사회보장정보원 노대명 원장을 비롯한 각계 전문가 15인께서 그동안 정책기획위원회 소득주도성장특별위원회가 주최한 토론회·소위원회·TF를 통해 풍부한 논의를 해주셨기에 가능하였습니다.

모든 집필자 분들께 지면을 빌려 다시 한 번 감사 인사를 전합니다. 아무쪼록, 이 책이 우리나라 사회보장 정책을 진단하고 향후 나아갈 방향을 전망하는 데 있어 귀중한 참고자료로 활용될 수 있기를 희망합니다.

끝으로 이 책에 쓰인 내용은 필자들의 견해이며 정부나 소득주도성장특별위원회의 공식 입장이 아님을 밝혀둡니다.

우리나라 사회보장의
현주소

우리나라 사회보장의 현주소

정해식 한국보건사회연구원 연구위원

1. 우리나라 사회보장의 실태

가. 사회보장 실태 분석

1) 한국의 소득분배 현황

한국 사회는 고도성장에 따라 선진국 대열에 들어섰으나 고도성장의 혜택을 국민이 고르게 누리지 못하고 있다는 것이 일반적인 평가이다. 성장의 혜택을 충분히 누리지 못하는 인구의 규모를 파악하는 대표적인 방법이 상대적 빈곤인구의 규모를 살펴보는 것이다.

OECD에서 공개한 소득분배데이터베이스(Income Distribution Database) 자료를 통해 확인할 수 있는 2018년 기준 한국의 상대적 빈곤율은 16.7%이다. 상대적 빈곤율은 전체 인구 중에서 빈곤 위험에 처한 인구의 비율을 의미하는데, 이를 각 인구집단별로 계산하여 인구집단별 소득보장 실태를 파악할 수 있다. [그림 1]에서는 OECD 각국의 18~65세 근로연령대 인구 빈곤율과 66세 이상 은퇴연령대 인구의 빈곤율을 제시하고 있다. 우리나라 66세 이상 은퇴연령대 인구의 빈곤율은 43.4%로, 에스토니아, 라트비아, 리투아니아와 같은 체제 전환국과 멕시코, 호주 등 일부 국가와 비교하여도 매우 높은 수준이다. 한국은 18~65세 근로연령대 인구 빈곤율에서도 OECD 국가 중 비교적 높은 수준인 11.8%를 보인다.

[그림 1] 은퇴연령대 인구 빈곤율과 근로연령대 인구 빈곤율 비교

(단위: %)

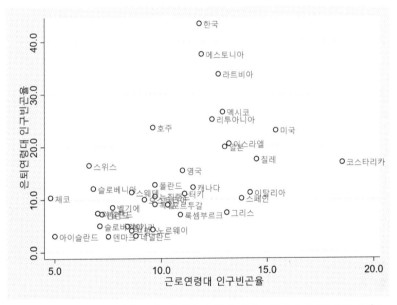

주: OECD 38개국 중 콜롬비아는 자료가 없으며, 칠레·덴마크·헝가리·아이슬란드·스위스·미국은 2017년, 네덜란드는 2016년, 뉴질랜드는 2014년 자료이며, 그 외 국가는 2018년 자료를 사용하였음.
출처: OECD, Income Distribution Database(자료 인출: 2021.11.2)을 이용하여 작성함.

처분가능소득 기준으로 빈곤에 처한 인구가 많다는 것은 시장소득을 보완하는 장치로서 한국의 사회보장이, 특히 소득보장 측면에서 미흡한 상황임을 의미한다. 그런데 전반적으로 미흡한 소득보장 상태에

서도 상대적으로 취약한 집단이 확인된다. 근로연령대 인구 빈곤율 대비 은퇴연령대 인구 빈곤율의 비율을 노인의 상대적 빈곤위험도라고 표현할 수 있는데, 우리나라는 그 비율이 368%에 이른다. 이 비율이 높은 국가 중 대표적인 국가와 그 비율은 에스토니아 316%, 라트비아 266%, 멕시코 206%, 리투아니아 203% 등이다.

[그림 2] 은퇴연령대 인구 상대소득 비율과 은퇴연령대 인구 빈곤율

(단위: %)

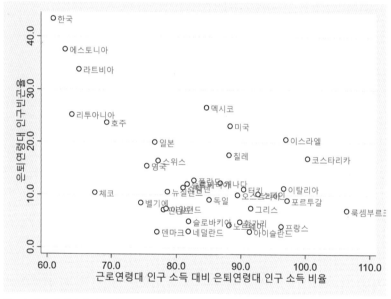

주: 1) 각국 데이터의 기준 시점에 대해서는 [그림 1]의 주를 참조할 것.
　　2) 상대소득비율은 각 연령집단의 평균 처분가능소득을 이용함.
출처: OECD, Income Distribution Database(자료 인출: 2021.11.2)을 이용하여 작성함.

흔히 전체 인구 중위소득의 50%로 설정하는 상대적 빈곤의 기준선은 인구 중 다수를 차지하는 근로연령대 인구의 소득을 따라 변한다. 따라서 은퇴연령대 인구의 빈곤 위험을 낮추기 위해서는 근로연령대 인구와의 소득격차를 줄이는 것이 필요하다. 대부분 국가에서는 두 인구 집단의 소득 차이를 좁히기 위해 세대간 소득재분배 장치인 연금제도를 활용하고 있는데, 이러한 세대간 소득재분배 장치가 충분히 작동하지 않는 경우 높은 노인빈곤율이 나타난다. [그림 2]는 근로연령대 인구의 처분가능소득과 은퇴연령대 인구의 처분가능소득의 상대비율 및 노인빈곤율을 함께 제시하고 있는데, 이를 통해 은퇴연령 인구의 빈곤율의 특징을 확인할 수 있다. 우리나라 은퇴연령 인구의 평균 처분가능소득은 연간 2,112만 원으로, 근로연령대 인구의 평균 처분가능소득인 3,464만 원과 비교한 상대소득비율이 61%로 나타나 비교대상인 OECD 국가 중 가장 낮은 수준을 보인다. 우리와 유사한 수준을 보이는 국가와 비율은 호주 69%, 체코 67%, 라트비아 65%, 리투아니아 64%, 에스토니아 63% 등이다.

앞서 [그림 2]는 각 연령대 인구의 처분가능소득의 비율을 제시하였다. 처분가능소득은 총소득 중 직접세, 사회보험료, 비영리단체 또는 가구 간 이전을 제외한 소득이다. 근로연령대 인구의 처분가능소득은 조세 및 사회보험료 부담에 따라 낮아진다. [그림 3]은 이렇게 근로연령대 인구의 총소득 중에서 이들이 부담하는 이전지출의 비율과 은퇴연령 인구의 이전소득의 비율을 함께 제시하고 있다. 이를 통해 세대 간 소득이전의 경향을 간접적으로 파악할 수 있다.

우리나라 근로연령대 인구는 총소득 중 23% 수준을 이전지출하고 있는데, 이 비율이 우리나라보다 낮은 국가는 멕시코, 에스토니아, 칠레이다. 즉 우리나라는 근로연령대 시기에 노후를 위한 국민연금 등 사회보험 부담과 조세 부담이 적은 편에 해당하는 국가이다. 그리고 이러한 세대 간 재분배의 취약함이 개인적 차원, 사회적 차원에서 누

[그림 3] 근로연령대 인구 소득 중 이전지출비율과 은퇴연령대 인구 이전소득비율

(단위: %)

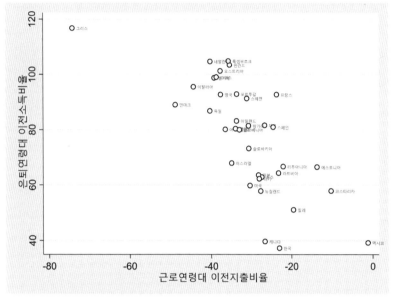

주: 1) 각국 데이터의 기준 시점에 대해서는 [그림 1]의 주를 참조할 것.
   2) 연령별 총소득 정보가 없는 노르웨이는 제외하고 작성함.
   3) 근로연령대 이전지출 비율은 총소득 대비 가구직접 부담하는 조세 및 사회보험료, 고용
      연계사회보험료에 대한 가계부담, 비영리단체 또는 가구간 이전의 합의 비율을 계산한
      것임.
출처: OECD, Income Distribution Database(자료 인출: 2021.11.2)을 이용하여 작성함.

적되어 은퇴연령대에 이르러서는 허약한 공적이전제도에 노출된다.

2) 한국의 사회보장제도의 역할

우리나라는 소득재분배제도의 역할이 충분하지 않아 시장소득 빈
곤율과 처분가능소득 빈곤율의 차이가 크지 않다. [그림 4]는 OECD
국가에 한정하여 각 연령집단별로 조세 및 이전소득을 고려한 처분가
능소득 빈곤율과 시장소득 빈곤율의 변화율을 제시하고 있다. 이때 시

장소득 빈곤율의 빈곤기준선은 이미 조세 및 사회보험료 납부가 이뤄진 이후의 처분가능소득 기준 빈곤율을 적용하고 있으므로, 시장소득 빈곤율과 처분가능소득 빈곤율의 차이는 이전소득의 효과로 해석할 수 있다. 우리나라는 근로연령대 인구의 시장소득 기준 빈곤율은 13.0%, 처분가능소득 기준 빈곤율은 11.8%로 빈곤감소율은 9.2%이며, 은퇴연령대 인구의 시장소득 기준 빈곤율은 59.9%, 처분가능소득 기준 빈곤율은 43.4%로 빈곤감소율은 27.5%이다.

[그림 4] OECD 국가의 연령집단별 소득이전에 따른 빈곤감소율

(단위: %)

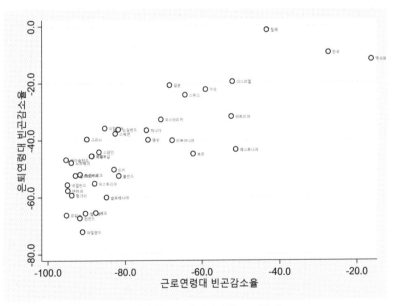

주: 각국 데이터의 기준 시점에 대해서는 [그림 1]의 주를 참조할 것.
출처: OECD, Income Distribution Database(자료 인출: 2021.11.2)을 이용하여 작성함.

우리나라의 노후소득보장제도가 충분히 기능하지 못하고 있으므로 은퇴연령 인구의 빈곤감소율이 낮다고 평가할 수도 있다. 그렇지만

〈표 1〉 OECD 국가의 빈곤율 및 빈곤감소율

(단위: %)

국가	전체 인구			근로연령연구			은퇴연령인구		
	시장소득 기준 상대적 빈곤율	처분가능 소득 기준 상대적 빈곤율	이전전후 빈곤 감소율	시장소득 기준 상대적 빈곤율	처분가능 소득 기준 상대적 빈곤율	이전전후 빈곤 감소율	시장소득 기준 상대적 빈곤율	처분가능 소득 기준 상대적 빈곤율	이전전후 빈곤 감소율
호주	0.253	0.124	-51.0	0.174	0.096	-44.8	0.630	0.237	-62.4
오스트리아	0.304	0.094	-69.1	0.205	0.092	-55.1	0.835	0.100	-88.0
벨기에	0.331	0.082	-75.2	0.224	0.077	-65.6	0.883	0.085	-90.4
캐나다	0.241	0.116	-51.9	0.181	0.115	-36.5	0.483	0.123	-74.5
칠레	0.182	0.165	-9.3	0.147	0.145	-1.4	0.311	0.176	-43.4
코스타리카	0.329	0.205	-37.7	0.275	0.185	-32.7	0.582	0.170	-70.8
체코	0.263	0.061	-76.8	0.139	0.048	-65.5	0.846	0.104	-87.7
덴마크	0.242	0.061	-74.8	0.177	0.075	-57.6	0.586	0.030	-94.9
에스토니아	0.315	0.163	-48.3	0.210	0.119	-43.3	0.772	0.376	-51.3
핀란드	0.340	0.065	-80.9	0.220	0.072	-67.3	0.879	0.072	-91.8
프랑스	0.372	0.085	-77.2	0.255	0.086	-66.3	0.859	0.041	-95.2
독일	0.321	0.098	-69.5	0.178	0.097	-45.5	0.808	0.091	-88.7
그리스	0.312	0.121	-61.2	0.217	0.131	-39.6	0.751	0.075	-90.0
헝가리	0.318	0.080	-74.8	0.206	0.084	-59.2	0.800	0.049	-93.9
아이슬란드	0.169	0.049	-71.0	0.094	0.050	-46.8	0.664	0.031	-95.3
아일랜드	0.338	0.074	-78.1	0.251	0.070	-72.1	0.834	0.074	-91.1
이스라엘	0.223	0.169	-24.2	0.164	0.132	-19.5	0.431	0.206	-52.2
이탈리아	0.337	0.142	-57.9	0.221	0.142	-35.7	0.774	0.113	-85.4
일본	0.332	0.157	-52.7	0.164	0.130	-20.7	0.636	0.200	-68.6
한국	0.199	0.167	-16.1	0.130	0.118	-9.2	0.599	0.434	-27.5
라트비아	0.285	0.162	-43.2	0.186	0.127	-31.7	0.711	0.338	-52.5
리투아니아	0.328	0.155	-52.7	0.207	0.124	-40.1	0.784	0.252	-67.9
룩셈부르크	0.301	0.114	-62.1	0.227	0.109	-52.0	0.859	0.071	-91.7
멕시코	0.182	0.159	-12.6	0.146	0.129	-11.6	0.318	0.266	-16.4
네덜란드	0.268	0.083	-69.0	0.198	0.088	-55.6	0.618	0.031	-95.0
뉴질랜드	0.233	0.109	-53.2	0.152	0.097	-36.2	0.584	0.106	-81.8
노르웨이	0.259	0.084	-67.6	0.184	0.096	-47.8	0.716	0.043	-94.0
폴란드	0.285	0.098	-65.6	0.204	0.097	-52.5	0.700	0.128	-81.7

포르투갈	0.312	0.104	-66.7	0.189	0.103	-45.5	0.805	0.090	-88.8
슬로바키아	0.234	0.077	-67.1	0.149	0.071	-52.3	0.706	0.050	-92.9
슬로베니아	0.263	0.075	-71.5	0.170	0.068	-60.0	0.802	0.121	-84.9
스페인	0.340	0.142	-58.2	0.247	0.138	-44.1	0.779	0.102	-86.9
스웨덴	0.249	0.093	-62.7	0.138	0.086	-37.7	0.657	0.114	-82.6
스위스	0.156	0.092	-41.0	0.087	0.066	-24.1	0.465	0.165	-64.5
터키	0.266	0.144	-45.9	0.223	0.111	-50.2	0.651	0.111	-82.9
영국	0.280	0.124	-55.7	0.183	0.110	-39.9	0.599	0.155	-74.1
미국	0.268	0.178	-33.6	0.198	0.154	-22.2	0.566	0.231	-59.2

주: 각국 데이터의 기준 시점에 대해서는 [그림 1]의 주를 참조할 것.
출처: OECD, Income Distribution Database(자료인출: 2021.11.2)을 이용하여 작성함.

근로연령대 인구의 빈곤감소율도 매우 낮다는 것을 확인할 수 있으며, 이는 은퇴연령대 인구는 물론 근로연령대 인구에 대한 공적 소득보장제도가 충분하지 않다는 것을 의미한다. 따라서 전반적으로 미약한 수준인 소득보장제도의 역할을 확대해 나가는 것이 필요하다. [그림 4]에서 확인할 수 있듯이 소득보장제도의 역할이 우리와 유사한 수준을 보이는 국가는 칠레, 멕시코가 있다.

지금까지는 사회보장제도 중 소득보장의 역할을 중심으로 살펴보았다. 그렇지만 사회보장은 사회보험, 공공부조, 사회서비스를 통해 제공된다. 이 중 소득보장의 주요한 수단은 사회보험과 공공부조이지만, 사회서비스도 사회 구성원의 삶의 질을 제고하는 데 큰 역할을 한다. 2008년 프랑스 사르코지 대통령 의뢰로 구성된 웰빙 측정을 위한 스티글리츠 위원회는 〈스티글리츠 보고서〉(Stiglitz, Sen & Fitoussi, 2009)를 통해 물질적 안녕을 측정할 때 생산량보다는 소득과 소비에 주목해야 하며, 경제 전체보다는 가구 관점에서 바라볼 필요가 있음을 강조하였다.

이에 따라 OECD는 더 나은 삶 지수(Better Life Index)의 소득 영역의 한 지표로서 각 국가의 가구순조정처분가능소득(Household net adjusted disposable income)을 계산하여 발표하기에 이르렀다(OECD, 2011). 가구순조정처분가능소득은 국민계정(National Accounts)으로부터 산출하는데, 총소득(본원소득 분배계정의 근로소득, 자영업소득, 자본소득과 2차소득 분배계정의 사회수혜금과 기타 경상이전)에 정부로부터 받는 사회적 현물 이전(교육, 보건의료서비스 등)을 더하고, 조세(소득세, 재산세), 사회보장기여금, 가구에서 소비되는 자본재의 감가상각분을 제하는 방식으로 계산한다.

GDP가 가구의 물질적 조건을 보여주는 만족할 만한 대용치가 아니라는 점은 가구순조정처분가능소득이 GDP 대비 차지하는 비율이 국가별로 상당한 차이가 있다는 점에서도 확인할 수 있는데, 우리나라는 그 비율이 60% 이하이다(OECD, 2011; 정해식 외, 2018, p.46 재인용). 한편 가구총소득과 가구순조정처분가능소득의 차이는 조세 및 사회보장세 등 가구부담분의 크기와 더불어 사회급여를 통한 이전소득의 영향을 받는다. 가구순조정처분가능소득의 주요 원천은 피용자보수(compensation of employees)이며, 뒤를 이어 비영리기업 및 공공 영역의 사회적 현물이전이 큰 비중을 차지한다. 조세, 사회보장기여금의 부담, 사회급여를 통한 이전 소득의 영향은 가구순조정처분가능소득의 약 10% 수준에 해당한다. 주목할 것은 사회적 현물이전의 영향이다. [그림 5]에서 보는 바와 같이 우리나라의 사회적 현물이전은 순조정처분가능소득의 약 11%를 차지하고 있는데, OECD 전체 평균인 16% 수준보다 상당히 낮은 것을 알 수 있다.

앞서 살펴보았던 소득보장의 역할이 충분하지 않다는 점 외에도 사회서비스를 통한 가구의 생활수준 제고도 우리나라는 충분하지 않다는 것을 알 수 있다. 개인이 시장을 통해 사회서비스를 구매하고자 한다면 질적 수준 제고를 위해 높은 비용을 감당해야 하며, 이는 다시 가계의 소비능력을 제약한다. 결과적으로 사회서비스의 충분한 공급과 질적 수준 제고는 더 나은 삶의 질을 이끌어내는 데 중요한 요소가 된다. 이러한 이유로 전반적인 사회보장의 역할을 모색함에 있어서는 소득보장제도의 역할 확대와 더불어 높은 질적 수준을 충분히 제고한 상태의 사회서비스 공급 확대도 적극적으로 고려해야 한다.

[그림 5] 가구총소득에서 가구순조정가처분소득으로 변환

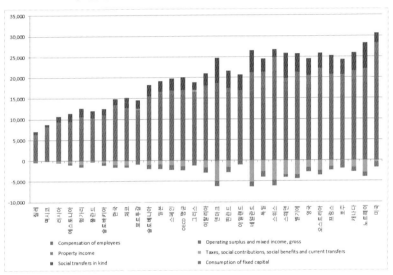

출처: OECD(2011), p.42; 정해식 외(2017), p.48 재인용.

3) 생애주기 재분배

소득이전 및 사회서비스를 포함하여 우리나라의 전반적으로 낮은 사회보장 수준을 이해하기 위해서는 생애주기에 따른 재분배의 양상을 살펴볼 필요가 있다. 통계청은 저출산, 고령화 현상의 심화에 따라 인구구조 변화를 반영한 연령 간 경제적 자원 배분 흐름에 대한 계량

지표 작성의 필요에 따라 '국민이전계정'을 작성하여 공표하고 있다. 국민이전계정을 통해 소비와 노동소득의 관계를 연령 변화에 초점을 두고 작성하는데, 개인 단위로 연령별 경제활동에 따른 소득 및 소비의 흑자·적자 구조를 연령별로 제시함으로써, 노동연령층의 남는 자원이 유년층, 노년층에게 어느 정도 수준으로 이전 또는 재배분되는지를 확인할 수 있다.

2019년 국민이전계정의 1인당 생애주기 적자를 살펴보면, 1인당 생애주기적자는 연령 증가에 따라 적자-흑자-적자의 순서를 보인다(통계청, 2021). 28세에 생애주기 흑자 진입 이후 60세에 적자로 전환한다. 공공과 민간 소비와 1인당 노동소득의 차이를 고려하면, 17세에서 3,462만 원으로 최대 적자를 보였으며, 44세에 1,594만 원으로 최대 흑자가 나타난다. 연령재배분 구조에서 보면 0~14세는 147.5조 원이 순유입하고, 15~64세는 131.7조 원이 순유출하며, 65세 이상은 117.1조 원이 순유입하는 것으로 나타난다. 이 중 공공이전으로 한정하면 0~14세는 71.3조 원이 순유입하고, 15~64세는 147.4조 원이 순유출하며, 65세 이상은 76.1조 원이 순유입하는 것으로 나타난다. 2016년부터 유년층과 노년층 순유입 및 공공이전순유입 규모는 꾸준히 증가하고, 노동연령층 순유출 규모는 커지고 있어서, 생애주기 재배분의 경향은 꾸준히 확대되고 있다고 평가할 수 있다.

이러한 계산에서 소비에는 정부에서 제공하는 재화 및 서비스로서 교육 소비, 보건 소비, 기타 소비가 포함되며, 개인, 가계 및 가계에 봉사하는 비영리단체, 법인에서 제공하는 재화 및 서비스도 모두 포함된다. 이상과 같이 이뤄지는 공공이전의 규모를 연령별로 구분하여 [그림 6]과 같은 1인당 공공이전 그래프를 작성할 수 있다. 공공교육이전은 6세부터 17세까지 순유입이 집중적으로 발생하고, 보건, 연금, 사회보호 부문에 대한 공공이전은 노년층에서 순유입이 집중적으로 발생하는 것을 알 수 있다.

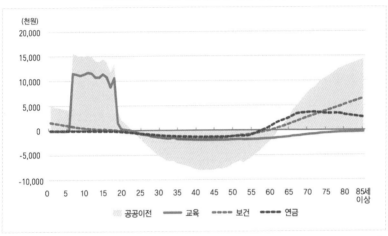

[그림 6] 2019년 국민이전계정의 1인당 공공이전

출처: 통계청, 2021, 2019년 국민이전계정(https://kostat.go.kr/portal/korea/kor_nw/1/13/6/index.board?bmode=read&bSeq=&aSeq=415248&pageNo=1&rowNum=10&navCount=10&currPg=&searchInfo=&sTarget=title&sTxt=, 자료 인출: 2022.1.5).

교육, 보건 영역에서의 공공과 민간 소비의 비중에서 공공소비의 비중이 점차 커지고 있다고 할 수 있다. 이러한 경향을 확대해나감으로써 개인 및 가계 수준의 소비 여력을 확대할 수 있다. 다만 이러한 공공이전 확대를 위해서는 결국 노동연령층의 부담이 더 커짐에 유의해야 한다. 따라서 이러한 재분배 방식의 확대에 대한 사회적 동의를 확보하는 것은 중차대한 과제이다. 공공이전을 통한 공공소비는 민간소비에 비해 소득계층별로 더 균등한 방식으로 이루어진다. 이러한 방식으로 개인의 발전을 지원하고 불안한 노후의 위험을 축소함으로써 사회의 지속가능성을 확보할 수 있는 수단이 될 수 있다. 이러한 사회적 배분에 대한 국민적 동의를 확보하기 위해서는 그러한 과정들에 대한 면밀한 분석과 실증 근거 제시가 필요하다.

나. 사회보장 지출의 특성

지금까지 한국 사회보장제도의 특성을 세대 간 재분배의 관점에서 주로 살펴보았다. 이제부터는 사회보장 지출의 특성을 살펴보도록 한다. OECD의 사회지출데이터(Social Expenditure data)는 각 국가의 사회지출을 주요 영역별로 구분하여 제시하고 있다. [그림 7]은 1990년 이후 우리나라의 사회지출의 영역별 지출을 GDP 대비 비율로 작성하여 제시하고 있다. 가장 최근인 2018년 기준으로 GDP 대비 사회지출은 10.8%인데, 이 중에서 건강 관련 급여가 4.4%로 가장 많고, 노령 관련 급여가 2.8%, 가족 관련 급여가 1.2%, 기타 사회정책 영역 관련 급여가 0.7%, 장애 관련 급여가 0.6%, 실업 관련 급여가 0.4%, 유족 관련 급여가 0.3%, 적극적노동시장정책 관련 급여가 0.3%, 주거 관련 급여가 0.1%를 차지하고 있다.

2010년 이후 2018년까지 한국의 사회지출은 37.9% 증가하였다. 이 기간 중 가족 관련 지출이 79.7%로 가장 크게 늘었고, 노령 관련 지출도 57.9%로 높은 증가 추세를 보였다. 가족 관련 영역에서는 아동 보육과 관련한 가정양육수당 및 보육료 지원이 늘었다. 저출산 대응 방안의 일환이면서 아동 양육의 사회적 책임을 확대해나가는 기조에 있는 것이기도 하다. 한편, 노령 관련 지출에서는 국민연금, 공무원연금 및 기초연금 지출이 2010년 대비 각각 2.3배, 1.9배, 3.1배 증가하였다.

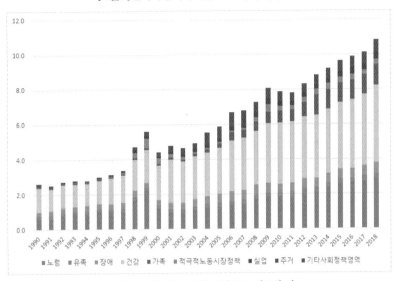

[그림 7] 한국의 정책 영역별 GDP 대비 사회지출

범례: ■노령 ■유족 ■장애 ■건강 ■가족 ■적극적노동시장정책 ■실업 ■주거 ■기타사회정책영역

주: 1) 각국 데이터의 기준 시점에 대해서는 [그림 1]의 주를 참조할 것.
2) 연령별 총소득 정보가 없는 노르웨이는 제외하고 작성함.
3) 근로연령대이전지출 비율은 총소득 대비 가구직접 부담하는 조세 및 사회보험료, 고용
연계사회보험료에 대한 가계부담, 비영리단체 또는 가구간 이전의 합의 비율을 계산한
것임.
출처: OECD, Social Expenditure data(자료 인출: 2021.11.2)을 이용하여 작성함.

한국의 사회지출은 1990년에 GDP 대비 2.6%에서 2019년에는
GDP 대비 12.2%까지 증가하였다. 그렇지만 2019년 기준 OECD 국
가의 평균적인 공적사회지출은 GDP의 20% 수준으로, 우리나라는 여
전히 매우 낮은 사회지출 수준을 보이고 있다. 멕시코가 7.5%, 칠레
11.4%, 터키가 12.0%을 보이고 있으며, 최근 GDP 급증으로 복지지출
의 상대 비율이 낮아지는 아일랜드가 13.4%를 보인다.

우리나라는 2016년 9.9%에서 3년 만에 12.2%로 공적사회복지지
출이 2.3%p 증가하였다. 전체 규모로 보면 건강 정책 영역, 노령보
장 영역에서 최근 지출이 증가하였는데, 이 값은 2020년, 2021년 확

대된 기초연금 증액이 반영되지 않은 결과로 이를 포함할 경우 더 증가할 것이다. 그런데 건강 정책 영역, 노령보장 영역은 인구고령화에 따라 지출이 증가할 대표적인 영역이다. 제3차 중장기 사회보장 재정추계(사회보장위원회, 2019)에 따르면 2018년 GDP 대비 11.1%인 공공사회복지 지출은 2030년 16.3%, 2040년에는 20.8%로 증가할 예정인데, 이 중 건강 정책 영역은 7.1%(2018년 4.2%), 노령보장 영역은 4.9%(2018년 2.9%)로 증가한다. 한국의 사회보장은 뒤늦은 발전으로 인하여 OECD 국가와 비교하여 상대적으로 낮은 수준을 보이면서, 동시에 인구고령화의 영향을 매우 크게 받을 것으로 전망된다. 따라서 사회보장의 확대는 인구고령화에 대응할 수 있는 체계를 갖출 필요가 있다. 건강보장 영역에서는 예방적 건강관리를 통해 고령인구의 의료비 지출을 줄여나가는 것이 필요하며, 노령보장 영역에서는 현 고령인구의 빈곤에 대응하되 개인 생애주기 상의 재분배 원칙을 강화하여 고령인구 증가 추세에 대응할 필요가 있다.

사회적 이전은 급여 형태에 따라 현금급여와 현물급여로 구분이 가능하다. [그림 8]은 1995년 이후 가계에 대한 사회적 이전을 현금급여와 현물급여로 구분하여 GDP 대비 비율 변화를 제시하고 있다. 한국의 사회적 이전 급여 중 현금급여는 1995년 GDP 대비 1.56%에서 2020년에는 GDP 대비 6.42%까지 증가하고, 현물급여는 GDP 대비 4.55%에서 9.97%로 증가하였다. 후발 복지국가의 특징을 보임에 따라 가계에 대한 사회적 이전의 증가는 OECD 국가 중 가장 빠른 증가 속도를 보이고 있다.

[그림 8] 가계에 대한 사회적 이전의 급여유형별 GDP 대비 비율

현금급여

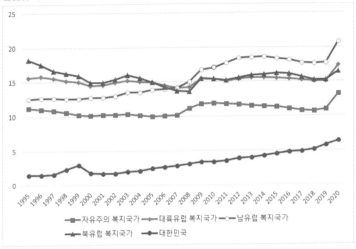

현물급여

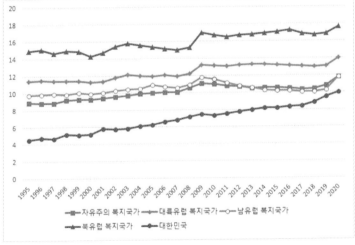

주: 현금급여 및 현물급여 정보가 모두 있는 국가로 한정하여 재구성하였으며, 자유주의 복지국가(호주, 영국, 뉴질랜드, 미국), 대륙유럽 복지국가(오스트리아, 벨기에, 스위스, 독일, 프랑스, 네덜란드), 남유럽 복지국가(스페인, 그리스, 이탈리아, 포르투갈), 북유럽 복지국가(덴마크, 핀란드, 노르웨이, 스웨덴)으로 작성함.
출처: OECD, Social benefits to households, https://data.oecd.org/socialexp/social-benefits-to-households.htm(자료 인출: 2021.11.6)를 이용하여 작성함.

2. 우리나라 사회보장의 평가

가. 빈곤율 변화를 통한 정책 평가

한국의 사회보장정책 평가를 위해 중요하게 살펴볼 지표 중 하나는 빈곤율이다. 여기서는 처분가능소득 기준 중위소득의 50% 기준을 적용한 상대적 빈곤율의 변화를 살펴보도록 한다. [그림 9]는 연령계층별로 처분가능소득 기준 빈곤율의 변화를 제시하고 있다. 그림에서 주목할 만한 변화는 66세에서 75세 인구의 빈곤율이다. 이 인구 집단의 빈곤율은 2011년 43.5%에서 2019년 33.7%로 감소하였다.

[그림 9] 연령계층별 상대적 빈곤율(처분가능소득 중위 50% 기준)

(단위: %)

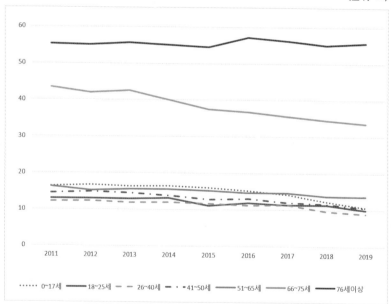

출처: 통계청·한국은행·금융감독원, 「가계금융복지조사」-소득분배지표(연령계층별), https://kosis.kr/statHtml/statHtml.do?orgId=101&tblId=DT_1HDLF06&conn_path=I3(자료 인출: 2021.9.17).

이러한 빈곤율 변화에는 두 가지 요소가 복합적으로 영향을 미친 것으로 판단된다. 이들 연령대 집단에게 적용되는 대표적 소득보장제도인 국민연금의 수급률이 증가한 영향이 있으며, 다른 한편으로는 국민연금을 수급하지 않거나 저연금을 수급하는 노인들이 더 고령집단으로 이동하였기 때문이라 할 수 있다. 실제로 76세 이상 인구의 빈곤율은 2011년 55.3%에서 2015년 조금 낮아지기는 하였지만 2019년에는 55.6%를 보였다.

그 외 연령집단에서는 전반적으로 빈곤율이 감소하는 경향 속에 있다. 0~17세 빈곤율은 16.4%에서 10.6%, 18~25세 빈곤율은 13.0%에서 10.0%, 26~40세 빈곤율은 12.2%에서 8.9%, 41~50세의 경우에는 14.5%에서 10.5%, 51~65세의 경우에도 16.3%에서 13.6%로 감소하였다.

가장 심각하다고 할 수 있는 노인인구의 빈곤율을 중심으로 살펴보도록 한다. [그림 10]에서는 가계금융복지조사 자료를 이용하여 노인인구가 어느 정도의 소득수준을 확보하고 있는지를 고려하기 위해 다양한 상대적 빈곤의 기준선을 적용해보았다. 중위소득 30% 기준선 또

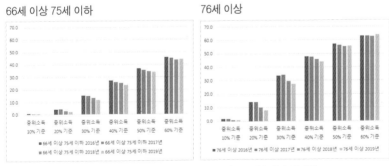

[그림 10] 노인의 다양한 처분가능소득 기준 상대적 빈곤율

(단위: %)

출처: 통계청·한국은행·금융감독원, 「가계금융복지조사」를 이용하여 분석함.

는 40% 기준선을 적용할 때 빈곤율 감소가 컸다는 것을 알 수 있다. 66세 이상 75세 이하 노인에게서는 중위소득 30% 기준을 적용한 상대적 빈곤율이 2016년 15.3%에서 2019년 11.8%로 3.5%p 감소하였고, 중위소득 40% 기준을 적용할 때도 27.2%에서 23.6%로 3.6%p 감소하였다. 그렇지만 76세 이상에서는 소득 기준에 따른 효과 차이가 있다. 중위소득 30% 기준을 적용한 상대적 빈곤율에서는 33.8%에서 27.6%로 6.2%p 하락하였지만, 중위소득 40% 기준에서는 47.9%에서 44.0%로 3.9%p 하락하는데 그쳤다. 노인인구의 빈곤율 변화는 이들을 대상으로 하는 소득보장 정책의 효과와 더불어 저소득 고령인구가 감소하는 인구 효과도 함께 작동한 것이다.

나. 공적이전급여 수급률 변화를 통한 정책 평가

[그림 11]은 가계금융복지조사 자료를 이용하여 2019년 기준 소득 분위별로 각종 공적이전급여 제도의 수급률을 제시하고 있다. 전체적인 공적이전급여 제도의 수급률은 소득 1분위에서 95.3%이고, 점차 줄어들어 소득 10분위에서 30.3%를 나타내고 있다. 이 중에서 공적연금의 수급률은 소득 1분위 46.4%, 2분위 39.7% 등 저소득 분위에서 높지만, 소득 9분위 11.5%, 소득 10분위 10.2%와 같이 고소득 분위에서도 일정한 수준을 보여주고 있다. 기초연금의 수급률은 소득 1분위에서 62.9%, 2분위에서 34.7%로 나타나지만, 소득 9분위에서는 5.8%, 소득 10분위에서는 4.7%로 크게 낮아진다. 이때 소득분위는 1차소득을 기준으로 하고 있으므로 고소득 분위에서는 노인인구가 차지하는 비율이 적다는 점도 고려해야 한다. 기초연금보다 저소득층에 대한 선별기능이 더 강한 기초보장급여는 소득 1분위에서 24.8%, 소

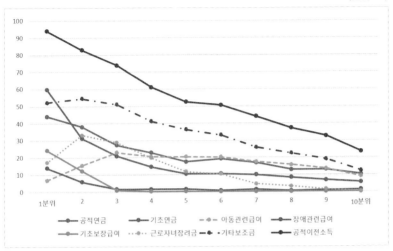

[그림 11] 2019년 공적이전급여 제도의 수급률(인구 대비)

(단위: %)

주: 소득분위는 1차소득을 기준으로 적용함.
출처: 통계청·한국은행·금융감독원, 「가계금융복지조사」를 이용하여 분석함.

득 2분위에서 12.8%의 수급률을 보인다.

2018년과 비교하여 인구 중 수급률은 근로자녀장려금 수급률이 13.1%에서 20.8%로 7.7%p 증가하였고, 기타보조금 수급률이 34.8%에서 43.3%로 8.5%p 증가하는 등 공적이전소득의 수급률은 55.3%에서 62.4%로 7.1%p 증가하였다.

다. 복지제도 관련 예산 변화를 통한 정책 평가

〈표 2〉는 2017년부터 2022년까지 보건복지부 소관 분야별 지출예산의 추이를 제시하고 있다. 보건복지부 소관 총지출은 2018년 63조 1,554억 원에서 2022년에는 61조 4,499억 원으로 증가하였다. 이 기간 예산 증가율은 53.5%로 나타나며, 회계별로 보면 일반예산 사업이

<표 2> 보건복지부 소관 분야별 지출예산(안) 추이(2017~2022년)

구분		예산액						예산 증가율	
		2017년	2018년	2019년	2020년	2021년	2022년	'17-'19년	'19-'22년
총지출(예산+기금)		585,333	631,554	725,148	828,203	895,766	969,377	23.9	33.7
회계별	예산	345,757	376,564	452,339	513,837	559,035	614,499	30.8	35.8
	기금	239,576	255,008	272,748	314,966	336,731	354,878	13.8	30.1
기능별	□ 사회복지	458,796	523,306	609,051	698,464	757,778	808,171	32.7	32.7
	- 기초생활보장	98,894	97,588	109,000	122,618	132,334	144,596	10.2	32.7
	- 취약계층지원	23,568	23,067	28,737	33,387	37,800	41,328	21.9	43.8
	- 공적연금	201,984	218,790	237,585	278,072	300,026	317,883	17.6	33.8
	- 아동·보육	55,115	64,589	81,264	84,441	85,568	90,942	47.4	11.9
	- 노인	98,206	110,293	139,776	165,887	188,723	204,420	42.3	46.2
	- 사회복지일반	8,029	10,979	12,690	14,059	13,326	9,001	58.1	-29.1
	□ 보건	99,537	106,248	116,097	129,739	137,988	161,206	16.6	38.9
	- 보건의료	23,726	24,081	25,909	27,783	30,300	42,964	9.2	65.8
	- 건강보험	75,811	82,167	90,187	101,956	107,688	118,242	19.0	31.1

출처: 보건복지부(각 연도), 예산안 설명자료.

37조 6,564억 원에서 61조 4,499억 원으로 63.2%가 증가하였고, 기금 사업이 25조 5,008억 원에서 35조 4,878억 원으로 39.2% 증가하였다.

보건복지부 소관 분야 지출을 기능별로 구분하여 예산증가율을 시기별로 살펴보면 몇 가지 특징이 확인된다. 아동·보육 관련 급여 지출은 2017년부터 2019년까지는 크게 증가하였다가, 2019년부터 2022년 기간 중에는 증가폭이 적어진다. 이러한 변화에는 아동수당의 신규 도입이 가장 큰 영향을 미쳤다.[1] 반면 기초생활보장 관련 급여 지출은 전반기에는 증가폭이 적다가 후반기 들어 증가폭이 커진다. 최

---

1 2018년 9월 도입(소득하위 90% 아동 대상)되었으며, 2019년부터 보편 지급.

근에 이뤄진 기초생활보장 생계급여 부양의무자 기준 완화와 보장 수준 확대가 영향을 미쳤다. 기초생활보장 생계급여는 보장 수준 확대에 따라 2020년 대비 앞으로도 2024년까지 연평균 약 6.2%, 의료급여는 9.2%, 주거급여는 7.3% 증가할 것으로 전망하고 있다(대한민국정부, 2020). 노인 분야 복지지출은 대체적으로 높은 증가폭을 보였는데, 노인인구의 규모 증가와 노인 관련 대표적인 프로그램인 기초연금이 꾸준히 확대된 영향으로 해석할 수 있다.[2]

재원을 중심으로 살펴보면 사회보험 부담분은 [그림 12]에서와 같이 GDP 대비 1990년 1.9%에서 2019년 7.3%까지 증가하였다. 사회보험 부담분은 꾸준히 증가하고 있는데, 2015년 이후 약 1.0%p가 증가하였다. 사회보험 부담분을 포함한 국민부담률은 1990년 18.4%에서 2019년 27.4%로 증가하였다. 각국이 사회보장제도를 운영함에 있어 조세를 재원으로 하거나, 사회보험료를 재원으로 하는 경우가 각각 다르므로 일률적으로 비교하기는 어렵겠지만, 우리나라가 사회지출을 위해 부담하는 수준은 여전히 OECD 평균에 미달하고 있다고 평가할 수 있다.

---

2 2018년 9월부터 기초연금 25만 원 지급, 2019년 소득하위 20% 노인 대상 기초연금 급여 인상(25만 원 → 30만 원), 2020년 소득하위 40% 노인 대상 기초연금 급여 인상, 2021년 소득하위 70% 노인 대상 기초연금 급여 인상.

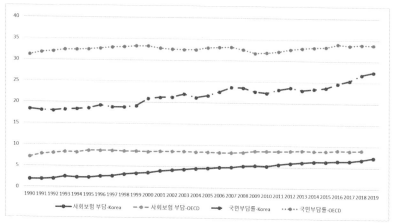

[그림 12] 사회보험 부담률과 국민부담률

(단위: GDP 대비 %)

출처: OECD, Global Revenue Statistics Database(자료 인출: 2021.11.4).

우리의 경우 국민연금의 재정적 지속가능성 제고를 위해 연금보험료을 높여야 할 필요가 커지고 있다. 이러한 상황에서는 사회보험 부담을 높이는 방식으로 사회보장을 확대하는 것에 한계가 있을 수 있다. 또한 노동시장의 변화에 사회보험 방식이 적절히 조응하기 어렵다는 한계도 있다. 따라서 사회보험제도를 보다 많은 노동인구를 포괄할 수 있는 방식으로 개편하고, 특정 목적을 위한 사회보장을 위해 조세 방식을 동원하는 것을 검토할 필요가 있다.

| 참고문헌 |

사회보장위원회. 2019. 『제3차 중장기 사회보장 재정추계』. 사회보장위원
회(2019.7.4).

정해식 외. 2018. 『삶의 질 개선을 위한 정책과제 개발』. 세종: 경제인문사
회연구회.

통계청. 2021. 『2019년 국민이전계정』(2021.11.25).

통계청·한국은행·금융감독원. 2021. 『가계금융복지조사-소득분배지표(연
령계층별)』(자료 인출: 2021.9.17).

OECD. 2011. 『How's Life?: Measuring well-being』. Paris: OECD
Publishing.

OECD. 2021. 『Global Revenue Statistics Database』(자료 인출: 2021.11.4).

OECD. 2021. 『Income Distribution Database』(자료 인출: 2021.11.2).

OECD. 2021. 『Social benefits to households』. https://data.oecd.org/
socialexp/social-benefits-to-households.htm(자료 인출: 2021.11.6).

OECD. 2021. 『Social Expenditure data』(자료 인출: 2021.11.2).

Stiglitz, J. E., Sen, A., & Fitoussi, J.-P. 2009. 『Report by the Commission on
the Measurement of Economic Performance and Social Progress』.
www.stiglitz-sen-fitoussi.fr.

제1부

우리나라 사회보장 정책의
개편 방향

제1장

한국 사회보장의 중장기 개편 방향과 핵심 과제

노대명 한국사회보장정보원 원장

1. 들어가며

　지금 한국의 사회보장제도는 개혁이 불가피한 상황에 놓여 있다. 장기간에 걸쳐 고용불안이 확산되고 소득분배구조가 악화되고, 각종 복지 욕구가 커지는 상황에서 사회보장제도는 적절한 대응을 하지 못해왔기 때문이다. 사회보장제도를 위한 지출 확대가 있었던 것은 사실이지만 구조적 문제점을 해결하지는 못했다. 양극화된 노동시장에서 발생하는 불평등과 박탈의 문제를 예방하거나 적극적으로 해소하지 못했음을 의미한다. 사회보험의 확대는 보편복지를 실현해가는 것처럼 보이기도 했지만 기존의 불평등한 계층지위를 재생산하는 역할을 하고 있다는 비판에 직면하게 된 이유이다.

　이는 배제된 노동과 분절적 복지제도 위에 구축된 기존 질서가 새로운 노동취약계층이 증가하고 경제사회적 불평등이 심화됨에 따라 심각한 위기에 봉착해 있음을 의미한다. 결과적으로 경제사회적 불평등이 사회갈등을 확산시키고, 개혁의 실패는 시민들의 정부 또는 공공부문에 대한 신뢰도를 떨어뜨리는 악순환이 반복되고 있는 것이다. 이는 민주화 이후의 모든 정부가 반복적으로 경험했던 문제이며, 지금은 이 악순환을 끊어내는 '성공하는 개혁'이 절실한 상황이다.

한국의 사회보장제도는 어떻게 대개혁이 불가피한 상황에 처하게 되었는가. 그것은 장기간 구조적 문제를 외면하고, 필요한 제도 개편을 미루어왔던 결과다. 지난 20년 간 한국의 사회보장제도는 양적으로 확대되었지만 기대와 달리 이원화된 구조로 고착화되는 모습을 보여왔다. 하지만 이러한 구조적인 문제를 해결하려는 노력보다 새로운 제도를 덧붙여 문제를 봉합하는 무질서한 제도 확장에 치우쳐 있었기 때문이다. 어떤 정부부처도 사회보장제도 간 정합성을 맞추는 역할을 자임하지 못했다. 그로 인해 개별 제도들은 양적으로는 확대되었음에도 복지 사각지대는 좀처럼 해소되지 않았다.

새로 도입되는 제도는 있었지만 객관적 성과평가를 근거로 폐지되거나 통합되는 제도는 거의 없었다. 패러다임 전환이라고 불릴 만한 제도개혁도 거의 없었고, 사회보장체계를 강화시키는데 필수적인 핵심 과제들은 개편 과제 리스트에서 누락되었다. 노후소득보장을 위한 제도개혁이나 사회보장 재원 조달을 위한 세제개혁 등이 가장 대표적인 사례이다. '지출절감 없는 세금인하'라는 잘못된 생각(bad ideas)[1]으로 내달리지는 않았지만, 유사한 맥락에서 연금개혁이나 사회보장세와 같은 민감한 문제를 외면하는 '책임 회피의 정치'가 한국 사회보장제도의 모순을 심화시켜 왔다는 점은 분명해 보인다.

더 큰 문제는 한국의 사회보장제도가 불확실한 미래로 접어들고 있

---

1 지난 4반세기 미국의 정책에 큰 영향을 미쳐왔던 잘못된 생각 중 하나는 '지출 삭감 없는 세금 인하'로 표현되기도 한다. 이는 각종 선거공약에서 자주 활용되어 왔으며 현실 정책에 매우 부정적 영향을 미친 것으로 평가되기도 한다(Jones & Williams, 2021).

다는 점이다. 미래는 국가 간 기술전쟁과 자원전쟁이 격화되어 경제성장의 불확실성이 증가하고, 기술혁신과 자동화의 충격으로 고용불안과 고용 양극화가 심화되고, 저출산과 인구고령화로 사회보장제도의 재정적 지속가능성이 위협받는 세계를 예고하고 있다. 특히 인구고령화의 경제사회적 충격은 이미 주어진 조건이다. 높은 노인빈곤율이 오래된 해결 과제였다면, 의료비 및 장기요양을 위한 사회지출은 다가오는 해결 과제이다. 그리고 향후 수년 간 베이비붐세대의 퇴직은 부동산시장은 물론이고 고용과 사회보장제도에 매우 큰 영향을 미칠 것으로 예상된다. 시간이 경과할수록 계층 간·세대 간 갈등이 더욱 격화될 개연성이 크고, 빠른 시간 안에 청년층과 고령층을 둘러싼 고용 문제와 소득보장 문제를 해결할 개혁 방안을 찾지 못한다면 개혁 자체가 미궁에 빠져들 위험성도 배제할 수 없다.

이 점에서 사회보장제도 개혁을 위한 시간이 얼마 남지 않았다. 물론 미래의 위험을 강조하는 것은 우리 사회의 대책 마련을 촉구한다는 점에서 중요한 의미가 있다. 하지만 더 절실한 것은 세대 간 자원 배분을 위한 실효성 있는 대안을 제시하고 검증하는 일일 것이다.

이제 사회보장제도의 개편 방안을 마련하고 사회적 합의를 구하는 데 주력해야 할 시점이다. 먼저 사회보장제도의 현재 상황에 대한 정확한 진단이 필요하고, 이어 개편 방향과 분야별 세부 개편 방안에 대해서는 종합적이고 과학적인 접근이 필요하며, 끝으로 일관된 개혁 추진을 위해서는 개편 방안에 대한 사회적 합의가 필요하다. 시간에 밀려 성급하게 개편 방안을 결정하고 졸속으로 정책을 추진해서는 기대했던 성과를 거두기 어렵다. 더 정확하게 말하면, 정반대의 결과를 얻게 될 것이다. 많은 국가에서 왜 좋은 아이디어가 잘못된 정책으로 끝나는 사례가 발생했는지 되새겨 볼 일이다.

2. 사회보장제도의 환경 진단과 미래 전망

가. 환경 진단

한국 사회는 국가적 재난 상황에서 매우 강한 공동체적 결속을 통해 위기를 극복하는 모습을 보여왔다. 코로나19 팬데믹 상황에서 다른 나라들보다 상대적으로 안정적 생활을 할 수 있었던 것 또한 정부의 방역 지침에 대한 의료인력의 헌신과 시민들의 적극적 참여 덕택이다. 하지만 경제사회 부문에서 불평등이 심화되고 소가족화가 빠르게 진행되면서 '세대 간·계층 간 갈등'이 확산될 토양이 마련되어 있는 것 또한 사실이다.

그렇다면 사회 갈등이 어떤 영역에서 확산되고 있는지에 초점을 맞춰 간단히 살펴보고자 한다. 첫째, 노동시장의 이중구조가 고착화되며 노동의 카스트화가 진행되고 있다(김연아·정원오, 2016). 근로연령층 내부의 소득격차 확대와 저소득 노동자의 증가, 특히 청년층과 고령층에서의 저소득 노동자 증가는 세대 간 갈등의 핵심 원인으로 작용하고 있다. 정부 차원에서 이 문제를 해결하기 위한 정책이 없었던 것은 아니다. 최저임금 인상과 비정규직의 정규직화, 그리고 취약계층에 대한 고용 촉진 등은 노동시장의 이중구조를 해소하기 위한 핵심 정책들이었다. 그리고 일정한 성과를 거두기도 했다.

하지만 이 정책들 중 비정규직의 정규직화는 대기업과 공공 부문을 넘어 민간 부문으로까지 확산되지 못했다. 노동시장 이중구조가 더 공고해진 것처럼 인식되는 이유이다. 그리고 이는 예상치 못한 갈등으로 번지기도 했다. 최근 공정(公正)의 이름으로 표출된 노동 내부의 갈등, 예를 들어 기존 정규직 노동자와 비정규직 노동자 간의 갈등, 그리고 최근에는 무기직 노동자들의 직접고용 문제를 둘러싼 갈등이 그것이다. 이는 양질의 일자리에 진입하는 것이 이후의 계층 지위에 큰 영향을 미치는 상황에서 더욱 첨예화되고 있다.

둘째, 근로연령층이 지탱하는 사적안전망이 빠르게 해체되었다. 노동시장의 이중구조가 공고화된 상황에서 많은 핵심 근로연령층이 청년층 자녀와 고령층 부모를 부양하기 힘든 상황에 처하게 되었다. 가족구조가 소가족 중심으로 변하고 사적소득이전 등의 가족 내 지원이 감소하며, 기존 사적안전망은 빠르게 해체되었다(손병돈, 2021). 노년층과 청년층을 중심으로 1인가구가 증가하였고, 이들이 소득하위 집단을 대거 점유하면서 전체 소득분배구조가 악화되기 시작했던 것이다. 청년층이 쉽게 양질의 일자리를 찾을 수 있거나, 노년층이 가족이나 공적연금제도를 통해 적정 소득을 보장받을 수 있다면 소득불평등이나 빈곤 문제가 심화되지 않았을 것이다. 하지만 청년들은 노동시장에서 양질의 일자리를 찾기 힘들었고, 노년층 대다수는 낮은 연금만을 받고 있어 저임금 일자리를 전전할 수밖에 없는 상황이 벌어지고 있는 것이다. 그리고 근로연령층의 경우에도 은퇴 직전까지 가족을 부양하는 경우, 준비 없이 노후를 맞이하는 경우가 증가하고 있다(노대명 외, 2020c).

셋째, 수도권 주택가격의 급격한 상승이 자산불평등을 심화시키고 있다. 지난 수년 간 한국 사회에서 '세대 간·계층 간 갈등'을 증폭시킨 가장 큰 요인은 부동산 문제라 해도 과언이 아니다. 부동산 가격이 가파르게 증가한 원인으로는 전례 없는 저금리의 장기화와 수도권의 주택공급 부족, 임대사업자 등록제 등이 지목되고 있다. 여기서 주목할 점은 주택가격 상승에 따른 자산불평등 심화와 상대적 박탈감의 확산 이다(이형찬 외, 2021). 단기간에 수억 원 이상 증가한 주택가격은 불로 소득을 향한 과열경쟁을 이끌었고, 자기 집을 마련하지 못했거나 이 대열에 합류하지 못한 시민들은 심각한 박탈감을 느끼게 되었다. 이는 한편으로는 정부정책에 대한 심각한 불신을 가져왔고, 다른 한편으로 는 일해서 소득을 벌고 저축을 통해 자산을 형성하는 기존의 생활방식 에도 매우 부정적 영향을 미치고 있다.

넷째, 사회보장제도는 시민들을 경제사회적 위험, 특히 불평등과 빈 곤으로부터 보호하는데 제 역할을 하지 못하고 있다. 사회보험제도는 가입과 징수 그리고 보장 측면에서 비정규직 노동자 중 상당수를 배제 하고 있어, 노동시장의 이중구조 문제를 해결하는 것이 아니라 더 공 고하게 만든다는 비판을 받아왔다(장지연, 2012). 실업자나 비정규직 노 동자 그리고 자영업자 등 상대적으로 더 큰 위험에 노출되어 있는 집 단이 사회보험의 적용과 보장에서 배제되거나 불이익을 받고 있기 때 문이다. 실업보험은 상대적으로 실직위험이 높은 집단을 제대로 보호 하지 못하고 있고, 공적연금제도 또한 고용불안계층이나 비임금 노동 자의 가입과 보험료 납부가 저조하다. 이는 우리 사회보험제도가 노 동시장의 이중구조를 개선하기보다 그것을 유지하는 역할을 하고 있 음을 말해준다. 이어 저소득층 대상 사회부조제도 또한 선정 기준이 엄격해서 사각지대가 크다는 것이 문제점으로 지적되고 있다. 물론 2021년 4/4분기부터 기초생활보장제도의 부양의무자 기준이 폐지되 었다는 점에서 사각지대의 상당 부분이 해소될 것으로 예상된다. 하 지만 이것으로 빈곤층 복지 사각지대가 해소되는 것은 아니다. 그리고 시민들의 삶에 큰 영향을 미치는 사회서비스는 여전히 공급 부족과 낮은 품질 그리고 공공성 부족이라는 삼중고에 시달리고 있다. 요약하면, 지금 한국의 사회보장제도는 방대한 사각지대와 낮은 보장 수준 문제를 해결하고, 사회서비스의 공공성을 강화해야 하는 과제를 안고 있다.

나. 미래 전망

한국의 사회보장제도는 어떠한 미래를 맞이하게 될 것인가. 불과 수년 전만 해도 미래의 메가트렌드로 성장 환경의 변화와 인구고령화 등이 거론되어 왔다. 저성장이 21세기 경제의 새로운 표준으로 자리 잡고, 인구고령화로 노동공급이 감소하고 사회지출이 증가하는 시대로 접어들었음을 의미한다. 21세기의 사회보장제도 또한 새로운 성장 환경과 고령화된 사회에 대비한 개혁이 요구된다는 점을 말해준다. 하지만 코로나19 팬데믹 이후의 세계는 새로운 변화에 대비할 것을 요구하고 있다. 미중 패권경쟁이 지배하는 글로벌 경제환경, 비대면 방식의 확산이 노동시장에 미칠 충격, 감염병 확산에 대비한 보건의료시스템 구축, 돌봄서비스 등 사회서비스의 공공성 강화가 그것이다. 이를 좀 더 구체적으로 설명하면 다음과 같다.

첫째, 기술혁신을 통한 성장을 위해서는 그에 상응하는 사회안전망 강화가 필요하다. 2021년 현재 세계는 '새로운 미중 패권의 시대'로 이행하고 있으며, 각국은 그로 인해 유발되는 불확실성 속에 놓여 있다. 기술과 자원을 무기로 삼는 현재의 패권경쟁 속에서 우리나라는 그 어느 때보다 큰 영향을 받고 있다. 기술과 자원을 둘러싼 국가 간·기업 간 경쟁이 치열하게 벌어지는 상황에서는 새로운 패러다임의 성장전략이 요구된다. 창의적 인재를 육성하고, 기술융합이 가능한 생태계를 조성하고, 대기업과 중소기업의 상생이 가능한 체계를 구축하고, 공정하고 유연한 제도를 마련하는 일이다.[2] 하지만 학령인구가 빠르게 감소하는 상황에서 교육개혁을 하고, 기술융합과 혁신을 통해 산업구조를 전환하는 과정에는 상당한 규모의 고용충격이 예상된다. 그리고 그 충격을 흡수할 수 있는 사회안전망을 강화하지 않는다면, 사회 갈등의 확산을 막기 힘들 것이다. 이는 개혁의 경제사회적 충격을 흡수하기 위해서는 적정 규모의 사회안전망 구축이 선행되어야 한다는 점을 말해준다.

둘째, 고용 다변화에 조응하는 새로운 사회보장체계, 특히 새로운 보편적 사회보험체계 구축이 필요하다. 한국 사회에서 탈산업화는 이미 주변국들에 비해 빠르게 진행되어 왔다. 외환위기의 충격과 중국 경제의 성장은 탈산업화를 가속화시켰고, 더 많은 노동자들이 이 부문에서 일하게 되었다. 문제는 불가피하게 확장된 서비스 부문 일자리의 경우, 고용의 질이 상대적으로 낮은 특징을 보인다는 점이다. 전체적으로 저임금과 고용불안에 시달리는 노동자들이 증가하는 양상이 나타났고, 이는 한국 사회의 소득분배구조에도 부정적 영향을 미쳤다. 일자리 수는 유지되었지만 소득분배지표는 악화되는 양상이 나타났던 것이다. 문제는 기존의 빠른 탈산업화에 소위 4차 산업혁명으로 표현되는 기술혁신의 고용충격이 더해지고 있다는 점이다.

이미 세계적으로도 높은 자동화율을 보이는 우리나라에서 기술혁

---

2 서울대학교 한국경제혁신센터·경제연구소·경제학부 엮음, 2021, 혁신의 시작: 한국 경제의 성장잠재력을 어떻게 다시 끌어 올릴 것인가, 매일경제신문사 참조.

신의 고용 충격은 다른 나라들에 비해 상대적으로 작을 수도 있다. 하지만 현재 진행되고 있는 ICT 부문에서의 기술혁신은 제조업을 넘어 서비스업에서도 고용규모는 물론이고 고용 형태 등에도 큰 영향을 미치고 있다. 기존의 임금노동자 범주에 포함되지 않는 새로운 고용 형태의 노동자들이 증가하고 있는 것이다. 그리고 이러한 흐름은 고용정책과 복지정책 모두에 변화를 요구하고 있다. 특히 기존의 사회보험체계가 전제하는 고용 지위에 기초한 가입과 징수 그리고 급여 방식의 변화가 불가피한 상황이다. 이는 일하는 모든 사람을 위한 보편적 고용보험체계를 구축하거나 전혀 다른 새로운 패러다임의 제도를 마련해야 할 필요성을 말해준다(이승욱 외, 2019).

셋째, 인구고령화에 대응하는 노동개혁과 복지개혁이 필요하다. 우리나라의 인구고령화가 세계적으로 유례없이 빠른 속도로 진행될 것이라거나, 그것이 경제와 사회시스템에 큰 충격을 가할 것이라는 점은 이미 오래전부터 잘 알려져 있는 일이다. 하지만 정작 고용과 복지 부문에서 다가오는 충격에 대비할 수 있는 개혁은 장기간 지연되고 있다. 먼저 인구고령화 추세를 고려하면, 정년연장이나 정년폐지를 통해 노동공급을 확대해야 하고, 공적연금의 수급 개시 연령을 높여 재정적 지속가능성을 높여야 한다. 하지만 현재 국민연금의 수급 개시 연령은 상향 조정하였지만, 법정 퇴직 연령은 60세로 유지되고 있다. 국가가 근로연령층이 국민연금 수급 시점까지 일할 수 있는 여건을 규정하지 않음에 따라 많은 시민들은 소득과 노동의 공백기를 경험하고 있는 것이다.

이어 현재 그리고 미래의 노인빈곤율을 낮출 수 있는 노후소득보장제도 개혁이 필요하다. 공적연금의 재정적 지속가능성 문제와 노인

빈곤 정책과 관련된 당장의 재정지출 증가 문제를 해결해야 하는 것이다. 이를 위해서는 국민연금과 기초연금 그리고 기초생활보장제도를 아우르는 소득보장제도의 종합적 개편이 요구되고 있다(노대명 외, 2020b). 끝으로 인구고령화에 따라 지출 증가가 예상되는 건강보험과 장기요양보험제도의 재편이 요구된다. 건강보험은 보장성 강화와 지출 증가에 대한 효과적 관리방안 마련이 필요하고, 의료체계는 지역 간 의료격차를 축소하는 방향에서 공공의료체계를 강화해야 한다. 장기요양보험은 공급인프라 확충과 돌봄인력 육성 대책이 필요하다.

넷째, 사회보장의 디지털전환(Digital Transformation)을 서둘러야 한다. 정보통신기술의 발전은 사회보장제도의 설계와 운영 그리고 평가와 개선 등의 측면에서 혁명적 변화를 가져오고 있다. 물론 정보시스템을 어떻게 활용할 것인지는 정책과 제도에 의해 결정되는 사항이다. 하지만 정보시스템은 다음 두 가지 측면에서 새로운 사회보장제도를 상상할 수 있는 토대를 제공해 주었다.

① 사회보장제도의 자격 판정과 급여지급에 소요되는 기간을 크게 단축시켰다. 과거에는 소득 파악과 자산조사, 급여지급 등에 많은 행정력을 투입하고도 수개월이 소요되었다면, 지금은 각종 행정 데이터의 자동연계로 자산조사와 급여지급 기간이 약 1개월 수준으로 크게 단축되었다. 실제로 새로운 정보시스템은 전 국민 고용보험 도입을 시작으로 보편적 사회보험체계에 대한 구상을 가능하게 했고, 저소득층 지원제도와 관련해서도 단순히 부적정 수급자 발굴뿐 아니라 사각지대와 위기집단을 발굴하는 일 또한 가능하게 했다. 물론 해결 과제가 없는 것은 아니다. 더 정확하고 신속한 행정을 위해서는 소득·자산정보의 자동연계를 확대하고, 가구, 고용, 소득·자산 등 공통 정보에 대

한 표준화 작업이 선행되어야 할 것이다.

② 사회보장 행정 빅데이터를 활용한 근거 기반의 정책설계와 정책 집행 그리고 정책평가가 더 용이해졌다. 지금까지 전체 그리고 개별 사회보장제도의 수급실태와 급여실태, 그리고 정책효과를 개별적·종합적으로 평가하기에는 마이크로데이터만으로는 한계가 있었다. 하지만 사회보장 분야 행정 빅데이터를 결합시켜 현황 진단을 하고 성과평가를 하는 작업은 한층 수월해지고 정교해졌다. 행정 빅데이터의 정책적 활용도가 매우 높아진 것이다. 물론 이 문제와 관련해서도 많은 해결 과제가 남아 있다. 그것은 개인정보보호를 강화하기 위해 가명처리를 전제로 다양한 사회보장 분야의 행정 빅데이터를 결합하고, 학문적, 정책적 목적을 위한 연구에 활용할 수 있도록 공개하는 일이다(보건복지부, 2019).

3. 사회보장제도의 중장기 개편 방향

가. 사회보장 패러다임 전환의 필요성

한국의 사회보장제도는 현재 그리고 다가오는 미래의 위험에 준비되어 있는가. 지난 20년 간 한국 사회는 산업구조가 급격하게 변화했고, 불안정노동이 크게 증가했으며, 소득분배구조는 악화되었고, 사적 안전망은 빠르게 해체되어 왔다. 생애주기로 보면, 많은 청년층이 불안정한 일자리를 전전하며 미래를 계획하기 힘든 상황에 처해 있고, 결혼과 출산 그리고 양육과 주거 마련 등은 점점 감당하기 힘든 문제가 되고 있다. 그리고 중고령층은 법정 퇴직 연령 이전에 주된 일자리에서 물러나 비정규직과 자영업을 전전하다 준비되지 않은 상태로 노후를 맞이하고 있다. 노인들은 평균수명이 늘어나는 상황에서 자녀들에게 생계와 돌봄을 기대하기 힘든 상황에 처하고 있다. 특히 인구고령화로 빠르게 증가할 노인돌봄을 위한 경제사회시스템은 여전히 준비되지 않고 있다. 노후소득보장과 건강보장 그리고 장기요양 등 핵심 사회보장부문의 재편이 필요한 것이다. 그리고 이는 단순히 사회지출을 인상하는 것으로 해결되는 문제가 아니라 건강보장과 주거보장 그리고 돌봄보장을 어떻게 재구성할 것인가의 문제이다.

이처럼 많은 문제를 해결하기 위해서는 고용체계, 교육체계, 주거복지, 소득보장, 건강보장, 사회서비스, 평생교육 등을 아우르는 종합적이고 장기적인 개혁이 필요하다. 더욱이 노동시장과 교육 그리고 주거 등의 문제는 국민들의 삶에 매우 큰 영향을 미치고 있지만, 사회보장제도를 통해 문제를 해결하기 힘들다. 따라서 사회보장제도는 노동정책, 교육정책, 부동산정책과의 정합성이 중요하다. 하지만 지금까지의 개혁정책은 이러한 다양한 문제들을 관통하는 원칙이나 정책 간 정합성 문제에 크게 주목하지 않았다. 심지어 경제성장이나 일자리 창출이 사회보장의 수요를 크게 덜어줄 수 있을 것이라고 과신하였다.

하지만 경제성장은 산업과 기업 간 불균등하게 나타났고, 일자리의 양적 확대는 노동시장의 이중구조 위에서 진행되었으며, 사회보장 정책 또한 강력한 재분배 효과를 나타내지 못했다. 사회보장제도가 성숙했다면 노동시장이나 부동산시장에서 발생하는 불평등과 박탈의 충격을 흡수하는 역할, 즉 경제적 충격의 자동안정화(automatic stabilizer) 성과를 좀 더 기대할 수 있었을 것이다. 하지만 한국의 사회보장제도는 2008년의 리먼쇼크 하에서도, 그리고 2020년의 코로나19의 충격 하에서도 충격의 자동안정화 기능을 보이지 못했다.

특히 코로나19의 충격이 가해졌던 지난 2년 간 핵심 사회보장제도들이 제 역할을 다하지 못했다는 점은 분명해 보인다. 특히 사회보험은 지난 20년 간 크게 확장되었음에도 상대적으로 실직과 빈곤위험이 큰 집단에 대한 신속한 보호가 어려웠고, 그 보장 수준을 결정하기도 힘들었다. 그 결과, 사회보험의 보호를 받기 힘든 실직자나 빈곤층에 대해서는 일회성 재정투입이 불가피했다. 이 과정에서 최후의 사회안전망이라 불리는 사회부조가 그 역할을 하기에도 한계가 있었다. 지원 대상은 기존 사회부조의 선정기준과 선정절차를 적용하기 곤란했기 때문이다. 이는 선별적 지원제도라는 고유의 한계 때문이기도 했지만 적정한 지출규모와 신속한 지원체계가 작동하지 못한 것도 한 원인이다. 특히 코로나19 팬데믹은 우리 사회에서 공공의료체계 및 사회서비스 지원체계가 취약하다는 점도 여실히 확인시켜 주었다. 감염병이 확산되는 상황에서 공공의료체계와 돌봄서비스는 국민들의 생명을 지키고 취약계층을 보호하는데 헌신적인 역할을 하였다. 하지만 그것은 일상적인 보호체계가 작동한 것으로 보기 힘들다. 많은 의료보건인력과 사회서비스 공급인력의 희생과 헌신을 통한 비상 대책으로 유지될 수 있었던 것이다.

사회서비스는 21세기 한국 사회보장제도가 서둘러 강화해야 할 정책이다. 사회서비스는 노인과 아동 그리고 장애인 등 돌봄이 필요한 집단을 대상으로 하고 있지만 기여와 보장에 대한 명확한 법률적 근거가 취약하다는 문제점을 안고 있다. 취약한 돌봄서비스는 당사자에게는 극심한 박탈을 초래하고, 그 가족, 특히 근로연령층에게는 점점 감당하기 힘든 돌봄노동과 지출 부담으로 이어지고 있다. 또한 돌봄의 문제는 심리적으로도 당사자와 가족 그리고 사회 전체에 매우 큰 충격을 안겨주고 있다. 최근 우리 사회에 큰 충격을 주고 있는 아동학대와 간병살인 그리고 자살 등의 문제는 경제사회시스템의 위기를 알리는 신호음과 같다. 이제 근로연령층의 노동과 삶의 문제가 노인과 아동 그리고 장애인 등 취약계층의 삶의 문제와 분리할 수 없는 상태로 위기 상황에 처해 있음을 보여주는 것이다.

고용불안과 소득불평등 그리고 돌봄위기 문제를 해결하기 위해서는 사회보장의 패러다임 전환이 필요하다. 노동시장의 불안정성과 인구고령화가 사회보장제도에 큰 충격을 가하고 있고, 코로나19 팬데믹은 고용과 소득 그리고 사회서비스 등 전 부문에서 사회보장체계를 강화해야 한다는 요구로 이어지고 있다. 특히 개별 제도의 확대나 그에 따른 예산 확대 요구가 두드러지게 나타나고 있다. 하지만 정작 급격하게 증가할 이 비용을 누가 어떻게 부담해야 할 것인지에 대한 논의는 거의 없다. 사회보장 수요에 대한 객관적 전망을 토대로 어떠한 방식으로 기여를 확대하고, 조성된 재원을 어떠한 제도적 체계를 통해 배분할 것인지에 대한 논의가 없는 것이다. 예를 들어, 기초연금을 인상해야 해야 하지만, 장기적으로 고령화에 따라 급격하게 증가할 재원을 어떤 방식으로 어떻게 조달할 것인지에 대한 논의가 실종된 것이다. 이것이 '계층 간·세대 간 기여와 보장의 관계'를 규정하는 원칙, 즉 사회보장 패러다임 재편 논의가 필요하다고 말하는 이유이다.

지난 20년 간의 사회보장제도 확충에도 여전히 사각지대가 크고 보장성이 낮다는 점은 기존의 사회보장 패러다임을 바꾸어야 하는 것은 아닌가 하는 의문을 증폭시켜 왔다. 사회보험을 보편적 체계로 확대함으로써 문제를 해결할 것인가. 아니면 사회보장 비용을 임금에 부과하는 방식에서 벗어나 전체 소득 또는 모든 부가가치에 부과하는 방식으로 전환하는 것이 필요한 것은 아닌가. 물론 제도 보완을 통해 사회보험 사각지대를 해소하고 보장성을 높일 수 있다면 패러다임 전환이 필요하지 않을지 모른다. 하지만 제도적 보완을 통해 이 문제를 해결할 수 있을지는 의문이다. 소득보장제도와 관련해서 새로운 패러다임을 자처하는 정책들이 계속 출현하는 것 또한 이러한 의문과 무관하지 않다. 노동의 위기를 전제로 한 기본소득이나, 빈곤층에 대한 보편적 최저소득보장이 그것이다. 하지만 이 논의 과정은 아직 새로운 지배적 패러다임의 출현에 이르지는 못하고 있다. 제도적, 정치적 검증 과정에 있는 것이다.

나. 사회보험, 보편적 사회보험, 그리고 보편적 사회보장

전통적 사회보험체계에서 보편적 사회보험체계로 패러다임 전환의 필요성에 대해서는 공감대가 형성되고 있다고 말할 수 있다. 기존 사회보험이 노동시장의 이중구조를 개선하기보다 재생산한다는 비판을 받아왔다면, 경제사회적 위험으로부터 모든 일하는 사람 또는 모든 시민을 보호할 수 있는 보편적인 사회보험체계로 패러다임을 전환해야 한다는 것이다. '기여와 보장의 관계'에서 소득비례의 원칙에 치우쳐 있던 기존 사회보험체계를 재분배 원칙을 강화하는 방식으로 개편한다는 의미이다. 임금이 아니라 노동소득, 더 나아가 총소득을 기준으로 기여와 보장의 관계를 바꾸는 계층 간·세대 간의 새로운 연대를 모색하는 것이다. 따라서 이것은 조합주의적 사회보험체계를 조세(또는 사회보장세)에 기반한 보편적 사회보장체계로 전환하는 방안과 무관하지 않다. 임노동 기반의 사회보험을 소득 기반의 보편적 사회보험체계로, 더 나아가 조세 기반의 보편적 사회보장체계로 재편하는 길이 열리게 되는 것이다.

물론 모든 사회보험을 일거에 조세방식의 보편적 사회보험체계로 전환할 수 있는 것은 아니다. 개별 사회보험에 따라 사각지대의 크기와 성격이 다르고, 기여 방식에도 차이가 있으며, 보장 수준과 그 격차도 다르기 때문이다. 이는 보편적 사회보험체계를 구축하는 작업이 개별 사회보험별로 ① 사각지대 해소, ② 보장 수준 적정화, ③ 재정적 지속가능성 제고와 관련해 정교한 이행전략이 필요하다는 것을 의미한다.

특히 서비스보장제도인 건강보험은 소득보장제도인 국민연금이나 고용보험에 비해 패러다임 전환의 부담이 적다고 말할 수 있다. 그것은 건강보험의 오랜 역사와 보장하는 욕구의 차이에서 비롯되는 것이기도 하지만, 가입 기준과 보험료 부과체계 그리고 보장방식의 차이와 무관하지 않다. 구체적으로 건강보험은 직장가입자와 지역가입자에게 다른 부과기준을 적용하고 있음에도 사각지대가 거의 없었다는 점, 그리고 이원화된 부과체계를 단일 부과체계로 개편함으로써 다른 사회보험의 사각지대 해소에 중요한 단서를 제공했다는 점 등이 그것이다. 이것이 보편적 사회보장체계에 이르는 길을 단축시켰다고 말하는 이유이다.

주요 사회보험이 직면한 문제와 개편 방향은 어떠한가. 이 문제는 다음과 같이 정리할 수 있다. 먼저 건강보험은 보장성을 높이는 전략을 통해 다수 국민의 의료비 부담을 줄여 소득 급감의 위험을 통제하는 방향이 기조를 이루어야 한다. 하지만 동시에 기존 보장체계로 적시에 보호받지 못하는 위기집단에 대한 개입을 강화해야 한다. 건강보험은 사각지대가 크거나 보장성이 낮다고 말하기 어렵다.[3] 건강보험에서 적용의 사각지대가 발생하지 않는 이유는 그 부과체계에 있다. 소득이 있는 거의 모든 사람에게 보험료를 부과하고, 빈곤층에게는 사회 부조, 즉 의료급여를 통해 서비스를 보장하고 있기 때문이다. 물론 건 강보험은 보장성 강화를 정책 방향으로 설정하고 있으며, 의료공급자 에 대한 효율적 관리를 통한 지출효율화 또한 중요한 해결 과제이다. 하지만 건강보험은 '기여와 보장의 관계' 측면에서는 이미 패러다임 전환 단계에 있다고 말할 수 있다. 그것은 직장가입자와 지역가입자 간의 보험료 부담의 형평성 문제를 해결하기 위해 부과체계를 개편함 으로써 단일소득 기준으로 적용과 징수를 모색하고 있다는 점을 지칭 한다. 이 부과체계 개편 작업은 최근 논의되는 전 국민 고용보험 도입 이나 소득 기반 사회보험 도입과 관련해서 많은 정책적 시사점을 주고 있다. 이는 다른 사회보험의 가입자격을 소득기준으로 전환하여 사각 지대를 해소하고 사회보험료 의무부과를 확대하고, 급여보장에 있어 재분배 원칙을 강화할 수 있는 기초를 제공하는 것이다.

이어 고용보험은 소득 기반 사회보험으로의 패러다임 전환을 기본 방향으로 국세청 소득 파악을 현행화하는 지속적인 노력을 기울여야 한다. 지금까지 고용보험은 고용 형태와 근로시간 등의 기준을 충족 해야 가입 대상이 되었다. 실직 여부를 명확하게 판단할 수 있는 기준 을 충족하는 종속적 노동자를 가입 대상으로 하고 있었던 것이다. 그

---

3 현재 한국의 건강보험은 대응하는 위험의 성격, 가입과 기여, 보험료 부과방식과 보장 의 내용 측면에서 소득보장을 주목적으로 하는 공적연금이나 고용보험과는 다른 특 성을 갖는다. 특히 건강보험의 적용과 부과방식은 사실상 사각지대 문제를 거의 해결 한 것으로도 이해할 수 있다. 오히려 건강보험은 보장성 강화와 그에 따른 재정안정 화 문제가 더 큰 해결 과제라고 말할 수 있다. 그리고 현재 적용 중인 건강보험의 부 과체계 개편 방안은 전 국민 고용보험 도입과정에서 본격적으로 논의되고 있는 소득 기반 사회보험체계 구축에도 많은 시사점을 주고 있다.

로 인해 고용관계를 특정하기 힘든 많은 노동자는 가입 대상에서 제외되어 왔다. 물론 자영업자 등을 대상으로 자발적 가입을 허용하고 있지만 그 규모는 미미한 상황이다. 결과적으로 비정규직 노동자나 영세 사업장 노동자, 특히 특수고용형태종사자 등이 고용보험의 사각지대에 놓이게 된 것이다. 최근까지도 이들을 종속적 노동자로 규정할 수 있는가에 대해서는 논란이 있었지만, 점차 많은 국가들이 이들을 사실상의 종속적 노동자로 간주하여 고용보험 가입 대상으로 규정하고 있다. 이는 고용 형태 다변화로 지금까지 가입 대상에서 제외된 집단을 제도 안으로 포용하기 위해 패러다임 자체의 변화가 필요하다는 점을 말해준다. 최근 정부는 전 국민 고용보험 도입을 통해 이러한 개편 작업을 본격화하고 있다. 하지만 고용보험에서 보장성 제고 또한 중요한 개선과제이지만, 사각지대 해소에 비해서는 그 시급성이 덜하다고 할 수 있다. 고용보험의 실업급여는 소득비례원칙에 따른 급여이지만 실업급여의 상한과 하한의 격차가 매우 작다는 점이 그 이유이다. 따라서 소득대체율을 적정 수준으로 상향 조정할 필요는 있지만 소득 수준에 따라 보장 수준이 큰 격차를 보이는 것은 아니기 때문이다.

끝으로 국민연금은 적용의 사각지대와 낮은 보장 수준 문제가 모두 해결 과제이며, 이 문제를 해결하기 위해서는 노후의 적정소득보장을 목표로 노후소득보장제도 전반에 걸친 재구조화를 추진해야 한다. 국민연금은 많은 노동자가 미가입 상태에 있으며, 가입자 중에서도 많은 노동자가 보험료를 납부하지 않고 있다. 실질적 사각지대가 매우 큰 것이다. 그리고 국민연금은 보장 수준(연금) 격차 또한 적지 않다. 많은 노동자가 고용불안과 낮은 소득 등을 이유로 보험료 납부를 유예하고 있으며, 이는 결국 낮은 연금 문제로 이어지고 있는 것이다. 소득비례 원칙에 따라 보험료를 납부하며, 총 기여 기간에 따라 연금을 받게 되는 상황에서, 낮은 소득에 비례한 적은 보험료를 내고, 그것마저 반복적으로 미납하게 되면서 최종적으로 낮은 연금을 받게 되는 것이다. 이는 노인들이 국민연금을 수급하더라도 생활을 영위하기 힘든 빈곤 상태에 빠지는 이유이다. 더욱이 국민연금은 인구고령화로 가장 큰 영향을 받게 될 제도이다. 보험료를 인상하고 소득대체율을 조정하지 않는다면, 장기적으로 제도의 지속가능성을 기약하기 힘들기 때문이다. 하지만 이러한 개편을 하더라도 낮은 보장 수준의 문제를 해결하기 어렵다는 점 또한 고려해야 할 점이다. 결국 국민연금의 개편은 기초연금이나 기초생활보장제도를 포함한 노후소득보장제도의 재편이라는 더 큰 과제와 맞물려 있다. 예를 들어, 기초연금을 재분배원칙에 따른 1층 공적연금으로, 국민연금과 퇴직연금을 소득비례원칙에 따른 2층 공적연금으로 개편하는 방안을 검토할 필요가 있다.

위에서 언급한 패러다임 재편 방안이 사회보험 재편에 초점을 둔 것이라면, 최근 국내에서 주목받고 있는 재편 방안들은 보편적 최저보장을 강조하는 패러다임 재편 방안이라 할 수 있다. 여기서 보편적 최저보장이란 모든 시민들이 주요한 욕구와 관련해서 최저 수준의 기초보장을 받아야 한다는 점을 강조하는 경향을 보인다. 엄격한 선정기준을 폐지하거나 완화함으로써 선별주의의 낙인효과를 해소하는데 주력하고 있음을 의미한다. 예를 들어, 소득보장, 의료보장, 주거보장 등 다양한 부문에서 결과적으로 모든 시민들이 최소 기준 이상의 서비스를 보장받을 수 있게 하는 것이다. 그중 상대적으로 잘 알려진 것이 보편적 최저소득보장 방안인 기본소득이나 부의소득세이다.

현재 기초생활보장제도의 부양의무자기준이나 재산기준 등 부가적 기준을 적용함이 없이 소득이 기준선에 미달하면 누구나 일정 소득을 보장받을 수 있게 하는 부의소득세(NIT), 더 나아가 모든 시민에게 다른 아무런 선정기준 없이 정액의 현금급여를 정기적으로 지급하는 보편적 기본소득(UBI)도 결과적으로 보편적 최저(소득)보장제도라고 이해할 수 있다. 하지만 모든 국민들이 최소한의 비용만 지불하면 의료서비스를 보장받게 하는 방안이나, 공공임대주택을 확대 공급하는 방안도 보편적 최저(의료, 주거)보장 방안에 해당된다고 할 수 있다.

〈표 1-1〉은 위에서 언급한 개편 방안을 사회보험 중심형 개편 방안과 사회부조 중심형 개편 방안으로 대별하여 제시한 것이다. 먼저 '사회보험 중심형 패러다임 재편 방안'은 사회보험체계를 완성하기 위한 제도적 개선 방안으로 다음과 같이 구분된다. ①은 지금까지의 정책기조로 사회보험의 사각지대를 해소하려는 방안이며, ①-1은 현재 정부가 추진하는 전국민 고용보험 도입 방안으로 국세청 소득파악체계를 강화함으로써 이러한 목적을 달성할 수 있다고 주장한다(관계부처합동, 2020). 고용보험을 소득 기반 보험으로 재편함으로써 이후 소득 기반 사회보험체계로 발전시켜야 한다는 주장 또한 존재한다(장지연·홍민기, 2020). ② 사회보험을 소득 기준의 보편적 사회보험으로 개편하는 방안이다(최현수, 2020). 이 주장은 보편적 사회보험체계를 구축하는 방안일 뿐 아니라 다른 보편적 사회보장체계로 이어지는 통로의 의미를 갖는다는 점에 주목할 필요가 있다. 즉 사회보험 이후의 사회보장체계를 상상하는 단서를 제공하는 것이다. 그리고 ②-1은 소득 기반 사회보험의 특수한 형태로 사회보험을 국민보험 형태의 단일(통합) 사회보험으로 개편하는 방안이다. ①과 ②의 두 방안은 1차 사회안전망인 사회보험제도를 보편적 제도로 재편하는 것에 초점을 두고 있다는 공통점

을 갖는다.

이어 '사회부조 중심형 패러다임 재편 방안'은 크게 앞서 언급했던 것처럼 부의소득세 도입 방안과 기본소득 도입 방안으로 대별할 수 있다. 개편 방안 ③은 기존 사회보험 중심 체계를 대체하거나 보완하는 방안을 전제하지는 않지만, 사회부조를 일정 소득기준선 이하의 모든 저소득층 대상 최저소득보장제도로 재편하는 방안이다. ③이 밀튼 프리드만이 제시한 개인 단위 부의소득세를 거의 원형에 가깝게 제시한 것이라면(김낙희 외, 2021), ③-1은 부의소득세를 기본 원칙으로 하되 가구 단위의 소득보장 방식을 제시한 것이다(박기성·변양규, 2017; 박기성, 2020). 이어 기본소득은 '기여와 보장의 관계'를 규정하는 원칙이 기존 사회보험과는 크게 다르다. 특히 보편적 기본소득의 지지자들은 사회보험을 포함하는 전체 사회보장제도, 또는 전체 소득보장제도를 대체할 것을 주장한다. 하지만 점차 기본소득은 그 주장을 현실화하여 왔으며, 최근 기본소득 주장자들은 사회부조를 대체하는데 주력하게 된다. 기본소득한국네트워크의 주장④은 후자에 더 가깝다.

1단계에는 기존 사회보장제도 위에 부분기본소득을 덧붙이고 그것은 사회부조제도도 대체하지 않는다, 그리고 2단계에도 주로 사회부조제도를 대체하고 일부 사회수당을 대체하는 것을 목표로 하고 있다(서정희, 2021). 이 방안은 지원 대상으로 보편성을 유지하면서 보장금액을 상향 조정하는 방식을 취한다는 특징을 갖는다. 한국에서 기본소득 도입 방안 중 또 하나의 개편 방안(④-1)은 ④안과 같이 전체 인구를 대상으로 보장금액의 수준을 조정하는 것이 아니라 인구집단별로 확대하는 방식을 취한다는 것이 그 특징이다. 구체적으로는 노인기본소득으로 기초연금을 대체하는 방안을 들 수 있다(유종성, 2019; 유종성,

2020). 두 주장은 최후의 사회안전망이 사회부조 또는 저소득층 복지 제도를 통합하는 것을 전제하고 있다는 점에서 밑으로부터의 개편 방안으로 범주화할 수 있다.

〈표 1-1〉 최근 국내 사회보장제도 개편 방안의 유형: 소득보장제도를 중심으로

범주	연번	명칭	개혁대상	핵심 내용
사회보험 중심형 재편 방안	①	보편적 사회보험	모든 사회보험	기존의 가입 확대 방안
	①-1	전 국민 고용보험	고용보험	고용보험 중심 가입 확대 방안
	②	소득 기반 사회보험	모든 사회보험	소득기준 사회보험 가입체계
	②-1	국민보험	모든 사회보험	전 사회보험을 단일체계로 개편
사회부조 중심형 재편 방안	③	부의소득세(NIT)	사회부조	대다수 저소득층 복지제도 대체
	③-1	안심소득제	사회부조	대다수 저소득층 복지제도 대체
	④	기본소득	사회부조	사회부조 유지 → 대체
	④-1	기본소득-한국	기초연금	노인 대상 기본소득 도입

주: ① 사회보험 가입 대상을 확대하는 정책방향(기존), ①-1 현 정부의 전국민 고용보험 도입방안이며, 소득파악체계를 강화하고 있다는 점에서 향후 ② 또는 ③으로 발전할 수 있는 개편 방안, ② 단일사회보험을 가정하지 않는 소득 기반의 사회보험 보편화 방안, ②-1 주요 사회보험을 단일사회보험으로 통합하는 방안(영국 모델), ③ 기존 사회보험에 대한 명시적 가정은 없으며 사회부조제도를 부의소득세(NIT)로 대체하는 방안, ③-1 기존 사회보험에 대한 명시적 가정은 없으며 사회부조제도를 안심소득제로 대체하는 방안, ④ 기본소득 중 부분 기본소득에서 완전기본소득으로의 확대를 주장하는 방안(한국 모델), ④-1 기초연금을 노인 기본소득으로 개편하고 국민연금을 소득비례연금으로 개편하는 방안(류종성 외).

다. 보편적 사회보험체계 구축의 시급성

현재 한국 사회는 사회보장체계를 공고히 하기 위해 무엇보다 먼저 보편적 사회보험체계를 구축하는 작업에 집중할 필요가 있다. 그것은 소득 기반 사회보험체계 구축이 조세 기반의 보편적 사회보장체계, 더 나아가 대안적 사회보장체계 구축의 선결 과제이기 때문이다. 마찬가지의 맥락에서 부의소득세나 안심소득제와 같은 저소득층 소득보장제도 또한 보편적 사회보험체계의 기반 위에서 보다 안정적으로 운영될 수 있다. 일하는 모든 사람이 가입 대상이 되고, 보험료나 조세를 부담

할 수 있는 체계를 구축하는 것은 그 중요성을 아무리 강조해도 지나치지 않다.

기존 사회보험 중심 패러다임을 전환하는 방안은 기존 제도와의 단절이라는 점에서 정치적으로 매력적일 수 있다. 기존 제도를 개선하는 것이 패러다임을 전환하는 것보다 투입하는 노력에 비해 정치적 홍보 효과가 크지 않다는 점도 그 이유 중 하나일 것이다. 하지만 여기서는 앞서 제기했던 많은 문제들이 기존 제도의 개선을 통해서도 해결할 수 있는 것은 아닌지 살펴볼 필요가 있다. 더불어 패러다임 전환을 통해 약속했던 문제 해결이 가능한지에 대해서도 검토가 필요하다.

1) 패러다임 개선 방안: 보편적 사회보험체계 구축 방안

현재 사회보험의 사각지대를 해소하고 보장 수준을 적정화하기 위해서는 어떠한 개선 방안을 생각해 볼 수 있는가. 전 국민 고용보험 도입 논의를 시작으로 구체화되고 있는 단계적 개선 방안을 크게 네 가지로 정리하면 다음과 같다.

첫째, 근로 형태와 근로시간 등을 기준으로 가입 자격을 부여하고 보험료를 징수하는 현재의 사회보험제도(특히 고용보험제도)를 그동안 배제되었던 비정규직 노동자나 특수고용형태노동자를 포용하는 방식(㉠)으로 개편한다면 사각지대 해소에 일부 기여할 수 있을 것이다. 하지만 기존의 고용 형태나 근로시간 등의 기준을 유지하면 사각지대 해소에 한계가 있을 것이다. 둘째, 사회보험 가입자격을 고용 형태와 근로시간 등의 자격 기준에서 소득 기준으로 바꾸는 방식(㉡)을 취한다면 사각지대 해소에 더 크게 기여할 수 있을 것이다. 하지만 이러한 방식에 따라 표준화된 소득을 기준으로 보험료를 부과하고 징수하더라도 기존 원칙에 따라 기여에 상응하는 보장 수준과 보장 기간을 부여한다면 기존의 소득불평등을 완화하는 효과는 크게 개선되지 않을 것이다. 셋째, ⓛ의 방식이 가진 한계를 보완하기 위해 기여에 상응하는 보장이라는 원칙을 넘어 재분배를 강화하는 방식(ⓒ)을 취한다면 노동시장에서 발생한 소득불평등을 완화하는 효과는 좀 더 개선될 수 있을 것이다. 하지만 이것만으로는 재정적 지속가능성 문제에 대한 개선 효과가 제한적일 수 있고, 기존 사회보험 가입자 간의 합의 도출 또한 용이하지 않을 수 있다. 넷째, 재원조달 방식을 사회보험료 부과에서 조세(또는 사회보장세) 부과 방식으로 바꾸고, 소득비례형 사회보험을 추가하여 기존 사회보험 가입자의 이해관계를 보장하는 방식(ⓔ)을 통해 새로운 연대를 구축하는 방안을 생각해 볼 수 있다. 이는 결국 기존 사회보험을 기초보장형 사회보험과 소득비례형 사회보험을 결합한 체계로 재구성하는 방안을 의미한다. 이는 실제로 많은 서구 복지국가가 채택했거나 채택하고 있는 방식이기도 하다. 이상 언급한 ㉠~㉣의 방식들은 사회보장체계의 기존 틀에서 벗어나지 않은 것이다.

2) 패러다임 전환 방안: 기본소득 도입 방안

우리나라에서 기본소득은 코로나19 확산 이후 대안적 소득보장제도로 주목받아왔다. 하지만 그와 동시에 많은 비판의 대상이 되기도 했다(양재진, 2018; 양재진, 2020; 홍경준, 2020). 파레이스는 기본소득을 "정치적 공동체가 모든 사회구성원에게 개인 단위로 자산조사나 근로의무 부과 없이 지급하는 소득"이라고 정의하고 있다(Van Parjis, 2004, p.8). 그리고 기본소득은 모든 조건을 충족하는 완전기본소득(full basic income)과 일부 조건만을 충족하는 부분기본소득(partial basic income)

으로 대별된다. 하지만 "기본소득은 보는 관점에 따라 하나의 소득이전 프로그램일 수도 있으며, 경제사회시스템을 바꾸는 거대한 사회변혁 프로젝트일 수도 있다"(노대명 외, 2020c, p.306).

소득보장제도로서의 기본소득은 매우 단순하며 지원 대상의 보편성과 정액급여라는 점에서 사회수당과 매우 유사한 성격을 갖는다. 하지만 기본소득의 지지자들 사이에도 그것이 기존 소득보장제도를 대체하는 것인지 보완하는 것인지 합의된 의견을 찾기는 힘들다. 많은 논자들이 사회보험의 지속가능성에 대한 회의적 태도를 전제하고 있다는 점에서 기존 사회보험체계를 대체하는 대안적 패러다임을 궁극적 목표 지점으로 설정하고 있다고 생각해 볼 수 있다.

문제는 기본소득의 단순한 구조로는 재원 부담도 문제지만, 다른 소득보장제도에 비해 노동공급효과나 소득재분배 효과 또한 낮게 나타난다는 점이다. 그리고 저소득층의 빈곤감소 효과 또한 낮게 나타난다는 점이다(한종석·김선빈·장용성, 2021). 다만 정률의 노동소득세 외에 공유부 과세나 기타 재원을 투입하는 경우, 이러한 정책효과가 다소 다르게 나타날 수도 있다. 하지만 그것이 중산층 이상 집단의 조세 부담을 늘리게 되면서 기본소득 도입에 대한 정치적 지지를 확보하는 것은 또 다른 과제가 될 것으로 예상된다. 물론 기본소득의 정치적 영향력은 모든 시민에게 일정한 소득을 분배함으로써 소비생활과 노동문화, 공동체와 사회 참여에서 새로운 기회를 제공할 수 있다는 믿음과 무관하지 않다. 하지만 그것은 향후 지속적으로 규명해야 할 문제이다.

4. 사회보장제도 개편의 주요 과제

가. 사회보장제도 개편의 성공 조건

21세기형 사회보장 운영모델을 구축해야 한다. 21세기 사회보장의 과제는 더 이상 경제사회적 위험으로부터 공식 부문 정규직 노동자만을 보호하는 것이 아니라 일하는 모든 노동자를 보호할 수 있는 제도를 구축하는 것이다. 사회보장제도는 경제사회적 조건과 무관할 수 없다. 대량생산 체제와 완전고용 그리고 남성생계자모델에 기초한 사회에서 사회보장제도의 패러다임은 임노동사회의 도래와 임금 기반의 사회보험체계, 그리고 기타 사회문제에 대한 사회부조 중심의 접근을 특징으로 한다. 하지만 생산체제와 고용체제가 변화하는 세계에서 복지체제는 20세기의 그것과 다른 패러다임과 제도를 필요로 한다. 특히 고용 형태가 다변화되고 인구고령화가 진행되는 사회에서 보편적 적용 범위와 적정한 보장 수준을 유지할 수 있는 제도와 운영체계가 필요하다. 표준화된 고용체계가 아니라 다양화된 고용 형태를 포용할 수 있고, 취약계층에 대한 보장성을 제공할 수 있는 제도가 필요한 것이다.

이 점에서 소득비례의 원칙에 기초한 제도가 안고 있는 이중구조 또는 불평등의 문제를 해결하기 위해서는 재분배 원칙에 기초한 보편적 보장제도가 강화되어야 하는 것이다. 더욱이 사적안전망이 빠르게 해체되는 사회에서 돌봄체제의 변화가 필요하다. 사회서비스는 시급하게 확충되어야 하고, 공공성과 보편성이 필요하다. 하지만 21세기 사회서비스의 공공성은 20세기의 그것과는 달라야 한다. 변화된 기술과 공급 여건을 고려한 새로운 모델이 필요하다.

계층갈등과 세대갈등을 포함한 중층적 사회갈등을 해결할 수 있는 새로운 거버넌스를 구축해야 한다. 21세기 세계 각국은 민주주의 위기를 경험하고 있다. 그것은 20세기의 대의민주주의가 노동세계와 생활세계의 불안정성으로 인해 위협받고 있는 것이다. 한편으로는 과거 노동세계를 지배하던 노사갈등의 분명한 대립은 노동 내부의 이원화로 인해 더욱 복잡한 양상을 나타내고 있다. 기술 변화와 노동수요에 의해 노동시장의 이중구조가 고착화된 측면도 있겠지만, 노동을 규정하는 제도와 정책이 그것을 가속화시킨 측면도 존재하기 때문이다. 더욱이 노동의 이중구조는 생애주기별로 근로연령층 외에도 청년과 고령층에게 특히 큰 위험을 안겨주고 있다. 취업 단계에서 비정규노동을 전전해야 하는 청년층으로서는 미래를 걱정하지 않을 수 없고, 퇴장 단계에서 노후준비 없이 비정규노동을 전전해야 고령층 또한 생활과 건강이 우려되지 않을 수 없다. 이 점에서 21세기 복지개혁은 계층 간 갈등과 함께 세대 간 갈등을 해소해야 하는 숙제를 안고 있다. 문제는 이처럼 갈등하는 이해관계를 어떻게 조정할 것인가 하는 점이다. 사회적 합의가 중요한 이유이다.

변화된 정보인프라를 토대로 대안적 사회보장체계의 혁신적 사업 운영체계를 구축해야 한다. 그것은 사회보장제도가 보장해야 할 욕구의 특성을 고려해서 어떻게 재원을 조달하고, 배분할 것인지 새롭게 결정해야 한다는 것을 의미한다. 특히 모든 시민을 대상으로 소득과 기여에 무관하게 보편적으로 보장해야 할 급여와 서비스가 무엇이고, 소득과 기여의 정도에 따라 보장 수준을 차등화해야 할 급여와 서비스가 무엇인지 판단해야 한다. 한국의 사회보장제도는 21세기에도 교육과 주거, 보건의료와 사회서비스 등 필수재적 성격을 갖는 서비스를 보편적으로 보장해야 한다. 더불어 고용불안이 확산되면서 나타나는 소득불평등의 문제를 해결하기 위해 보편적 소득보장 프로그램 또한 강화할 필요가 있다. 이것이 기본소득과 같은 보편적 소득보장제도가 출현한 이유일 것이다. 하지만 개인의 노력과 성과에 따른 소득보장의 차별화 또한 필요하다. 다만 그것을 국가가 사회보장제도를 통해 보장 해야 하는가에 대해서는 이견이 있을 수 있다. 그리고 사회보장제도는 변화된 사회보장 행정체계와 정보체계의 잠재력과 위험성을 고려한 관리와 활용 방안을 강구할 필요가 있다. 방대한 사회보장 행정정보는 기존 신청주의 한계를 넘어선 새로운 보장방식을 가능하게 할 것으로 예상되기 때문이다. 과거의 행정체계와 전달체계로 상상할 수 없었던 새로운 시스템을 구축하는 것 또한 모색해야 할 과제이다.

복지개혁은 핵심 개편전략을 일관성 있게 추진해야 한다. 기존 사회보장체계를 혁신하는 것은 많은 저항과 불확실성을 동반한다. 복지정치가 상충하는 이해관계를 조정하는 일이라는 점에서 그러하다. 하지만 주목해야 할 점은 사회보장제도의 개편은 정책적 일관성을 유지하는 것이 중요하다. 특히 기여와 보장의 관계를 규정하는 재원조달체계를 개편하는 것은 정책적 일관성을 유지할 필요가 있다. 그것은 사회보장제도가 세대 간 재분배 기능을 담당한다는 점에서, 개인과 기업 등의 행동에 영향을 미친다는 점에서 장기간 그 원칙을 유지하는 정책적 일관성이 매우 중요하기 때문이다.

나. 정책 영역별 개편 과제

1) 소득보장제도 관련 개편 과제

앞서 사회보험과 사회수당 그리고 사회부조로 구성되는 제도 간 역할 분담과 패러다임 전환 문제에 대해 언급하였다. 여기서는 생애주기별로 주요 집단에 대한 소득보장제도와 저소득층 대상 소득보장제도의 개편 과제를 중심으로 언급한다. 첫째, 노인 대상 소득보장과 관련해서 ①최저소득보장제도(생계급여)의 선정 기준 중 부양의무자 기준을 폐지하고 보장수준을 높여 심각한 노인빈곤 문제를 해결하고, ②공적연금을 1층은 재분배원칙에 따른 노인 대상 최저보장연금제도로, 2층은 소득비례원칙에 따른 국민연금제도로 구축할 필요가 있다.[4] 둘째, 근로연령층 대상 소득보장과 관련해서는 고용보험을 일하는 모든 사람을 대상으로 하는 제도로 확대하는 것이다. 이를 위해서는 전 국민 고용보험 도입과 관련해서 국세청 소득파악체계의 강화와 현행화가 핵심 과제이다. 일용직 노동자 외에도 특수고용형태 종사자나 프리랜서, 자영업자 등을 대상으로 하는 소득파악을 강화하는 것이다. 셋째, 기초생활보장제도 등 빈곤층 소득보장제도를 부양의무자 기준 외에도 재산 기준을 폐지하고, 보장 수준을 상향 조정하는 방향으로 개편하는 것이다. 구체적으로는 근로빈곤층 소득보장제도 중 근로장려세제, 한국형 실업부조, 기초생활보장제도를 통합적으로 재편하는 것이다.

4　참고로 소득비례연금은 인구고령화에 따른 공적연금의 재정적 지속가능성을 확보하기 위해 보험료를 인상하거나 소득대체율을 조정하는 방식에 대한 사회적 합의가 용이하다는 특징을 갖는다.

2) 사회서비스 공공성 강화

한국 사회에서 사회보장 분야의 민간 공급체계에서 다양한 문제점이 드러나면서 돌봄 등 핵심 사회서비스의 공공성을 강화해야 한다는 목소리가 커지고 있다. 하지만 그 공공성이 구체적으로 무엇을 의미하고, 그 목표를 달성하기 위해서는 제도와 정책, 특히 공급정책과 전문인력 육성 및 수가정책에서 어떠한 구체적인 방안이 필요한지에 대해서는 명확한 합의가 존재하지 않는 상황이다(남찬섭, 2021). 전체 공급자 중 민간 영리부문 공급자 비중이 지나치게 높은 경우 서비스의 비용과 품질을 효과적으로 관리하기 힘들다는 점은 서구 복지국가의 경험을 통해서도 확인할 수 있다. 한국의 사회보장 분야에서 민간(영리) 공급자의 높은 비중은 오랜 기간에 걸쳐 고착화된 문제라는 점에서 이를 해결하기 위해서는 단계적 접근이 필요하다. 핵심 사회서비스에 대한 공공부문의 공급을 확대하는 전략이 필요한 것이다. 그리고 사회서비스를 공급하는 돌봄 종사자의 처우를 개선하는 방안이 필요하다.

3) 건강보장제도 관련 개편 과제

건강보험의 개편 과제는 사각지대 해소보다는 부과체계를 표준화하여 직장가입자와 지역가입자 간의 보험료 부과의 형평성 문제를 해결하는 것이다. 그리고 보장성을 강화하는 것이다. 그리고 건강보험과 의료급여를 통합하여 보편적 건강보장체계를 구축하는 방안이 있을 수 있다. 하지만 통합수가제도 등을 도입함으로써 빠른 속도로 증가하는 건강보험 지출을 효과적으로 통제할 필요가 있다. 코로나19 팬데믹 이후 감염병이 확산되면서 공공의료기관의 확보가 필요하다는 점에 대해서는 넓은 공감대가 형성되어 있다. 더불어 지역 간 의료인프라 격차를 해소할 필요가 있다. 그 밖에도 커뮤니티케어 등에서 돌봄과 의료의 연계를 강화할 필요가 있다. 끝으로 아파도 쉬지 못하는 노동자를 대상으로 하는 상병수당을 도입할 필요가 있다. 재원 부담을 이유로 본격적인 검토가 이루어지고 있지만, 근로연령층이 질병이나 장애를 경험하는 경우 소득상실과 의료비 증가로 급격하게 빈곤화되고, 가족 해체 등의 위험에 노출되는 문제가 발생하는 문제를 해결해야 하는 것이다.

4) 사회보장 재원조달체계 개편 방안

한국과 OECD 국가들의 복지지출 격차가 줄어들지만 한국의 복지지출 수준이 대체적으로 낮다는 것이 일반적인 분석 결과이다. 그 이유는 다음과 같이 정리할 수 있다. ①다른 OECD 국가에 비해 고령화 정도가 낮고, ②기존 국민연금 등 사회보험제도가 미성숙되어 있고, ③낮은 실업률로 사회지출 수요가 낮고, ④정치체제 및 역사적 경험에서도 사회지출 확대에 소극적이었다. 하지만 사회보험 성숙기까지 사회보장 사각지대를 방치하고 재정지출 확대에 소극적인 태도를 보여서는 사회갈등으로 경제사회시스템이 심각하게 훼손될 수 있다. 이는 사회보장세 등 새로운 형태의 재원조달방안을 강화해야 한다는 것을 의미한다. 다만 한국 사회보장제도는 경로 의존성을 고려하면 단기간에 사회보험 중심 체계를 사회보장세 중심 체계로 전환하기는 사실상 불가능하다. 이 점에서 프랑스의 최근 실험, 마크롱정부 하에서 사회보험료를 사회보장세로 바꾸었던 실험에 주목할 필요가 있다. 장기간에 걸쳐, 단계적으로 사회보험 중심 체계를 사회보장세 중심 체계로 재편하는 것이다(노대명, 2017).

5) 사회보장 정보시스템 강화

후발 복지국가인 한국의 사회보장제도가 외국의 사회보장제도에 비해 강점을 갖는 부분은 뒤늦게 사회보장 전달체계를 확충하면서 정보통신기술의 혁신을 빠르게 반영할 수 있었다는 점이다. 2000년 기초생활보장제도 시행 시점에는 소득 파악이 어려웠고 급여 산정에도 많은 어려움이 있었다. 하지만 정보시스템이 구축되고 각종 소득재산 자료가 자동적으로 연계되면서 국세청 등 정부기관의 소득 파악 행정체계가 크게 개선되었다. 이는 기능적으로 소득 파악과 급여지급에 따른 행정 부담과 소요기간, 그리고 비용의 절감을 가져왔다. 그리고 이는 미래 사회보장제도의 소득 파악과 자격 판정 그리고 급여지급에도 혁명적 변화를 가져올 것으로 예상된다.

가장 핵심적인 변화는 신청주의에서 벗어나 사회보장 비용의 징수와 사회보장 급여 및 서비스의 보장에서 보편성과 자동성 그리고 신속성을 강화하게 될 것이다. 그리고 이러한 행정에는 사회보장 정보시스템을 기반으로 축적된 행정 빅데이터가 중요하게 활용될 것이다. 물론 이를 위해서는 제도별로 분리되어 구축·운영되고 있는 정보시스템과 데이터에 대한 통합과 연계가 강화되어야 할 것이다. 21세기의 사회보장은 정책영역을 넘나들며 데이터의 융복합(고용과 복지, 보건과 복지 등)을 통해 다양한 경제사회적 위험에 대한 통합적 보장을 가능하게 할 것이다.

| 참고문헌 |

강병구. 2020. "혁신적 포용국가의 재정". 노대명 외. 2020. 『혁신적 포용국가 실현방안 연구-제1권 총론』(pp.259~287). 세종: 한국보건사회연구원.

관계부처합동. 2019b. "인구구조 변화의 영향과 대응 방향: (총론)". 인구구조 변화 대응 전략. 경제활력대책회의. 『인구정책TF 보고자료』(19-24-1-1). 2019년 9월 18일.

관계부처합동. 2020. 『전 국민 고용보험 로드맵』. 2020년 12월.

김낙회·변양호·이석준·임종룡·최상목. 2021. 『경제정책 어젠다 2022: 자유, 평등 그리고 공정』. 21세기북스.

김연아·정원오. 2016. "비정규직의 세대 간 전승: 부모세대의 직업적 지위가 자녀세대의 비정규직 여부에 미치는 영향". 『비판사회정책』(50). 334~377.

남재욱. 2020. "소득기반 전 국민 고용보험 방안. 내가 만드는 복지국가". 『이슈페이퍼』 2020-01(2020.7.13).

남찬섭. 2021. "공공성 개념의 구조와 사회서비스 공공성 논의의 내용". 『한국사회복지행정학』23(1). pp.33~63.

노대명. 2017. "프랑스 사회보장제도의 최근 개편 동향: 마크롱 정부의 개편 방향을 중심으로". 『국제사회보장리뷰』창간호. 2017년 8월.

노대명 외. 2019a. 『빈곤 해소를 위한 소득보장 강화방안 연구』. 세종: 보건복지부·한국보건사회연구원.

_____. 2020a. 『각국의 고령화 단계별 대응방안 연구 및 향후 정책방향』. 세종: 고용노동부·한국보건사회연구원.

_____. 2020b. 『고용 형태 다변화에 따른 사회보장 패러다임 재편방안

연구』. 한국보건사회연구원.

박기성. 2020. 『박기성 교수의 자유주의 노동론: 노동해방을 위하여』. 펜엔
북스.

박기성·변양규. 2017. "안심소득제의 효과". 『노동경제논집』 제40권 제3호.
2017년 9월. pp.57~77.

보건복지부. 2019. 『사회보장 정보전달체계 개편 기본방향』. 차세대 사회보
장정보시스템 구축 추진단.

서울대학교 한국경제혁신센터·경제연구소·경제학부 엮음. 2021. 『혁신의
시작: 한국경제의 성장잠재력을 어떻게 다시 끌어 올릴 것인가』. 매
일경제신문사.

서정희. 2021. "한국 사회 전환 리얼리스트들의 기본소득 로드맵". 『기본소
득포럼 발표자료』. 기본소득한국네트워크·기본소득연구소. 2021년
8월 26일.

손병돈. 2021. 『한국의 비공식복지』. 사회평론아카데미.

양재진. 2020b. "기본소득이 복지국가의 발전 요인으로 되기 어려운 이유".
『경제와 사회』. pp.58~77.

양재진. 2018. "기본소득은 미래 사회보장의 대안인가?". 『한국사회정책』
25(1). 45~70.

_____. 2020a. "기본소득이 한국소득보장제도의 문제점을 보완할 수 있을
까? 기본소득의 정책효과성 분석을 중심으로". 『한국사회보장학회
정기학술발표논문집』 2020(1). 133~156.

유종성. 2019. "기본소득의 재정적 실현가능성과 재분배효과에 대한 실현
방안". 『한국사회정책』 25(3). 3~35.

유종성. 2020. 『왜 보편적 기본소득이 필요한가?: 기본소득을 중심으로 하
는 사회보장 개혁의 방향』. 한국사회과학연구회. (110). 60~113.

이승욱 외. 2019. 『일하는 사람 전체에 대한 일반법 제정에 관한 연구』. 세
종: 고용노동부·국제노동법연구원.

이형찬·오민준·송하승·김지혜. 2021. "부동산자산 불평등의 현주소와 정

책과제". 『국토정책 Brief』. pp.1~6.

장지연·홍민기. 2020. "전 국민 고용안전망을 위한 취업자 고용보험". 『월 간노동리뷰』. 2020년 8월호.

장지연·이호근·조임영·박은정·김근주·Enzo Weber. 2020. 『디지털 시대 의 고용안전망: 플랫폼 노동 확산에 대한 대응을 중심으로』. 세종: 한국노동연구원.

장지연·홍민기. 2020. "전 국민 고용안전망을 위한 취업자 고용보험". 『월 간노동리뷰』183. 72~84.

장지연. 2012. "사회보험 사각지대와 이중노동시장의 제도화". 이병희 외. 2012. 『사회보험 사각지대 해소방안: 사회보험료 지원정책을 중심 으로』. 한국노동연구원.

최현수. 2020. 전국민 고용보험, '소득중심 사회보험'으로 전환하자, [내가 만드는 복지국가] "'한국판 뉴딜', 사회서비스 확대로 '휴먼뉴딜' 되 어야…". 『프레시안』. 2020년 6월 16일.

한종석·김선빈·장용성. 2021. "기본소득 도입의 경제적 효과 분석". 『한국 경제의 분석』제27권 제1호. 2021년 4월.

홍경준. 2020. "기본에서, 기본소득제를 생각한다: 기본소득제를 비판하 는 세 가지 이유". 『프레시안』. https://www.pressian.com/pages/ articles/2020072710303142973(자료 인출: 2020.10.4).

Bryan Jones & Walter Williams. 2021. 『The Politics of Bad Ideas: The Great Tax Cut Delusion and the Decline of Good Government in America』. Routledge.

Maeve Quaid. 2002. 『Workfare: Why Good Social Policy Ideas Go Bad』. University of Toronto Press.

Stiglitz, J. E. 2015. *The Welfare State in the Twenty-First Century*. Revised version of a paper presented at a conference on November 8 and 9, 2015 at Columbia University on "The Welfare

State and the Fight against Inequality".

Van Parijs, P. 2004. Basic income: a simple and powerful idea for the twenty-first century. 『Politics & Society』 32(1). 7~39.

제2장

미래 복지국가의 재정운용 방안

하준경 한양대학교 경제학부 교수

1. 논의 배경: 인구 고령화와 복지국가 재정운용

가. 고령화가 이자율과 성장률의 관계에 미치는 영향

복지국가에서 정부 재정의 역할 확대는 불가피하다. 그러나 한국의 재정 확대와 관련해서는 소극적 접근을 선호하는 견해가 지배적이다. 그 가장 큰 논거는 저출산·고령화라고 할 수 있다. 즉 지금 추세로는 가만히 있어도 저출산·고령화 때문에 복지지출이 자동으로 선진국 수준으로 늘어날 것이므로 정부의 재정 확대는 불가하다는 것이다. 이러한 논리는 정부의 사회적 지출 확대가 본격적으로 논의되기 시작한 2000년대 초중반부터 널리 확산되어 지금도 큰 힘을 발휘하고 있다.

국회 예산정책처(2020)에 따르면, 한국은 2018년 현재 국민부담률이 26.7%, GDP 대비 공공사회복지지출 비율이 10.8%로서 OECD 평균보다 낮은 저부담-저복지 국가에 해당하지만, 앞으로 공공사회복지지출이 급격하게 확대될 수밖에 없어 현행 제도를 유지하더라도 2050년대 중후반 경에는 고부담-고복지 국가군에 진입할 것으로 예상된다고 한다.[1] 이러한 상황에서는 사회보장제도를 현재보다 강화하는 것이 어렵다는 주장이 설득력 있게 들릴 수밖에 없다.

그렇다면 현행 제도를 바꾸지 않는 것이 최선의 길인가. 현재와 같이 저출산·고령화가 지속되는 한 재정 부담은 지속적으로 커질 수밖에 없으므로 지금부터 재정을 확대하지 않는 방향으로 간다고 하면, 문제가 근본적으로 해결될 수 있는가.

재정의 지속성이라는 관점에서 보면 이자율과 성장률 사이의 관계가 가장 중요하다. 국채를 활용하는 비용이라고 할 수 있는 이자율이 국가의 수입 증가율 기준이라고 할 수 있는 성장률보다 낮거나 같으면 국채를 활용하는 것이 용이하기 때문이다(Blanchard, 2019).

지금 문제가 되는 인구고령화가 성장률을 하락시키는 요인이 된다면 그것은 동시에 실질이자율을 떨어뜨리는 요인도 될 것이다. 따라서 인구고령화가 이자율과 성장률 사이의 관계에 어떤 영향을 미칠 것인지 일률적으로 이야기하기는 어렵다. 성장률은 인구증가율, 자본축적의 속도, 총요소생산성 증가율 등에 의존한다. 따라서 저출산·고령화가 성장률을 낮추는 요인이기는 하지만 그것이 인적자본 축적이나 생산성 증가에 의해 상쇄된다면 성장률 하락이 어느 수준까지 일어날지 알기 어렵다. 실질이자율은 장기적으로 인구증가율, 시간선호율, 총요소생산성 증가율에 의존하므로 성장률과 상당 부분 함께 갈 수밖에 없다. [그림 2-1]은 두 변수의 명목치, 즉 한국의 명목성장률과 국채금리 사이의 관계를 보여준다. 양자 사이에 밀접한 관계가 있으며, 한국은

---

1 2018년 현재 저부담-저복지 국가는 한국, 미국, 스위스, 아일랜드, 호주, 터키, 멕시코 등, 중부담-중복지 국가는 일본, 영국, 뉴질랜드, 캐나다, 폴란드, 체코, 스페인 등, 고부담-고복지 국가는 스웨덴, 덴마크, 핀란드, 프랑스, 독일, 이탈리아 등이다. 프랑스는 OECD 38개국 중 국민부담률이 46.1%로 가장 높고 GDP 대비 공공사회복지 지출 비율도 31.1%로 가장 높은 고부담-고복지 국가이다.

국채금리가 성장률보다 낮은 구조임을 알 수 있다.

[그림 2-1] 명목국내총생산 증가율과 국고채금리 추이

(단위: %)

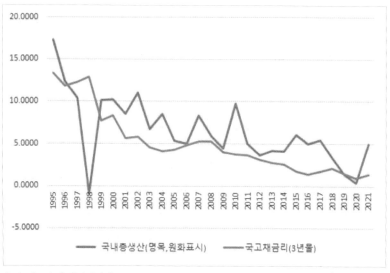

출처: 한국은행 데이터베이스.

다만 인구고령화로 인한 의무지출 때문에 국채 발행이 늘어나면 국가부채비율이 높아지게 된다는 사실은 주목할 필요가 있다. 이와 관련해서 널리 통용되는 논리는 국가부채비율이 높아지면 이자율이 올라 재정의 지속성이 떨어진다는 것이다. 이자율이 국가부채비율의 함수인지는 일률적으로 말할 수 없지만 만약 국가부채가 외국인들에게 빌린 채무로 이루어진다면 국가부채비율이 국가의 신용도를 낮추고 이자율을 올릴 가능성을 배제할 수 없을 것이다. 그러나 내국인들에게 빌린 채무가 국가부채의 주된 부분을 이룬다면 국가부채가 이자율을 반드시 높인다고 보기도 어렵다.

이와 관련해서는 중앙은행의 통화정책도 중요한 역할을 한다. 일본의 중앙은행이 일본 국채를 40% 이상 보유하고 또 새로 발행한 국채를 차환해주면서 이자비용도 치르게 해준다는 사실은 잘 알려져 있지만 일본의 신용등급은 일정 수준을 유지하고 있다.

이자율과 성장률의 관계로 재정의 지속성을 판단한다면, 저출산일 때 재정을 긴축해서 국채를 쓰지 않으면 이자율이 낮아질 가능성이 높으므로 성장률이 고정되어 있을 때는 당장 재정건전성이 높아질 수 있을 것이다. 하지만 재정 확대가 이자율을 높이는 효과가 크지 않고, 대신 성장률을 높이는 효과가 크다면 재정 확대가 오히려 재정건전성을 높일 수도 있을 것이다.

이와 관련해서 저출산·고령화가 내수의 고질적 부족을 가져온다는 점에 주목할 필요가 있다. 저출산일수록 내수부족 경제가 될 가능성이 크므로 재정 확대가 이자율을 높이는 효과가 작을 수 있다. 또 내수부족 경제일수록 재정 확대가 성장률을 높이는 효과는 클 수 있다. 경제가 침체 상태일수록 재정지출의 승수효과가 크다는 점은 잘 알려져 있는 사실이다.

결국 저출산·고령화일수록 똑같은 규모의 재정 확대가 더 무리 없이 지속성을 가질 가능성이 있다고 할 수 있다. 이자율보다 성장률이 높은 상태를 유지한다면 국가부채비율도 크게 높아지지 않을 수 있다. 결국 중요한 것은 재정 확대가 내수를 키우고 성장잠재력을 높이게 하는 것이다.

이러한 관점에서 볼 때 복지지출을 내수 확충 효과 및 성장잠재력 효과를 높이는 방향으로 설계하는 것이 고령화로 인한 우려를 해소하기 위한 관건이 될 것이다.

나. 인구고령화와 재정지출

다른 한편으로 인구고령화 때문에 재정 확대를 하기 어렵다는 중요한 논거는 의무지출의 확대이다. 즉 국채 발행이 늘어나는 것은 의무지출 때문에 불가피한데, 여기에다가 추가로 다른 목적의 국채를 발행하기 어렵다는 것이다. 이 부분은 국민이전계정 분석을 통해 분석해볼 수 있다. 하준경(2019)에 따르면 세대 간 자원이전과 소비에 소요되는 재원은 궁극적으로 노동소득, 그리고 사회가 축적한 자본으로부터 나오는 자본소득으로부터 조달된다.

2016년의 연령별 노동소득, 자본소득, 소비 패턴을 고정된 것으로 가정하고 통계청의 인구추계를 활용하여 세대 간 자원이전 주요 항목의 예상 추이를 그려보면 [그림 2-2]와 같다.

[그림 2-2] 시뮬레이션: 연령재배분 구성요소-총액 기준(인구 중위추계 가정)

(단위: 십억 원)

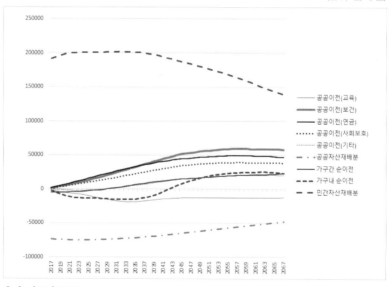

출처: 하준경(2019).

[그림 2-2]는 세대 간 자원배분의 개요를 보여주는데, 초기에 0의 값을 갖는 것은 세대 간 주고 받는 금액을 합하면 0이 된다는 사실을 보여준다. 이 값이 플러스인 것은 각 연령대에서 내는 것보다 받는 것이 더 많은 경우를 보여준다. 지속적으로 플러스의 값을 갖는 변수는 민간자산재배분인데, 이는 민간이 소유한 자본으로부터 나오는 자본소득에 기인한 부분이다. 또 지속적으로 마이너스 값을 갖는 공공자산재배분은 공공 부문에서 지속적으로 흡수하는 부분을 보여준다.

이 그림을 보면, 재정 부담은 공공보건과 공공연금에서 가장 크게 나타난다. 이는 각 세대가 해당 시점에 내는 사회보험료로 공공보건 지출과 공공연금 지출을 모두 충당할 수 없으므로 적립금을 찾아 쓰거나 추가로 부담을 늘리거나 또는 국채를 발행해서 써야 한다는 점을 의미한다.

눈에 띄는 것은 공공보건 지출이 가장 큰 문제가 된다는 점이다. 이 부분을 줄일 수 있다면 재정지출 부담을 많이 덜 수 있을 것이다. 따라서 재정운용의 여력은 미시적으로 공공보건 부문의 생산성을 높일 수 있는지에도 많이 의존할 것이다.

2. 동태적 효율성을 감안한 재정운용

거시경제의 동태적 균형을 동태적 효율성이라 할 수 있을 것이다. Solow의 교과서적 모형에서 동태적 효율성은 이른바 황금률(Golden Rule)로 표현된다. 즉 장기균형에서 소비를 극대화하는 것이 동태적으로 효율적이라 할 수 있다. 황금률의 조건은 간단히 말해 이자율과 성장률이 같다는 것이다. 물론 Ramsey 모형과 같이 현재 소비에 더 가

중치가 주어지는 경우에는 이자율이 성장률보다 조금 높은 것이 조정된 황금률이라 할 수 있다. 이 황금률은 재정건전성을 위한 기준과도 상통한다.

거시경제의 동태적 균형이라는 관점에서 볼 때 이자율이 성장률보다 낮은 상황은 동태적 비효율성이 발생하는 경우이다. 이자율이 너무 낮은 경제는 일종의 자본과잉 상태이다. 이러한 상황에서는 자본과잉을 줄이기 위해 저축에 쓰이는 자원을 일부 소비로 돌리는 것이 황금률에 가까운 균형을 가져오므로 효율적이다.

거시경제에서 동태적 효율성이 자동적으로 만족되는 경우는 사실상 드물다고 할 수 있다. 거시 동태모형에서는 일종의 사회계획자(social planner)를 가정하고, 먼 미래의 모든 상황을 예견할 수 있다고 보고 동태적 최적화를 할 때 동태적 효율성이 만족된다. 그러나 Diamond(1965) 등의 중첩세대모형에서는 세대 간 조율 메커니즘이 존재하지 않으므로 동태적 효율성이 자동적으로 만족되지 않는다. 따라서 이러한 경우에는 정부가 세대 간 조율의 역할을 하는 것이 합리화된다. 이때 정부의 역할은 저축에 쓰이는 자원을 정부가 국채를 발행하는 등의 방법으로 가져다가 소비에 돌리는 일이다.

즉 과잉저축이 발생하는 상황에서는 정부가 국채를 통해 소비를 진작시키는 것이 동태적 효율성을 높인다. 이러한 관점에서 보면, 복지국가에서 국채를 활용하여 복지를 늘리는 정책이 합리화되는 거시경제 상황이 존재할 수 있다. 즉 내수부족과 과잉저축이 고착화된 경제에서는 황금률에 더 가깝게 가기 위해 이러한 정책을 쓸 수 있는 것이다.

이러한 정책은 일견 매우 불건전해 보인다. 정부가 나랏빛을 내서 복지를 하는 정책, 소비를 늘리기 위해 이전지출을 하는 정책들은 포풀리즘에 가까워보이기 때문이다. 그러나 거시적 경제 상황에 따라서는 이러한 정책이 필요할 수도 있다. 다만 이런 경우 상황이 반전되었을 때 정책을 조절할 수 있는 수단 역시 필요할 것이다. 동태적 효율성이 이미 달성되었는데도 이전지출을 계속 늘리는 것은 효율성을 낮출 수 있기 때문이다.

따라서 복지 및 이전지출로 동태적 효율성을 추구하는 경우 상황에 따라 이를 회수하여 자본축적으로 돌릴 수 있는 수단도 함께 가질 필요가 있다. 애초에 이러한 문제를 해결하는 데 가장 적절한 수단은 인적자본 투자형 사회지출이다. 왜냐하면 인적자본 투자는 물적자본의 생산성을 높이기 때문에 과잉 물적자본 문제를 일으키지 않기 때문이다. 즉 정부가 물적자본에 들어가는 과잉 투자를 인적자본 투자로 돌리는 경우 성장률이 높아지면서 동시에 물적자본의 생산성, 즉 이자율도 적정 수준까지 높아질 수 있다. 이 경우 동태적 비효율성이 커지는 문제가 완화될 수 있다.

3. 보험형, 투자형 사회지출: 돌봄국가와 건전재정

대다수 복지지출은 사회보험에 가깝다. 소득의 변동성, 불확실성 등에 대응하여 어려울 때 사회의 도움을 받는 장치가 사회보험이라 할 수 있다. 사회보험은 그 자체로서 사람들의 생산성을 높일 수 있고, 건강 등 인적자본을 높이는 효과도 있다. 따라서 사회보험의 상당 부분은 건전성을 해치지 않는 재정운용이 될 잠재력이 있다. 그러나 현실에서는 보험적 지출이 전체적으로는 재정의 부담을 높이는 역할을 한다.

반면 투자형 사회지출, 특히 인적자본 투자에 들어가는 재정은 생산성에 긍정적 영향을 준다는 사실이 잘 알려져 있다. 따라서 재정건 전성이 우려되고 과잉 소비가 우려되는 경우에는 인적자본 투자가 수 반되는 복지지출을 늘리는 것이 좋은 방안이 된다. 특히 돌봄에 대한 복지지출은 간접적으로 돌봄노동에 시달리는 여성들의 인적자본 축적 및 활용에 도움을 주므로 투자형 사회지출에 가까운 측면이 있다.

사실 인적자본 투자의 효과가 크다고 알려진 만 5세 이하의 아동에 대한 투자는 많은 부분 돌봄과 겹친다고 할 수 있다. 또 초등학생들의 경우 방과 후 교육이 돌봄의 성격을 크게 갖는다. 뿐만 아니라 성인들 의 경우에도 정신적 돌봄, 멘토링이 교육과 겹치는 부분이 크다.

4. 적극적-장기 관점 전략

재정운용의 지속성은 인구구조와 밀접한 관계를 갖는다. 세금을 내 는 사람의 수와 복지혜택을 받는 사람의 수가 균형을 이루고 있어야 재정운용이 안정적으로 이루어질 수 있다. 복지 혜택을 받는 사람이 너무 많으면 거시적으로 문제가 발생할 수밖에 없다.

인구구조 측면에서 재정운용의 지속성을 보여주는 변수는 생산연령 인구 비율이라 할 수 있다. 생산연령인구가 충분히 많아야 재정의 지속 성이 보장된다고 볼 수 있고, 복지국가도 용이해진다고 할 수 있다.

여기서 인구추계 및 미래의 생산연령인구 비율이 이미 정해져 있다 는 가정을 재고할 필요가 있다. 생산연령인구 비율을 결정하는 요인은 출산율, 과거의 출산율, 은퇴연령, 사망률 등이다. 이 중에서 재정지출, 복지지출을 통해 영향을 줄 수 있는 변수는 출산율이다. 은퇴연령도 영향을 받을 수 있는데 이는 노동정책과 관련된 부분이다.

출산율과 관련해서는 세대 간 이전이 유소년 및 청년층에 대하여 이루어지는지, 노년층에 대하여 이루어지는지에 따라 효과가 다를 수 있다. [그림 2-3]을 보면, 자녀 1인당 사적 이전이 클수록 출산율이 낮다. 사적 이전은 가족 내에서 자녀에게 지출하는 사교육비 등을 말한다. 한편 [그림 2-4]를 보면 공적 가족복지 지출과 출산율 사이에는 긍정적 상관관계가 존재한다.

[그림 2-3] 자녀 1인당 사적 이전(횡축)과 출산율(종축), 2016년

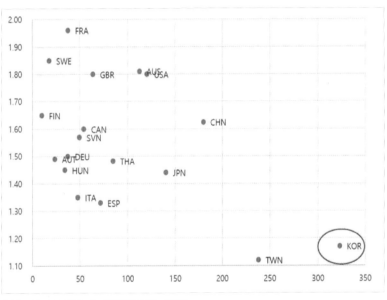

출처: NTA, World Bank, 하준경(2020) 재인용.

생산연령인구 비율은 출산율과 어떤 관계를 갖는가. 단기적으로는 출산율이 높아지면 생산연령인구 비율은 낮아진다. 부양해야 할 유소년, 즉 비생산연령인구의 수가 늘어나기 때문이다. 그러나 장기적으로는 출산율과 생산연령인구 사이에 양의 관계가 있을 수 있다. 물론 출

산율이 너무 높으면 그렇지 않을 수 있을 것이다. 결국 적정 수준의 출산율, 즉 인구구조를 안정시키는 인구 대체 수준의 출산율이 장기적으로 가장 바람직하다고 볼 수 있다.

[그림 2-4] GDP 대비 공적 가족복지(아동 양육 보육 돌봄) 지출(횡축)과 출산율(종축)

(지출: 2015년, 출산율: 2016년)

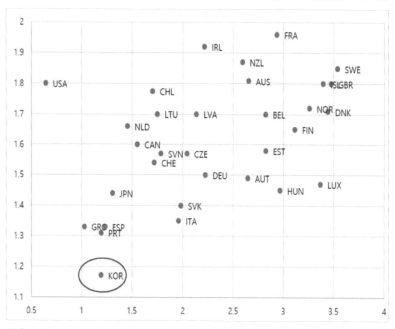

출처: OECD, World Bank, 하준경(2020) 재인용.

이와 관련해서 한국은 적정 출산율보다 낮은 수준의 출산율을 보이고 있다는 연구가 있다. Lee, Mason et al(2014)에 따르면 한국의 경우 재정의 지속성을 보장하는 출산율은 2가 조금 넘는다. 따라서 1 미만의 세계 최저수준의 출산율은 인구구조의 왜곡과 장기적 재정 부담을 가져온다고 할 수 있다.

이러한 현실에서 저출산·고령화 때문에 재정을 쓰지 않는 소극적 전략은 단기적으로만 합리화될 수 있다. 당장은 자녀 부양 부담이 줄어들 것이기 때문이다. 그러나 중장기적 관점에서는 적극적 전략이 바람직하다. 출산율은 여성들의 의사결정과 밀접한 관련이 있음은 널리 알려진 사실이다. 따라서 이들에게 출산에 대하여 긍정적 의사결정을 할 수 있는 환경을 만들어주는 것이 중요하다. 이는 복지지출을 늘려야 하는 적극적 이유가 된다.

5. 세대 간 상생 전략

복지는 상당 부분 세대 간 자원이전을 수반하므로 세대 간 갈등 요인을 줄이는 것이 중요하다. 이와 관련해서 현재의 세대 간 자원이전 방식을 살펴보면, 부동산을 매개로 한 이전이 주를 이루고 있다. 이는 베이비붐세대가 노후 대비 자산으로 부동산을 선택하는 현상, 그리고 구조적으로 한국은 부동산으로 자금이 흐르기 쉽게 되어 있다는 사실 등과 관련이 있다.

이렇게 노동연령층이 부동산 때문에 더 많은 부담을 지게 된 상황에서 또 복지로 인한 세금 부담도 동시에 늘어나는 상황이 되면, 세대 간 갈등이 엄청나게 커질 수밖에 없다. 이 문제를 해결하기 위해서는 부동산 부담을 줄여주는 것이 중요하다. 부동산으로 인한 가계의 부담은 가계부채로 나타난다. 조세재정연구원(2021) 등의 연구에 따르면 가계부채 부담과 국가부채 부담은 대체로 반비례한다([그림 2-5]). 국가가 위기 등의 상황에서 가계부채 부담을 줄여주는 과정에서 국가부채가 늘어나는 경우도 많다.

위기가 발생하기 전에 가계부채 부담을 줄여주는 방향으로 국가가 복지지출을 한다면 세대 간 상생이 보다 용이해질 수 있다. 주거복지, 돌봄, 교육 등 가계부채 증가의 원인이 되는 지출들을 상당 부분 국가가 공적으로 책임져준다면 노동연령층 가계의 협조를 이끌어내기가 더 쉬워질 것이다.

[그림 2-5] 주요국 이자비용 부문별 비중 추이: 가계부담과 정부부담의 대체성

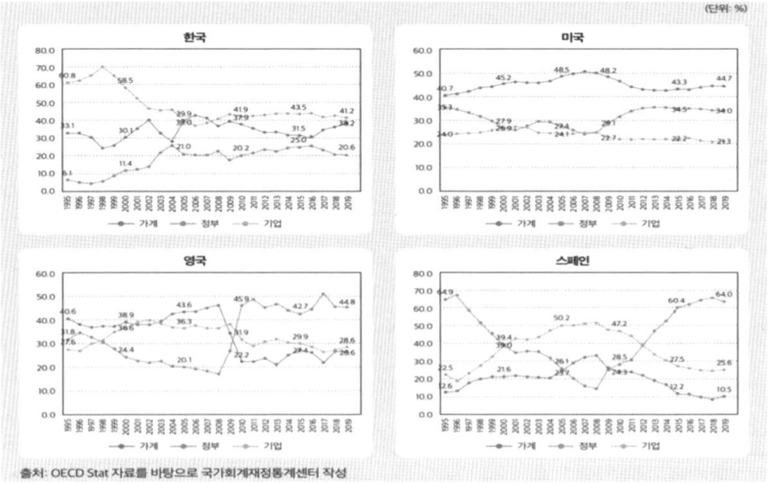
(단위: %)
한국
미국
영국
스페인
가계
정부
기업
출처: OECD Stat 자료를 바탕으로 국가회계재정통계센터 작성

출처: 조세재정연구원(2021), p.38.

6. 소결

인구고령화 추세에 따라 복지국가를 위한 재정운용의 필요성이 커지면서 동시에 재정 확대에 대한 경각심도 더 커지고 있다. 균형재정을 최선으로 여기는 오랜 관행이 구조적으로 도전받고 있다. 경제가 황금률을 만족하면서 동태적 효율성을 보이고 있을 때는 균형재정을

중심으로 재정운용을 하는 것이 바람직할 것이다. 그러나 과잉저축 등 동태적 비효율성이 발생하는 상황에서는 확대재정으로 내수를 늘리는 방향으로 복지를 확대하는 것이 거시적 균형에 더 부합하게 된다.

물론 이 경우에도 상황 변화에 따른 불확실성이 존재하므로 복지 확대는 가급적 인적자본에 도움이 되는 방향으로 시행하는 것이 바람 직할 것이다. 영유아에 대한 복지, 청소년에 대한 복지 등은 상당 부분 인적자본 투자이므로 장기적 재정 부담을 오히려 줄일 수 있다. 이를 돌봄국가 전략이라 할 수 있을 것이다.

나아가 저출산·고령화를 가져온 근본 원인, 즉 출산율 저하를 해결 하는 방향으로 적극적, 장기 관점의 전략을 쓰는 것이 바람직하다. 출 산율이 너무 낮은 경우 인구구조의 왜곡을 해결할 수 없고 재정의 불 균형도 해소할 수 없기 때문이다. 이는 단기적으로는 재정 부담을 늘리 는 일이지만 경제가 균형 성장의 궤도에 오르기 위해 불가피한 일이다.

그리고 재정 부담을 늘릴 때 세대 간 갈등을 줄이기 위한 복지지출 을 중시할 필요가 있다. 주거, 출산, 보육, 교육 등 가계부채 부담을 줄 여주는 방향의 정책을 강화함으로써 가계의 지출 여력을 높여주면 복 지 확대도 더 용이해질 수 있다.

결국 인구고령화 시대의 복지국가 재정운용은 동태적 효율성을 중 시하는 방향으로, 돌봄, 저출산 해결, 가계부채 부담 완화 등에 중점을 두어 적극적으로 실행할 필요가 있다. 그것이 장기적 재정건전성을 위 해 필수적이다. 여기서는 복지국가 관련 재정에 대해 주로 다루었다. 복지 외에도 지식 기술 등 공공재에 대한 재정투자, 기술 전환기의 산 업정책을 위한 재정 등도 중요한 주제일 것이다.

| 참고문헌 |

국회예산정책처. 2020.『2020 NABO 장기 재정전망』. 국회예산정책처.

조세재정연구원. 2021. "국가별 총부채 및 부문별 부채의 변화 추이와 비교".『재정포럼』2021.3. Vol. 297. pp.28~41.

하준경. 2019.『인구구조 변화와 소득주도성장 전략』. 정책기획위원회 용역보고서.

하준경. 2020. "제3장 추진전략". 김태종 외.『전환적 뉴딜을 위한 재정정책』. 경제인문사회연구회.

Blanchard, O. J. 2019. "Public Debt and Low Interest Rates".『American Economic Review』109(4): 1197~1229.

Diamond, P. A. 1965. "National Debt in a Neoclassical Growth Model".『American Economic Review』55: 1126~1150.

Lee, R., A. Mason, et al.. 2014. "Is low fertility really a problem? Population aging, dependency, and consumption".『Science』346(6206): 229~234.

| 제2부 |

소득보장제도의 과제

제3장

소득보장제도 전망과 개편 방향

노대명 한국사회보장정보원 원장

1. 소득보장제도의 진단

한국의 소득보장제도가 직면한 현실에 대해서는 다양한 평가가 가능하다. 그리고 문재인 정부의 정책 성과에 대해서도 다양한 평가가 있을 수 있다. 소득불평등과 빈곤 등의 지표를 활용한 소득재분배 성과는 앞서 자세히 언급되어 있음으로 여기서는 크게 근로연령층과 노령층의 소득분배 실태를 간략하게 진단하고 그에 따른 사회보장제도의 상황을 설명하고자 한다.

소득분배 상황에 대해서는 다음과 같이 정리할 수 있다. 먼저 근로연령층은 여전히 실직과 고용불안, 그리고 저임금노동의 증가에 직면하고 있다. 특히 기술혁신으로 노동시장 내 고용불안이 심화되면서 많은 근로연령층이 미래소득에 대한 불안을 경험하고 있다. 그리고 그것은 일하는 빈곤층, 즉 근로빈곤층의 증가로 나타나고 있다. 특히 청년층과 고령층은 노동시장에서 비정규직 일자리를 전전하며 고용단절과 소득감소 그리고 실직위험에 직면하고 있다. 따라서 고용 형태가 다변화되는 세계에서 근로연령층의 소득감소와 빈곤위험을 보호할 수 있는 포용적 소득보장제도가 필요하다. 특히 청년층 등 기존의 소득보장제도를 통해 보호하기 힘든 집단에 대한 보완적 소득보장제도가 필요하다. 더불어 근로빈곤층의 취업을 촉진할 수 있는 근로인센티브 강화가 필요하다. 하지만 근로빈곤층은 소득보장만으로 문제를 해결할 수 없다. 결혼과 출산, 양육 그리고 주거비 지출을 절감할 수 있도록 사회서비스 공급이 보편적으로 이루어져야 한다.

이어 노인층은 사적안전망이 해체되어 가는 세계에서 매우 심각한 수준의 노인빈곤 문제를 경험하고 있다. 이는 공적연금제도가 보장해야 할 적정 수준의 생활보장은 고사하고 기초생활보장제도가 보장하는 수준의 생활도 영위하지 못하는 노인층이 많다는 것을 의미한다. 물론 기초연금 등을 통해 노인층에 대한 소득보장제도는 크게 개선된 측면이 있다. 그럼에도 기존의 높은 노인빈곤율은 좀처럼 감소되지 않고 있다. 노인빈곤율을 낮출 수 있는 보다 효과적인 소득보장제도가 필요한 것이다. 그것은 개별적인 제도를 개편하는 것을 넘어 노후소득보장제도의 재편이 필요하다는 점을 말해준다.

그렇다면 현재 한국의 소득보장제도는 어떠한가. 소득보장제도는 생애주기별로는 근로연령층 및 노령층 대상 소득보장제도로, 제도 형태별로는 사회보험과 사회수당 그리고 사회부조형 소득보장제도로 대별할 수 있다. 각 제도를 간략하게 평가하면 다음과 같다. 한국의 '근로연령층 소득보장제도' 중 1) 고용보험은 실직이나 저임금 그리고 고용단절 등으로 인해 발생한 소득단절 및 소득감소 위험에서 해당 노동자를 보호하는 역할을 담당하고 있지만, 넓은 사각지대를 안고 있어 이를 해소하는 것이 시급한 문제이다. 코로나19 팬데믹 상황에서 고용보험이 비정규직 노동자와 특수고용형태노동자 그리고 프리랜서 등에 대한 신속한 보호가 어렵다는 문제점이 확인되었고, 일하는 모든 사람을 대상으로 하는 전 국민 고용보험 구축을 추진 중이다. 이는 고용보험료의 의무부과징수 기반을 넓히는 역할을 할 것으로 예상되지만, 국세청 소득파악 체계를 강화하고 이를 보험료 의무부과징수와 연계하기 위한 많은 후속 과제를 얼마나 신속하게 완수하는지가 관건이다. 특히 이 개편은 보편적 사회보험체계 구축의 시발점이 될 수 있을 것으로 예상된다.

2) 실업부조의 한 형태로 고용보험의 실업급여 수급이 만료되었음에도 재취업하지 못했거나 그 밖에 미가입자라도 빈곤한 실업자를 대상으로 하는 취업촉진형 실업부조제도로 국민취업지원제도가 도입되었다. 이 제도는 기존 빈곤층 소득보장제도인 기초생활보장제도가 근로빈곤층, 특히 실직빈곤층 대상 근로유인과 소득보장의 사각지대가 크다는 문제점을 보완하기 위해 도입되었다. 다만 이 제도는 아직 선정소득기준이 낮고, 보장 기간이 짧으며, 가구 단위의 소득보장기능을 수행하는 기능이 취약하다는 한계가 있다. 이는 향후 근로빈곤층 소득보장제도의 종합적 개편을 통해 개선해야 할 과제일 수 있다.

3) 기초생활보장제도(특히 생계급여)는 사회부조 중 대표적 소득보장제도로 근로능력 유무와 무관하게 모든 빈곤층을 지원한다. 가구소득이 일정 기준선, 즉 정부가 정한 기준중위소득 이하의 빈곤층을 대상으로 하는 최저소득보장제도이다. 2015년 맞춤형 급여체계 개편 이후에도 사각지대를 해소하기 위한 제도 개편, 특히 부양의무자 기준 등 부가적 기준의 폐지가 더디게 진행되어 왔으며, 보장수준 적정화도 과제로 제기되어 왔다. 부양의무기준은 2015년 7월 교육급여, 2018년 10월 주거급여에 이어, 2021년 10월 생계급여에 대해서도 폐지되었다. 하지만 기준중위소득이 통상적인 중위소득에 비해 낮다는 점에서

선정기준을 상향 조정해야 하는 과제를 안고 있다.

4) 근로장려세제는 저소득취업자에 대한 취업촉진형 근로인센티브 제도로 설계되었지만 차츰 소득보장의 기능을 강화하는 방향으로 확대되어 왔다. 2018년 이후 근로장려세제 수급자 선정기준에서 자녀기준이나 연령기준 등을 완화하면서 노령층과 청년층의 진입이 크게 확대되었으며 근로장려금 금액도 크게 인상되었다. 이는 기초생활보장제도에 비해 연간 보장금액은 낮지만 소득보장제도의 역할이 강화되었음을 의미한다. 그에 따라 부의소득세(NIT)나 변형된 형태로 기존 근로빈곤층 소득보장제도를 대체하려는 시도가 출현하는 토양을 제공한 것으로 이해된다.

한국의 '노령층 소득보장제도' 중 1) 공적연금은 공무원, 군인, 교사 등을 대상으로 하는 직역연금과 일반국민을 대상으로 하는 국민연금으로 구분된다. 근로연령기의 기여에 상응하는 보장을 받는 대표적 소득안전망이다. 보장 수준 측면에서 특수직역연금이 국민연금보다 매우 높다는 점에서 개혁 필요성이 제기되어 왔다. 일부 직역연금은 이미 개혁되어 격차가 축소되었지만 다른 일부 직역연금은 개혁 필요성이 제기되고 있다. 현재 국민연금의 가장 큰 문제는 가입과 보장의 사각지대가 크고, 보장 수준 또한 노후생활에 필요한 수준에 비해 크게 낮다는 점이다. 더 큰 문제는 미래에도 그 수준이 크게 개선될 것으로 예상되지 않는다는 점이다. 국민연금의 실질 소득대체율은 2020년 22.4%에서 2033년 23.8%를 정점으로 2056년에는 22.5%로 다시 낮아질 것으로 예상된다.[1] 이러한 결과가 나타나는 이유는 국민연금의

---

1 국민연금공단, 2020년 10월 국회제출자료(정춘숙 의원).

보험료율과 소득대체율에도 영향을 받지만 가입자의 평균 총기여기간이 짧다는 점에 주목할 필요가 있다. 이는 향후 국민연금의 가입률을 높이는 것 이상으로 실제 보험료 납입 기간을 연장하는 실효성 있는 전략이 관건임을 의미한다. 이것이 사회보험료 의무부과징수를 위한 국세청 소득파악과 보험료 부과징수 체계를 개편해야 하는 이유이다.

2) 기초연금은 조세를 재원으로 하는 비기여형 노후소득보장제도로 과거 경로연금에서 기초노령연금을 거쳐 현재에 이르렀다. 전체 노인의 하위 70%를 대상으로 하는 제도이다. 전체 노인의 개인소득에서 공적이전소득이 차지하는 비중이 매우 크고, 기초연금이 매우 큰 비중을 차지하고 있다는 점에 주목할 필요가 있다. 이는 기존의 노인뿐 아니라 미래 노인의 소득에서도 큰 역학을 하게 될 것임을 알 수 있다. 그리고 기초연금은 향후 보다 강화된 공적연금 또는 노인 대상 기본소득 등으로 발전될 소지가 있다.

3) 기초생활보장제도는 모든 빈곤층을 대상으로 하는 최저소득보장제도이지만, 빈곤층에서 노인이 차지하는 비중이 매우 높다는 점에서 그리고 보장 수준이 다른 공적소득이전제도들에 비해 높다는 점에서 빈곤층 노인을 위한 매우 중요한 소득보장제도이다.[2] 위에서도 언급하였지만, 생계급여와 주거급여의 부양의무자 기준이 폐지됨에 따라 노인빈곤층에 대한 보장 기능은 더욱 확대될 것으로 예상된다. 하지만 생계급여 자체의 보장 수준 인상은 향후 과제로 남아 있는 상황

---

2 2019년 현재 기초생활보장제도 수급자 중 65세 이상 노인 수급자는 63만 명으로 전체 수급자의 35.3%를 차지하고, 전체 노인인구 803만 명의 7.9%에 이른다(보건복지부, 2020, p.22).

이다. 물론 노령층 소득보장을 하는 기타 제도 중 퇴직연금이나 주택연금, 농지연금 등이 존재하지만, 그 역할은 여전히 취약하다.

〈표 3-1〉 한국 소득보장제도의 진단과 평가

구 분	제도 명칭	핵심 문제	개편 방향
근로연령층 소득보장제도	고용보험	비정규직/특고 배제 (사각지대)	가입/징수체계 정비 소득파악체계 강화
	국민취업지원제도	낮은 급여수준 짧은 보장기간	선정기준 상향 조정 (빈곤층 대상)
	기초생활보장제도	넓은 사각지대 낮은 보장수준	부가적 선정기준 폐지 최대급여액 인상
	근로장려세제 (EITC)	모호한 정책 목표 낮은 근로유인 성과	정책 목표 조정 지원 대상/방식 변경
노령층 소득보장제도	국민연금 특수직역연금	비정규/특고 배제 보험료 미납 낮은 연금수준	가입/징수체계 정비 보험료/소득대체율 조정 연금레짐 통합
	기초연금	낮은 보장수준 부부감액/연금감액	재원조달 방안 마련
	기초생활보장제도	사각지대(비수급빈곤층) 낮은 보장수준	기타 선정기준 완화 보장금액 인상

2. 소득보장제도의 미래 전망

현재의 소득보장제도는 향후 어떠한 문제에 직면할 것인가. 현재의 제도 개선 방향을 유지한 채 시간이 지나면 소득보장제도가 기대했던 사각지대 해소 그리고 적정소득보장이나 최저소득보장은 실현될 것인가. 아니면 인구고령화의 충격과 기술혁신의 고용충격으로 소득분배 구조가 악화되고 재정적 지속가능성 위기에 직면하게 될 것인가.

지금까지 진행된 정부의 소득보장제도 개편 작업은 크게 세 가지 흐름으로 정리할 수 있다.[3] 1) 사회보험제도와 관련해서는 전 국민 고용보험 도입을 출발점으로 사회보험 사각지대를 해소하는 것을 기조로 하고 있다. 그것은 국세청 소득파악 범위를 넓히고 주기를 단축하고, 이를 사회보험 부과와 징수체계에 연계함으로써 사회보험 가입의 사각지대를 해소하는 것이다. 그러나 이 정책 기조가 고용보험을 넘어 국민연금에 이르는 표준화되고 보편화된 사회보험체계로의 발전전략을 포함하는 것인지는 분명하지 않다. 기존 사회보험들이 고용지위나 근로시간 등이 아닌 소득 기반으로 가입과 징수가 이루어지는 보편적 사회보험으로 발전하기 위해서는 제도 간 표준화와 적용·징수 등 전달체계 정비와 같은 후속 과제 수행이 필수적인데, 이 작업이 일정에 맞게 진행되고 있는지 확인되지 않고 있기 때문이다. 이 점에서 현재의 제도 개선 방향은 보편적 사회보험체계 구축보다 사회보험 사각지대 해소에 초점을 맞추고 있다고 할 수 있다.

2) 빈곤층 소득보장의 사각지대 해소 정책을 강화하는 정책 기조이다. 문재인 정부는 실업부조제도라 불리는 국민취업지원제도를 도입함으로써 실직빈곤층 대상 소득보장제도를 강화하는 조치를 취하였다. 그리고 앞서 언급하였지만 기초생활보장제도와 관련해서 주거급여에 이어 생계급여의 부양의무자 기준을 폐지함으로써 빈곤층 소득보장의 사각지대를 만드는 두 개의 장애물 중 하나를 제거하였다. 그리고 근로장려세제를 대폭 강화하였다. 이 제도는 공공부조와 사회보

---

3 위에 언급한 세 가지 정책기조에는 다음 두 가지 정책적 변화는 고려하지 않았다. 먼저 물가인상율 수준의 급여조정이나 소규모의 지원 대상 확대이다. 이어 현 정부에서 추진하였지만, 다음 정부 임기 중에 시작될 사업들은 포함시키지 않았다. 대표적인 소득보장제도가 상병수당이다. 정부는 2022년 7월 아파서 일하기 힘든 노동자를 대상으로 하는 상병수당 시범사업을 예고하고 있다.

험의 사각지대를 해소한다는 목표를 설정하고 소득하위 30% 저소득 노동자를 대상으로 2017년 1조3천억 원(179만 가구)에서 2018년 4조 3천억 원(388만 가구)으로 투입재원을 대폭 확대하였다. 이는 노동시장의 불안정화와 인구고령화 그리고 코로나19 팬데믹 상황에서도 저소득층의 급격한 소득감소를 억제하는 역할을 하였다. 다만 빈곤정책 중 법정의무지출제도인 기초생활보장제도를 제외하고는 현재의 지원 규모가 그대로 유지되거나 확대된다고 말하기는 힘들다.

3) 저출산 문제를 해결하는 차원에서 사회수당 확대 또한 중요한 정책 기조이다. 문재인 정부는 2018년 아동수당을 도입하여 6세 미만 아동에게 월 10만 원을 지원하였고, 2019년에는 7세 미만으로 대상을 확대해왔다. 지원 대상 아동은 2021년 현재 247만 명에 이른다. 2022년에는 지원 대상을 현재의 7세 미만에서 8세 미만으로 상향 조정할 계획이다. 그리고 2022년부터 기존의 가정양육수당을 보장 수준을 높여 0~1세 영아를 대상으로 매월 30만 원을 지급하는 영아수당을 실시할 계획이다. 그 금액은 2025년까지 월 50만 원으로 인상할 예정이다. 영아와 아동을 대상으로 하는 각종 소득보장제도가 도입되고 강화되는 것은 현재 저출산 문제의 심각성에 비추어 당연한 것이다. 물론 이러한 정책들이 저출산 문제를 해결하는데 얼마나 효과적일지는 평가하기 힘들다.

미래의 경제사회적 환경 변화는 소득보장제도에 어떠한 영향을 미칠 것인가. 특히 코로나19로 인해 심화된 소득불평등과 빈곤문제에 어떠한 영향을 미칠 것인가. 먼저 부정적 측면에서의 영향은 다음 두 가지로 정리할 수 있다. 1) 인구고령화로 사회보험의 GDP 대비 지출 비중이 빠르게 증가하게 된다. 인구고령화는 이미 예정된 미래라는 점에서 그것이 소득보장제도에 미칠 충격 또한 충분히 예상 가능하다. 공적연금의 재정수지는 2019년 수입 89.6조 원과 지출 49.2조 원이지만 2028년에는 수입 132.4조 원 지출 98.9조 원으로 추정된다(정문종 외, 2019). 수입에 비해 지출 증가 속도가 더 빠르다는 점은 이후의 재정 안정화를 위해 보험료 인상이나 지출관리 등 대책 마련이 시급하다는 점을 알 수 있다. 사회보험 사각지대 해소가 공적연금의 수입을 늘려 그 속도를 늦출 수 있지만, 신규로 사회보험에 가입하는 집단 중 상당수가 소득수준이 높지 않아 보험료 지원 등의 재정투입이 필요할 것으로 예상된다.

2) 기술혁신에 따른 노동시장 구조 변화, 특히 고용 형태 다변화가 고용불안과 소득격차 확대, 그리고 빈곤 발생에 영향을 미치게 될 것이다. 물론 국세청 소득파악 체계 강화를 통해 사회보험 사각지대가 상당 부분 해소될 것으로 예상되지만, 현재의 사회보험 적용 및 부과 체계를 유지하는 한 고용보험과 국민연금의 사각지대는 여전히 존재할 것으로 예상된다. 그리고 이러한 추세는 근로빈곤층의 발생과 증가에 영향을 미칠 수 있을 것으로 판단된다.

3) 빈곤문제 해결을 위한 소득보장 관련 지출 압력이 계속 증가할 것으로 예상된다. 공적연금이나 고용보험이 성숙되어 소득불평등과 빈곤율 감소로 나타나기까지 많은 시간이 소요되고, 고용 다변화와 저임금 노동자가 근로빈곤층 증가에 영향을 미치고, 청년층의 취업난과 1인 가구 증가가 청년빈곤층의 증가로 이어지고, 저임금 노동시장에서 일하는 노인빈곤층의 증가 등으로 비기여형 소득보장제도, 특히 저소득층 소득보장제도는 지속적인 지출 증가 압력을 받게 될 것이다.

물론 소득보장제도가 개선될 수 있는 긍정적 변화 또한 생각해 볼 수 있다. 1) ICT기술의 발달에 따라 국세행정과 사회보장행정시스템이 빠르게 발전하고 있으며, 이것이 소득보장제도를 지탱하는 다섯 가지 하위 부문, 즉 ① 소득파악, ② 자격관리, ③ 보험료징수, ④ 급여지급, ⑤ 사후관리 등의 부문에서 놀라운 혁신을 가능하게 하고 있다는 점이다. 우리나라의 경우, 신용카드 사용이 증가하면서 임노동자의 소득 파악 외에도 비임금 노동자의 소득 파악에서도 현행화 등이 가능하다는 목소리가 커지고 있다. 이러한 가능성은 사회보험료 부과와 징수 측면에서도 많은 변화를 가져오고 있다. 결국 이러한 변화는 모든 일하는 사람들을 위한 보편적 사회보험체계 구축을 용이하게 만들고 있다.

2) ICT기술은 저소득층 소득보장제도에서도 많은 변화를 가능하게 하고 있다. 대부분의 저소득층 소득보장제도는 가구 단위의 자산조사와 급여지급을 전제하고 있는데, 이 과정에서 부정확하고 뒤늦은 소득 파악, 엄격한 선정 기준에 따른 수급자의 낙인감 등의 문제가 발생하고 있다. 이 점은 선별주의가 갖는 부정적 측면으로 비판받아왔다. 하지만 소득 파악과 가구생성 등에 있어서 사회보장 행정시스템의 발전은 정확하고 신속한 수급자 선정과 급여지급을 가능하게 하고 있다. 더욱이 지금까지 신청주의에서 벗어나 자격 판정에 따른 자동적 급여지급 또한 가능해지고 있다. 이는 낙인감과 사각지대가 매우 적은 빈곤층 최저소득보장제도의 구현을 상상할 수 있음을 의미한다.

3. 최근 논의되는 개편 방안들

2021년 12월 현재 한국 사회에서 소득보장제도 개편 방안은 매우 다양한 스펙트럼을 보이고 있다. 이 다양한 개편 방안의 철학과 개편 목적 그리고 주요 내용을 제대로 이해하는 것도 쉽지 않은 일이지만, 더 큰 문제는 해당 제도를 개편함에 따라 유관 소득보장제도를 어떻게 개편할 것인지가 명확하지 않다는 점이다. 이러한 문제는 소득보장제도를 개편함에 있어 특정 분야나 제도별 개편 방안에 대한 논의는 활발하게 진행될 수 있게 하는 반면, 전체 소득보장체계를 어떻게 변화시킬 것인가에 대한 논의를 어렵게 하는 측면이 있다. 이는 지난 20년 간의 소득보장제도 개편 논의에서 가장 두드러지게 나타났던 현상이다. 물론 이러한 제도별 개편 방안 논의가 갖는 강점이 있다. 그것은 개별 제도의 문제점 진단과 그에 따른 세부 개편 방안 제시에 있어 실현 가능성이 있는 매우 정교한 논의를 가능하게 한다는 점이다. 하지만 이러한 논의는 소득보장체계가 장기간 진행된 경제사회적 환경 변화에 조응하지 못하는 문제점을 야기하였다. 따라서 여기서는 기존의 개별 제도와 관련된 개편 논의를 전제로 각각의 개편 논의가 노후소득보장체계와 근로연령층 소득보장체계 하에서 어떻게 결합될 수 있고, 그것이 전체 소득보장체계 개편과 관련해서는 어떠한 방향으로 진행될 수 있는지 가늠하는데 초점을 맞추고자 한다[그림 3-1] 참조).

먼저 소득보장제도는 생애주기별 소득보장제도의 성격을 고려하여 노후소득보장체계와 근로연령층 소득보장체계로 대별하였다. 이는 근로연령층 소득보장제도가 계층 간 소득재분배의 기능을 한다면, 노후소득보장제도는 세대 간 소득재분배의 기능을 한다는 점에서 재원조달 및 배분 방식에 있어 근본적 차이가 있음을 의미한다. 이어 각 소득보장체계를 구성하는 하위 소득보장제도는 사회보험과 사회수당 그리고 사회부조 등의 제도로 대별하였다. 다만 사회수당의 성격을 갖는 기초연금이나, 조세지출제도인 근로장려세제(EITC)는 해당 범주로 표현하지 않고 제도 명칭을 그대로 사용하였다. 위험에 대한 보편적 보장을 1차 사회안전망으로 간주하고, 사회수당을 2차 사회안전망, 사회부조를 3차 사회안전망으로 간주하여 배열하였다. 이는 아래 제도 개편 방안에서 제도 간 통합과 재구성을 쉽게 표현할 수 있다는 강점이 있다는 점을 고려하였다.

해석과 관련해서 한 가지 주의할 점은 그림 하단에 명시한 것처럼, 노후소득보장체계와 근로연령층 소득보장체계 개편 방안은 반드시 서로 연동되어 있는 것은 아니다. 즉 '개편 방안 5'의 경우처럼, 두 개의 개편 방안이 서로 연계된 것도 있지만, 다른 개편 방안은 서로 연계되지 않을 수 있는 것이다. 따라서 실질적인 제도 개편 방안은 노후소득보장체계의 '개편 방안 3'이 근로연령층 소득보장체계의 '개편 방안 1'과도 연계될 수 있는 것이다.

[그림 3-1] 한국 소득보장제도의 중장기 개편 방안들

	노후소득보장체계				근로연령층 소득보장체계			
	국민연금	직역연금	기초연금	기초생활	고용보험	EITC	실업부조	기초생활
현행 제도	국민연금	직역연금	기초연금	기초생활 확대	전국민 고용보험	EITC	실업부조	기초생활 확대
개편방안 1	국민연금 개편	직역연금	기초연금	기초생활 분리	전국민 고용보험	EITC	통합부조	
개편방안 2	통합공적연금		기초연금	기초생활 분리	전국민 고용보험	안심소득세		
개편방안 3	통합공적연금		최저보장연금	기초생활 분리	전국민 고용보험	부의소득세(NIT)		
개편방안 4	통합공적연금		통합 최저보장연금		부의소득세(NIT)			
개편방안 5	통합공적연금		기본소득		전국민 고용보험	기본소득		

주: 1) 노후소득보장체계와 근로연령층 소득보장체계의 개편 방안은 서로 연계되지 않을 수 있음.
2) 그림의 작성 시점은 2021년 12월로 각 개편 방안은 이후 변경될 수 있음.
3) 테두리로 된 박스는 현행 제도 유지, 색이 채워진 박스는 개편된 제도를 지칭.

가. 노후소득보장체계 개편 방안

먼저 '현행 제도'는 국민연금이나 직역연금, 기초연금에서 부분적인 제도 개선이 있을 수 있지만, 큰 틀에서의 개편이 아니라는 점에서 현행 유지로 간주하였다. '개편 방안 1'은 기초생활보장제도가 다른 근로빈곤층 소득보장제도와 통합되어 개편됨에 따라 노인빈곤층 대상 소득보장제도로 분리되는 것으로 가정하였다(노대명 외, 2020b). 이를 전제로 국민연금과 관련해서는 2018년의 국민연금 개편 방안에서 제시되었던 보험료와 소득대체율 등에 대한 조정이 이루어지는 개편 방안이다. 구체적으로는 국민연금의 사회보험료를 인상하고 소득대체율을 낮추는 방안과 소득대체율을 유지하는 방안들이 포함될 수 있다. 지금까지 가장 자주 거론되었던 국민연금 개편 방안이라 할 수 있다.

'개편 방안 2'는 국민연금과 직역연금을 통합하여 단일한 공적연금을 도입하는 방안이다. 2015년 공무원연금이 개편되고, 아직 개편되지 않은 군인연금을 개편하는 작업이 남아 있다. 물론 국민연금과 직역연금의 개편은 많은 갈등 요소를 안고 있다. 하지만 국민연금과 직역연금을 단일 공적연금으로 통합하는 방안에 대한 국민적 지지 의견을 감안하면, 제안 가능성이 있는 개편 방안이라 할 수 있다. 기초연금은 현재 상태를 유지하는 것을 전제하고 있다.

'개편 방안 3'은 노후소득보장제도와 관련해서는 국민연금과 직역연금을 통합하여 소득비례형 연금으로 구축하고, 기초연금은 재분배 역할을 하는 최저보장연금으로 전환하는 방안이다. 여기서 최저보장연금은 기초연금과 달리 새로운 기여(보험료 또는 사회보장세)를 전제하고 있다는 점이 그 특징이다. 이 개편 방안은 기초연금이 기여 없는 보장이라는 특성으로 인해 국민연금 가입률 저하에 미치는 영향을 최소화할 수 있다는 강점을 갖는다.

'개편 방안 4'는 위의 '개편 방안 3'과 같이 공적연금을 소득비례연금으로 구축하고, 최저보장연금을 기초생활보장제도와 통합하는 방안이다. 이는 조세를 재원으로 모든 노인에게 최저소득을 보장한다는 점에서, 그리고 보장 수준이 기초생활보장제도의 생계급여 수급기준을 넘어선다는 점에서 도입 가능한 개편 방안이다.

'개편 방안 5'는 통합된 공적연금을 유지하고, 기초연금과 기초생활보장제도는 기본소득으로 대체하는 방안을 지칭한다. 기본소득이 전체 시민을 대상으로 지급됨에 따라 노인 대상 공공부조제도나 기초연금제도를 대체하게 되는 것이다.

나. 근로연령층 소득보장체계 개편 방안

먼저 '현행 제도'는 2021년 12월 현재 시점까지 개편된 사항들을 고려하여 표기하였다. 소득보장제도에서 진행된 가장 큰 변화는 전 국민 고용보험 도입, 국민취업지원제도 도입, 기초생활보장제도 개편(생계급여의 부양의무자 기준 폐지) 확대라는 점을 고려하였다. '개편 방안 1'은 빈곤층 소득보장제도 중 기초생활보장제도를 근로연령층 대상 실업부조(국민취업지원제도)와 통합하는 방향으로 개편을 하고, 그에 따라 노인대상 기초생활보장제도가 분리되는 것을 전제로 하고 있다. 전 국민 고용보험과 근로장려세제는 현 상태를 유지하는 개편안이다.

'개편 방안 2'는 전 국민 고용보험을 현재 추진 중인 상태로 유지한다는 전제 하에서, 기존 저소득층 소득보장제도, 즉 근로장려금과 기초생활보장제도 그리고 국민취업지원제도를 안심소득제로 대체하는 방안이다. 안심소득제는 가구 단위를 적용 대상으로 중위소득의 50%

를 선정기준으로 보충급여방식으로 지급되는 소득보장제도이다(박기성·변양규, 2017; 박기성, 2020).

'개편 방안 3'은 전 국민 고용보험을 유지한 상태에서, 근로빈곤층 소득보장제도와 관련해서는 부의소득세(NIT)를 도입하여 기존의 모든 저소득층 소득보장제도를 대체하는 방안을 전제하고 있다. 이는 개인 단위의 급여를 전제하고 있으며, 중위소득 60% 이하 소득자를 대상으로 공제율 50%를 적용하는 방안이다(김낙희 외, 2020). 부의소득세는 기존 저소득층 소득보장제도를 매우 포괄적으로 대체하게 된다는 점에서 일부 복지지출 절감 요인이 있지만, 개인소득을 기준으로 급여하게 된다는 점에서 고소득가구의 저임금 노동자를 지원하는 문제를 안고 있다. 그리고 근로소득 증가에 따른 공제율이 적용되지 않는다는 점에서 근로유인 효과가 취약하다는 점 또한 지적해야 할 사항이다.

'개편 방안 4'는 위의 '개편 방안 3'을 더욱 급진적인 형태로 진전시킨 것으로, 부의소득세를 근로연령층 소득보장제도 전체를 대체하는 것으로 가정하였다. 이러한 개편 방안은 고용보험이 소득기준으로 전환되었다는 점을 전제로, 가입자가 실직 상태에 놓였거나 소득이 크게 감소하면 감소된 소득의 일정 비율만큼을 실업급여로 지급하게 된다는 점에서, 일정 소득 이하의 저소득노동자 대상 부의소득세에 의해 대체될 수 있다는 점을 고려하였다.

'개편 방안 5'는 근로연령층 대상 고용보험(전 국민 고용보험)을 유지하지만, 기타 소득보장제도를 기본소득으로 대체하는 방안이다. 물론 기본소득 도입 방안은 소액의 부분기본소득에서 출발해서 단계적으로 완전기본소득에 이르는 접근이 가능하다. 하지만 이 제도는 실직이나 빈곤위험이 없는 근로연령층 모두에게 일정 수준의 기본소득을 보장한다는 점에서 지출 규모가 매우 크다는 단점을 갖는다.

4. 소득보장제도의 개편 방향

소득보장제도 개편에서 주목해야 할 사항은 크게 네 가지로 정리할 수 있다. ① 가입의 포괄성(사각지대), ② 보장의 적정성, ③ 재정적 지속가능성, ④ 개혁비용 부담의 공정성이다. 이는 주로 공적연금의 개혁과정에서 고려해야 할 사항으로 인식되지만 비기여형 소득보장제도의 개편과정에도 적용할 수 있다. 이를 좀더 구체적으로 설명하면 다음과 같다.

첫째, 공적연금에서 가입의 포괄성은 가입자 비율을 의미하지만, 비기여형 소득보장제도의 경우 잠재적 지원 대상 대비 수급자 비율을 의미하게 된다. 물론 사회보험에서 가입보다 더 실질적인 문제는 가입에 따른 사회보험료 납부 또는 사회보험료 의무징수가 될 것이다.

둘째, 보장의 적절성은 제도의 목표에 따라 공적연금은 평균적 생활수준 보장을, 고용보험은 최저임금수준의 실업급여 보장을, 최저소득보장제도라면 빈곤에 빠지지 않을 수준의 급여 보장을 지칭하게 된다. 2021년 현재 국면에서는 사각지대 해소가 가장 시급한 과제이나, 결국에는 적정 수준의 보장이 더 중요한 문제로 자리하게 될 것이다.

셋째, 재정적 지속가능성은 우리 소득보장제도 재편 논의에서 매우 중요하지만, 종종 과장되고 왜곡된 방식으로 다루어지는 문제이다. 주로 사회보험에 해당되는 사항이며, 공적연금에는 고용률과 소득대체율 그리고 평균수명(수급기간)과 같은 모수적 요인이 핵심 고려사항이 된다. 하지만 재정적 지속가능성은 앞서 언급한 다양한 요인에 의해 영향을 받게 되는데, 이러한 요인의 변화를 급여산식에 반영하는 자동 조정장치(automatic adjustment mechanism)가 존재한다.

넷째, 비용부담의 공정성은 '기여와 부담의 관계' 측면에서 계층 간 (집단 내) 공정성과 세대 간(기여자와 수급자 간) 공정성으로 구분할 수 있다. 고용보험은 가입자 집단 내의 공정성이나 형평성이 쟁점이 되지만 공적연금, 특히 부과 방식의 공적연금은 세대 간 공정성이나 형평성이 쟁점이 된다.

이러한 원칙을 고려하면, 소득보장제도 개편 방향은 어떻게 정리할 수 있는가. 여기서는 다음 몇 가지로 제안하고자 한다.

가. 소득 기반의 보편적 사회보험체계를 구축해야 한다

현재 우리 사회는 전 국민 고용보험제도를 구축하는 과정에 있다. 하지만 앞서 언급한 것처럼 향후 그것이 소득 기반의 보편적 사회보험으로 발전할 것인지, 더 나아가 사회보장세에 근거해서 재분배 기능을 강화한 보편적 소득보장제도로 발전할 것인지는 분명하지 않다. 그렇다고 현재의 노력이 의미 없는 것은 아니다. 오히려 보편적 사회보험체계 구축에 이르는 과정을 통해 다양한 새로운 제도로의 발전 가능성 또한 기대할 수 있기 때문이다. 다만 대안적 패러다임을 모색하기에 앞서, 소득보장제도로 고용보험과 국민연금의 가입 기반을 확대하고, 사회보험료 의무부과 징수를 강화하는 개혁에 집중할 필요가 있다. 그것은 보편적 소득보장제도가 소득 기반으로 구축되는 경우, 그것을 사회보험료 방식으로 운영할지 사회보장세 방식으로 운영할지의 선택은 생각보다 힘든 일이 아닐 수 있기 때문이다. 그것은 실제 그 비용을 부담하는 국민들의 입장에서는 별 차이가 없을 수 있다.

이미 준조세라 불리는 사회보험료는 의무부과 징수 형태를 취하고 있으며, 사회보험료가 소득 기반으로 통합되어 의무부과 징수가 강화되는 경우, 그것은 사회보장세와 별 차이가 없게 된다. 이러한 이유에서 보편적 사회보험체계 구축은 보편주의나 기본소득 등 다른 대안적 실험의 선결 과제이기도 하다.

나. 대안적 소득보장 패러다임을 모색해야 한다

2021년 현재 한국의 사회보장제도는 사회보험 중심 패러다임으로 구조화되어 있다. 하지만 사회보험의 사각지대가 크고, 사회부조 등 선별적 소득보장제도로 그 문제를 해결하지 못하는 상황이 장기간 계속되고 있다. 그리고 고용보험이나 공적연금이 제 역할을 다하지 못하는 상황에서 각종 저소득층 소득보장제도나 사회수당 등 비기여형 소득보장제도에 대한 지출이 가파르게 증가하고 있다. 더욱이 노동시장의 구조 변화에 대한 대응력 측면에서 많은 우려가 제기되고 있다.

실제로 많은 서구 국가는 사회보험 중심 사회보장체계의 지속가능성에 의문을 제기하고 새로운 대안을 모색하고 있다. 그리고 뒤늦게 사회보험체계를 확대 적용한 한국 사회 또한 이러한 문제점을 더 잘 체감하고 있다. 따라서 우리나라는 전 국민 고용보험 도입을 계기로 보편적 사회보험체계를 구축하는 노력을 하더라도, 새로운 대안적 패러다임 도입에 열린 자세로 대비할 필요가 있다.

현재 시점에서는 국민연금(더 나아가 공적연금)과 고용보험을 일하는 모든 사람을 위한 소득 기반 사회보험으로 재편하는 것이 매우 중요하다. 하지만 이것만으로 모든 문제가 해결되는 것은 아니다. 이 개혁은 사회보험 사각지대를 해소하는 효과를 기대할 수는 있지만 노동시장의 이중구조, 즉 심화된 소득불평등을 해소하는 소득재분배에는 취약한 측면이 있기 때문이다. 이러한 이유에서 사회보험을 넘어선 보편적 소득보장제도 도입의 가능성을 탐색할 필요가 있다. 물론 그 실현 방안은 열려있다. 그리고 사회보험과 대안적 소득보장제도의 조합 또한 가능하다. 예를 들어, 기본소득이나 부의소득세 등과의 조합 또한 생각해볼 수 있다. 기존의 전통적 사회보장체계에 대한 닫혀진 사고를 고집하기보다 다양한 제도적 조합을 통해 제한된 재원으로 최적의 소득재분배 성과나 경제성과를 거둘 수 있는 방안을 모색할 필요가 있는 것이다.

다. 소득보장제도의 재구조화를 결단해야 한다

지금까지 소득보장제도들은 소관 부처나 해당 법령을 넘어선 종합적 제도 개편에서 큰 성과를 거두지 못했다. 그것은 지난 20년 간 각종 소득보장제도를 지속적으로 확장하는 단계에 있었기 때문이기도 하지만, 각종 제도에 대한 소관 부처와 이해관계 등에 따라 그것을 넘어선 개혁이 힘들었기 때문이다. 그 결과 소득보장제도는 지속적으로 도입되지만, 같은 목적을 가진 제도를 통합하거나, 성과가 부진한 제도를 폐지하는 등의 개편은 매우 더디게 이루어져 왔다. 따라서 현 소득보장제도는 이러한 문제가 누적된 결과물이라 말할 수 있다. 이 점에서 '영역 내 재구조화'나 '영역 간 재구조화'가 필요한 것이다.

이와 관련해서 가장 대표적인 세 가지 사례를 언급하면 다음과 같다. 첫째, 고령화에 대비한 인력수급 정책과 고령층 소득보장 정책을 결합하는 결단이 필요하다. 이는 국민들의 삶에 미치는 충격의 정도를 감안하면, 지금까지 제도 개편이 미루어져 왔다는 것 자체가 매우 무

책임한 일이다. 국민들의 퇴직 시점을 법으로 정함으로써 많은 노동자가 해당 연령에 일자리를 잃게 되었음에도 그 시점에 국민연금을 수급할 수 없는 공백, 즉 국가 책임의 공백을 방치하고 있기 때문이다. 물론 법정 퇴직 연령과 국민연금 수급 개시 연령을 일치시키는 개혁은 고용정책과 연금정책 등 많은 정책, 보건복지부와 고용노동부 등 부처를 넘어선 종합적인 개편이 필요하다. 더욱이 기업들의 인력운용과 비용 부담에도 많은 영향을 미친다는 점에서 쉽지 않은 개혁이다. 하지만 많은 국민들을 국가 책임의 사각지대에 방치하는 것은 일차적으로 해결해야 할 일이다.

둘째, 사회보험과 사회부조 등을 아우르는 노후소득보장제도 개편이 필요하다. 현재 상황에서 공적연금을 통합하고, 국민연금과 기초연금을 연동하여 개편하는 방안은 필수적이다. 특히 가입 기반을 확대하는 것은 매우 중요한 일이다. 하지만 현실적으로 노인빈곤층 발생이 예상된다는 점에서 노후소득보장에서 재분배 기능을 강화하는 방안이 필요하다는 점에 주목해야 한다.

셋째, 유사한 저소득층 소득보장제도, 특히 근로연령층 소득보장제도의 재편이 필요하다. 그것은 근로장려세제, 국민취업지원제도, 국민기초생활보장제도에 대한 종합적 재구조화가 필요하다는 것을 의미한다. 특히 기초생활보장제도의 생계급여를 근로능력 유무에 따라 재편하는 경우, 기초생활보장제도와 국민취업지원제도의 통합적 재구조화를 검토할 필요가 있다.

라. 디지털 사회보장의 잠재력을 극대화해야 한다

21세기의 사회보장제도는 정보통신기술이 주는 잠재력과 위험성에 적절히 대응할 수 있어야 한다. 한국 사회에서 사회보장 분야의 정보화가 본격적으로 진행된 지 약 10여 년이 경과하였다. 사회보장 행정은 많은 정보를 실시간으로 주고받기 시작하였으며, 정책 집행에 소요되는 시간은 점점 단축되었다. 더불어 국민들의 복지 욕구에 대한 대응방식 또한 점차 정교해지기 시작하였다. 그리고 이 정책 집행 과정에서 수많은 행정데이터가 축적되기 시작하였다. 말 그대로 전체 국민을 대상으로 하는 엄청난 양의 빅데이터가 축적되었으며, 데이터 유형은 더 다양해지고, 축적 속도는 더욱 빨라지고 있다. 기존 마이크로-데이터의 축적 방식과 속도 그리고 활용 방식에서 매우 큰 차이가 나타나고 있는 것이다. 그리고 이러한 사회보장 분야의 행정 빅데이터들은 정책집행과 정책평가, 정책연구와 관련해서 거대한 전환을 이루고 있다.

복지행정의 인프라와 정보의 빠른 발전은 사회보장, 특히 소득보장제도의 집행과 평가를 위한 환경을 엄청나게 변화시키고 있다. 단적으로 사회보장 비용의 징수와 급여의 지급은 더 많은 정보를 더 빠르게 연계함으로써 매우 신속하게 진행되게 되었다. 과거에는 상상조차 할 수 없었던 속도로 소득과 자산정보를 연계하고, 단기간에 소득 수준과 가구 여건을 고려한 급여지급을 가능하게 하였다. 이는 미래 소득보장제도의 개편과 관련된 새로운 상상을 가능하게 한다는 점은 분명하다. 더불어 국가와 거대 기업에 의한 정보 독점과 남용, 개인정보보호 실패 등의 위험에 대비할 수 있는 시스템 구축이 필요하다는 점 또한 분명해지고 있다.

| 참고문헌 |

김낙회 외. 2020.『경제정책 어젠다 2022』. 21세기북스.

노대명 외. 2020a.『혁신적 포용국가 실현방안: (총론) 역량-고용-소득의 선순환체계를 향하여』. 세종: 경제인문사회연구회·한국보건사회연구원.

_____. 2020b.『소득보장체계 재구조화 방안 연구: 제도간 연계·조정을 중심으로』. 세종: 경제인문사회연구회·한국보건사회연구원.

_____. 2020c.『고용형태 다변화에 따른 사회보장 패러다임 재편방안 연구』. 한국보건사회연구원.

박기성. 2020.『박기성 교수의 자유주의 노동론: 노동해방을 위하여』. 펜엔북스.

박기성·변양규. 2017. "안심소득제의 효과".『노동경제논집』제40권 제3호. 2017년 9월. pp.57~77.

보건복지부. 2020.『2019 국민기초생활보장 수급자 현황』.

정문종 외. 2019.『2019~2028년 8대 사회보험 재정 전망』. 서울: 국회예산정책처.

제4장

근로연령대 소득보장을 위한
취업자 사회보험 구축 방안

장지연 한국노동연구원 선임연구위원

1. 서론

이 장에서는 근로연령대 인구의 소득보장제도 중에서 사회보험 원리에 따라 소득단절 위험에 대응하는 제도를 어떻게 발전시켜 나갈 것인지에 대해 논의한다. 복지국가의 소득보장제도는 사회보험을 통한 소득단절 위험 대응, 인구학적 특성에 따른 보편수당, 저소득층을 위한 기초보장의 세 가지 방식을 조합하여 완성된다. 이 장에서는 첫 번째 범주인 사회보험 방식의 소득보장을 다룬다.

사회보험이지만 이 장의 논의에서 제외되는 주제는 다음과 같다. 첫째, 노후소득보장제도의 주요 부분을 담당하고 있는 국민연금제도는 소득 활동을 하는 동안 기여하고 노령으로 소득이 단절되었을 때 급여를 받는다는 점에서 사회보험의 원리로 운영되는 제도라고 볼 수 있지만, 이 보고서에서는 다른 장에서 따로 다룬다. 국민연금은 적립식으로 설계되어 다른 소득보장 사회보험과는 원리적으로 차이점이 있고, 노후소득보장이라는 목적을 달성하기 위해서는 기초연금과의 관련성을 고려하는 종합적인 제도 설계가 필요하기 때문이다. 둘째,

건강보험을 통한 의료서비스 역시 이 장의 논의에서 제외한다. 보험료 산정 기준에 소득 수준이 고려되지만 소득보장제도는 아니기 때문에 이 장에서 다루지 않는다.

근로연령 시기에 소득단절을 초래할 수 있는 사회적 위험을 ① 실업 ② 출산·육아 ③ 산업재해 ④ 상병(질병과 부상)의 네 개 범주로 구분하고 각각의 위험에 대응하는 사회보험제도를 점검한다. 현재 실업과 출산·육아로 인한 소득단절은 고용보험이 담당하고 있고, 산업재해로 인한 소득단절은 산재보험이 담당하고 있다. 상병으로 인한 소득단절에 대응하는 제도는 존재하지 않으나 최근 도입 논의가 진행되고 있다.

소득보장제도로 도입되어 있는 고용보험과 산재보험의 경우, 제도의 적용 대상이 제한되어 있다는 점이 커다란 문제점으로 지적되고 있다. 두 제도 모두 법적 적용 대상은 임금노동자로 한정되며 최근 특수형태근로종사자의 일부까지 확대되었다. 고용보험의 경우에는 법적으로 적용 대상임에도 실제로는 가입하지 않아 보호의 사각지대에 놓이는 사례도 많다. 이 연구는 소득보장 사회보험의 적용 대상 문제를 중심 주제로 논의한다.

두 사회보험제도의 사각지대가 크다 보니 사회보험 무용론 내지 포기론까지 등장하는 형편이다. 기본소득론과 부의소득세(NIT) 제안도 그 흐름에 있다. 물론 아주 낮은 급여 수준의 기본소득이나 부의소득세는 사회보험의 존재 가치를 부정하지 않는다. 하지만 각각의 제도가 점차 발전되어 간다고 생각하면, 모든 제도가 다 같이 존재해야 할 이유는 사라진다. 우리가 가지고 있는 소득보장 사회보험과 저소득층 소득지원제도가 사각지대 문제를 해소하면서 급여 수준을 높여가는 식으로 발전한다면 낯설고 급진적인 제도를 도입해야 할 필요성은 대두

되지 않을 것이다.

2. 사회보험 적용과 수급 실태

가. 고용보험: 실업급여

고용보험은 임금노동자를 중심으로 설계되어 있다. 2020년 기준으로 고용보험 적용 및 가입 현황은 〈표 4-1〉과 같다. 고용보험법이 정한 적용 대상 대비 실제 가입하고 있는 자의 비율은 80.9%이지만 2,700만 명 취업자 전체를 기준으로 보면 50.9%에 불과하다.

〈표 4-1〉 고용보험 적용 및 가입 현황(2020년)

	취업자				
비임금 근로자	임금근로자				
	고용보험 적용제외	고용보험 미가입	공무원 등	고용보험 가입	
6,639 (24.5)	1,970 (7.3)	3,247 (12.0)	1,436 (5.3)	13,793 (50.9)	27,085 (100)
법적 사각지대		실질적 사각지대			

주: 공무원 등은 공무원, 교원, 별정우체국 직원. 고용보험적용제외는 고용보험에 가입하지 않으면서 5인 미만 농림어업, 가사서비스업, 65세 이상, 주당 평소근로시간이 15시간 미만인 단시간 근로자(3개월 이상 근속한 근로자 제외), 특수형태근로에 종사하는 근로자임.
출처: 통계청, 「경제활동연구조사 근로형태별 부가조사」, 2020년 8월 부가조사.

고용보험 가입 대상임에도 가입하지 않고 있는 미가입자는 전체 취업자의 12%이다.[1] 전체 취업자의 24.5%에 해당하는 비임금근로자는

---

1 고용보험 실질적 사각지대에 해당하는 미가입자 약 320만 명은 대체로 영세사업장 종사자나 초단기 근로자이다. 법적 사각지대 해소 이전에 실질적 사각지대 해소가 우

법적 사각지대라고 볼 수 있다. 최근에 예술인과 특수형태근로종사자 일부로 법적 적용 대상이 확대되었으므로 이 규모는 다소 줄어들었을 것이다. 실업자 대비 실업급여를 받는 수급자의 비율은 대략 50% 내외로 추정된다([그림 4-1] 참고).

[그림 4-1] 실업급여 수급률

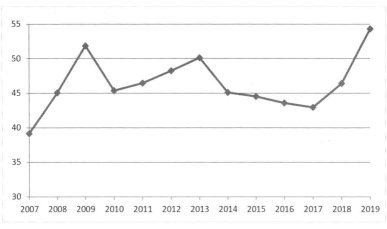

주: 월평균실업자수 대비 월평균수급자수 비율= (((해당 연도 실제 수급자수×평균수급일수)+365)+월평균실업자수)×100.
출처: 한국고용정보원, 「2019 고용보험통계연보」, 2020; 통계청, 「경제활동인구조사」, 각 연도 (시계열 보정 후).

나. 고용보험: 출산·육아휴직급여

출산전후휴가급여와 육아휴직급여는 모성보호사업으로 묶여 고용보험제도 내에 포함되어 있으며, 실업급여와 같은 계정을 사용한다.

선되어야 한다는 주장이 있으나, 이 주장은 다소 공허하게 들린다. 일자리가 점점 더 파편화되고 있는 상황에서 두루누리 사업과 같은 보험료 지원사업이 추가적으로 효과를 내기는 쉽지 않아 보이기 때문이다. 소득 기반 취업자 사회보험은 실질적 사각지대와 법적 사각지대 문제를 동시에 해소할 수 있는 대안이 될 수 있다.

근로자와 고용주가 각각 임금의 0.8%에 해당하는 보험료를 납부하여
마련한 재원을 실업급여와 모성보호사업에 사용하고 있다. 모성보호
사업은 약 1.6조 원을 지출하고 있으며, 이 계정에서 차지하는 비중은
약 12%이다.[2]

〈표 4-2〉 실업급여계정 지출과 모성보호급여 비중

(단위: 10억 원, %)

연도	실업급여계정지출(A)	모성보호급여(B)	(B/A)	출산휴가급여	육아휴직급여	일반회계전입금(C)	(C/B)
2019	9,856	1,350	13.7	262	1,088	140	10.4
2020	13,881	1,561	11.2	294	1,267	180	11.5
2021	13,534	1,591	11.8	305	1,287	220	13.8

출처: 고용노동부 보도자료 "고용보험 재정건전화 방안" 고용보험위원회 의결(2021.9.1)
2021년은 계획.

출산·육아휴직급여가 고용보험제도에 포함되어 있기 때문에 적용
대상은 고용보험과 동일하다. 실제 출산급여 수급 현황은 〈표 4-3〉
과 같다. 전체 분만여성 40만 명 중에서 출산급여수급자는 11만 명
(26.5%)이다. 비수급자는 비경활인구 18만 명, 사업소득자 4.7만 명, 수
급전퇴직 5.8만 명, 자격미충족 3만 명으로 구성된다. 육아휴직급여의
경우, 2019년 출생아 100명 중에서 엄마가 육아휴직급여를 받는 경우
는 21.4명, 아빠가 수급하는 경우는 1.3명이다(박지순 외, 2020). 출산·육
아휴직급여제도가 대상을 확대하고 급여 수준을 높이는 발전을 해왔
음에도 법적으로 적용 대상 자체가 임금노동자로 정해져 있어 실제 수

2　고용노동부 보도자료 "고용보험 재정건전화 방안" 고용보험위원회 의결(2021.9.1)
　http://www.moel.go.kr/news/enews/report/enewsView.do?news_seq=12649.

급자 수의 증가는 제한적이다.

〈표 4-3〉 출산급여 수급자 및 사각지대 현황(2017년)

15세~49세 여성인구 분만여성 398,760 (100.0%)							
비경활	경제활동인구						
	실업자	취업자					
		비임금근로자		임금근로자			
전업주부, 퇴직자 등	실업자	무급가족종사자	자영업자·특수고용	고용보험 비가입자		고용보험 가입자	공무원, 교직원
				적용제외	미가입자		
		제도적 사각지대		급여 사각지대		현재 적용 대상자	
		출산급여 우선적용대상 1 (15.6%)		출산급여 우선적용대상 2 (14.4%)			
무소득자 181,339 (45.5%)		사업소득자 46,956 (11.8%)	근로소득자 13,607 (3.4%)	자격미충족 1,735 (0.4%)	출산후퇴직자 15,412 (3.9%) / 임신중퇴직자 42,144 (10.6%)	출산휴가급여 수급자 80,502 (20.2%)	공무원, 교직원 25,279 (6.3%)

출처: 류정희, 2018; 김은지, 2020.

다. 산재보험

산재보험은 모든 임금근로자와 특정 직종에 속한 특수형태근로종사자에 적용된다. 임금근로자일 경우, 사업주가 보험료를 납부하지 않았더라도 수급할 수 있고 사업주에게 사후에 청구되는 방식이기 때문에 사각지대 문제가 없다. 특수형태근로종사자는 당연적용이지만 최근까지 적용제외를 신청하면 허용하도록 되어 있어 실제로는 전체 특고의 약 10%만 보호되고 있다가, 2020년 12월에 적용제외를 허용하지 않도록 법이 개정되었다. 현재는 배달노동을 하는 플랫폼노동자로 적용 대상을 확대하는 방안을 논의 중이다.

산재보험의 보호 대상 확대와 관련하여 남은 과제는 특수형태근로 종사자 적용 업종 추가 문제와 플랫폼노동자 보호 방안, 자영자를 임의가입 대상으로 남겨둘 것인가의 문제 등이다. 동시에 여러 일자리에서 일하거나 단기로 일하고 다른 일자리로 옮기는 경우가 빈번해지는 노동시장 현상에 조응하는 보호제도를 만들기 위해서는 이 과제들이 해결되어야 한다.

※ 산재보험 적용 순서별 직종

- (2008.7월) 보험설계사, 골프장캐디, 학습지교사, 레미콘기사
- (2012.5월) 택배기사, 퀵서비스기사
- (2016.7월) 대출·카드모집인, 대리운전기사
- (2019.1월) 전체 건설기계조종사(레미콘 기사만 적용 → 전체로 확대)
- (2020.7월) 방판원, 대여제품점검원, 방문교사, 가전제품설치기사, 화물차주

〈표 4-4〉 산재보험제도의 적용 방식

구 분	적용 구조		
	적용 방식	보험료 부담	보험료 납부 및 급여산정 기초
임금근로자	당연적용	사업주 100%	평균임금(본인소득)
특수형태근로 종사자	당연적용	사업주, 노동자 동률	기준보수액(고시)
중소사업주 (1인 포함)	임의가입	전액 본인부담	고시임금 (1~12등급)

3. 소득보장을 위한 취업자 사회보험 제안

가. 원리

'소득보장을 위한 취업자 사회보험' 또는 '소득기반 사회보험제도'의 핵심은 ① 적용 대상을 소득 활동을 하는 모든 취업자로 확대하고, ② 근로소득과 사업소득에 일정 비율의 보험료를 부과하고, ③ 소득단절 시에는 기여에 비례하는 급여를 제공하여 보호하는 것이다. 이 세 가지는 상호 연계된 원칙이다. 적용 대상을 모든 취업자로 확대하므로 근로소득뿐 아니라 사업소득에도 보험료를 부과해야 하고, 보험료 부과 대상이 되는 소득을 상실하게 되었을 때 이를 보상하는 급여를 제공한다.

현행 제도는 두 가지 전제 위에 설계되었다. 첫째, 임금근로자는 소득의 유지와 상실을 스스로 통제할 수 없으므로 사회적 계약을 통해 보호해야 한다. 반면 자영자는 자율적으로 사업을 영위하므로 위험을 스스로 통제한다. 둘째, 근로자는 '하나의' 일자리에 일정 기간 동안 재직한다. 이 두 가지 전제는 더 이상 유지되기 어렵다.

임금근로자와 자영자의 경계가 점점 더 불분명해지고 있다. 특수형태근로종사자는 도급계약 상대인 회사에 경제적으로 의존하고 있음에도 노동과정에 어느 정도 자율성이 있다는 점 때문에 개인사업자(1인 자영자)로 분류된다. 플랫폼노동자도 이들을 고용한 고용주를 특정하기 어려운 경우가 많다. 현행 제도는 고용주가 고용관계를 신고하고 보험료를 납부하는 행위를 통해 근로자에 대한 보호가 시작된다. 고용주를 분명하게 특정할 수 있어야만 가입할 수 있고 보호받을 수 있다. 의존성이라는 기준으로 볼 때 특수형태근로종사자, 플랫폼노동자, 프리랜서, 1인 자영자로 이어지는 스펙트럼이 있는데, 어딘가에 선을 그어 제도적 보호의 안과 밖을 구분하는 기준을 정하는 것은 정당화하기 어렵다.

'스스로 위험을 통제할 수 있는지 여부'라는 불분명한 기준을 고집하지 않는다면 자영자에 대한 보호가 가능해진다. 위험통제 가능성보다는 사회적 연대의 원리가 사회보험의 근간이 되는 것이 타당하다. 우리는 이미 출산과 육아로 인한 소득단절에 사회연대적으로 대응하고 있다. 나아가 실업 여부에 대한 판단은 "구직활동을 하고 있음에도 취업하지 못하고 있는 자"라는 기준으로 족하다. 자발적 이직자에게도 실업급여를 제공하는 나라가 많이 있다. 우리나라도 이미 고용보험에 일용노동자, 예술가, 특수형태근로종사자를 포함시켰다. 자영자를 포함하는 모든 취업자를 보호 대상으로 하고 보험료 납부에 근거하여 수급자격을 부여한다면 그 자체로 일관성 있는 제도가 될 수 있다.

일자리가 점점 더 파편화되고 있기 때문에 한 사람이 여러 개의 일자리에서 일하거나 초단기간 일하고 일자리를 바꾸는 경우가 빈번해지고 있다. 낮에는 편의점에서 일하고 밤에는 대리운전을 할 수 있다. 프로그램 개발을 하면서 일거리가 없을 때는 음식배달을 하는 경우도 있을 것이다. 플랫폼을 통해 여러 가지 일을 하는데, 그중에서 한 고용주만 고용관계를 신고하여 사회보험에 가입시켜 주는 경우도 상상할수 있다. 이 모든 경우에 각 고용주에 해당하는 사람이 사회보험공단에 고용관계의 성립을 빠짐없이 신고하고 보험료를 납부하기는 어렵다. 스스로 고용주라고 생각하지 않기 때문에 신고 의무도 없다고 여길 것이다.

하지만 국세청에는 고용주의 임금비용 또는 상대편 사업자의 도급계약금액이 신고되기 때문에, 이를 소득 활동을 하는 개인을 기준으로 정렬하고 합산하는 것은 가능하다. 요컨대, 소득 기반 사회보험이란 소득이 발생할 때마다 개인별로 합산하고 여기에 보험료를 부과한다는 의미를 갖는다. 모든 근로소득과 사업소득에 일정 요율로 보험료를 부과하되, 원천징수할 수 있는지 사후 납부해야 하는지만 결정하면 된다.

기존 사회보험이 사각지대 문제를 해결하지 못하는 근본적인 이유는 보험 성립이 고용주의 신고 절차에 의존하기 때문이다. 고용주가 불분명하거나 책임을 회피하면 일하는 사람이 보호받지 못한다. 소득 기반 사회보험은 이 절차를 없앤다는 것을 의미한다. 급여 지급은 각 사회보험공단에 급여신청이 들어오면 신청 사유와 함께 보험료 납부 기록만 확인하면 될 일이다.

나. 고용보험: 실업급여와 출산·육아휴직급여

1) 보험료 부과

소득 기반 고용보험이 보험료를 부과할 대상 소득은 근로소득과 사업소득이다. 나중에 어떤 이유로 이 소득을 얻지 못하는 상황이 된다면 그때 실업급여든 출산급여든 지급하게 될 것이다.

다음으로는 누가 얼마만큼 낼 것인지 결정해야 한다. 현행 제도는 근로자와 특수형태근로종사자가 본인 소득의 0.8%에 해당하는 보험료를 납부하고 있다. 2021년 9월 1일, 고용보험위원회의 의결로 부담해야 할 보험료를 0.2%p 인상하는데 합의하였으므로 다음에서는 1%로 쓰겠다. 필자는 소득 기반 고용보험을 위해 모든 소득활동을 하는 개인은 본인 소득의 1%를 보험료로 납부할 것을 제안한다. 임금

근로자, 특수형태근로종사자, 1인 자영자, 종업원을 둔 자영자 모두 해당된다.[3]

고용주의 기여분도 현행 방식을 유지할 것을 제안한다.[4] 현행 제도하에서 법인이나 개인 자격의 고용주 공히 보험료 납부의무가 있다. 근로자를 고용한 고용주는 임금비용의 1%를 납부하고, 노무제공자와 인적용역을 위한 도급계약을 체결한 사업자는 계약금액 중 노무제공자의 소득에 해당하는 금액의 1%를 납부한다.[5]

2) 급여수급 요건

소득 기반 사회보험급여의 수급자격을 결정하는 요건은 두 가지로 크게 구분할 수 있다. 첫째, 소득상실을 확인하는 것이다. 적극적으로 구직활동을 하는데도 일자리를 구하지 못하고 있다는 사실이 확인되면 실업급여 수급요건을 충족하는 것이다. 자녀를 출산하거나 양육하

---

3 새로 보험료 납부 부담이 생기는 개인에 대해서는 두루누리 사업과 같은 정부의 지원 제도를 활용하여 지원할 필요가 있다.

4 필자는 기존 연구에서 고용주의 기여방식을 기업의 소득이라고 할 수 있는 이윤에 일정 비율을 부과하는 방식으로 변경하자는 제안을 한 바 있다(장지연·홍민기, 2020). 이렇게 할 경우, 소수의 기업이 대부분의 보험료를 내야 하는 문제점이 발생한다는 비판이 있었다(오건호, 2021). 특히 최근 기업 가치가 크게 오르고 있는 기술기업들은 거의 대부분 이익을 실현하지 않고 있기 때문에 보험료를 내지 않게 된다. 이러한 비판을 감안하여 이 글에서는 기존 방식 유지를 제안하게 되었다.

5 고용주의 기여 방식을 유지한 상태에서 고용보험의 보호대상을 확대하면, 자영업 부문 종사자의 기여분이 상대적으로 적어 형평성 문제가 제기될 수 있다. 그러나 다시 생각해보면, 종업원을 둔 자영자는 종업원을 위한 사회보험료 기여를 이미 한 상태에서 본인을 위한 기여금으로 소득의 1%를 내는 것이므로, 1% 보험료가 불공평하게 낮은 것이라고 보기 어렵다. 1인 자영자는 대체로 노동시장 취약계층이므로 이들에게 근로자보다 2배 많은 보험료를 납부하라고 하기 어렵다.

는 일로 인하여 소득활동을 중단하게 되면 출산급여나 육아휴직급여를 수급할 요건이 된다.

둘째, 보험료 납부를 통한 그간의 기여를 확인해야 한다. 소득 기반 사회보험은 소득비례보험이다. 현행 실업급여와 출산급여, 육아휴직급여는 비교적 높은 수준의 하한액을 설정하고 있으므로 아주 단기간의 소득활동과 이에 따른 적은 금액의 보험료 납부를 근거로 급여를 지급하기는 어렵다. 어느 정도의 소득을 소득활동으로 인정할 것인지를 결정해야 한다. 홍민기(2021)는 국세청 신고 소득이 지난 1년 간 800만 원 또는 2년 간 1,500만 원 이상을 수급자격요건으로 설정할 것을 제안하였다. 필자는 2년 간 1,500만 원 이상이 더 적절해 보인다. 소득이 이보다 낮아 급여를 수급하지 못하게 되면 정산을 통해 기 징수한 보험료를 환급할 수 있다. 저소득층 실업자를 보호하지 못할 우려가 없는 것은 아니지만 실업부조제도를 보완적으로 활용하여 해결할 문제이다.

이 외에도 다른 공적 급여와의 관계를 고려할 필요가 있다. 예컨대, 65세 이상 노인이 실업급여 수급 자격을 갖게 되는 경우 국민연금과 중복하여 지급할 필요는 없을 것으로 보인다.

3) 남은 과제

현행 고용보험을 소득 기반으로 바꾸어 적용 대상을 전체 취업자로 확대하면 실업이나 출산급여의 사각지대는 획기적으로 줄어든다. 하지만 이렇게 제도를 개선하더라도 여전히 남는 과제가 있다. 하나는 자발적 이직자에 대한 급여지급 여부 문제이고,[6,7] 다른 하나는 소득의 일부가 상실되는 부분실업 인정 문제이다. 이상적인 수준까지 제도를 발전시키고자 한다면 두 가지 문제를 해결하는 것이 바람직하겠으나, 재원조달 등의 문제를 고려하면 이번 기회에는 대상 확대에 초점을 맞추는 것이 바람직할 것으로 보인다.

다. 산재보험

산재보험은 일종의 책임보험 성격을 가지고 있기 때문에 고용주가 전체 재원을 담당한다. 기업별로 임금성 비용의 일정 비율을 보험료로 납부하는 식이다. 사고가 많은 기업은 더 많은 보험료를 내는 경험요율 방식이기 때문에 근로자가 어느 회사 소속인지를 따지게 된다. 특수형태근로종사자를 적용 대상으로 포함시킬 때도 특정 회사에 전속성이 있는 경우만 포함시켰다.

산재보험이 누구라도 일하다가 다치거나 병에 걸려 소득이 단절되는 경우에 소득을 보전하는 제도로 발전하기 위해서는 두 가지 문제를 해결해야 한다. 첫째, 더 이상 전속성을 따지지 말아야 한다.[8] N개의 일자리에서 일했을 경우, 각 소득원천으로부터 나온 금액을 합산하여 전체 소득으로 보고 보상하면 된다. 이 문제는 기술적인 해결책을 도출할 수 있는 문제이므로 상대적으로 쉽게 해결된다.

둘째, 보험료를 누가 얼마나 부담할 것인지를 결정하는 단계가 필

---

6 자영자 실업의 자발성 문제는 소득감소 증명이나 사업자등록 철회 등으로 확인 가능하다.
7 일정 기간에 한번씩 제한적으로 허용하는 방법도 있다. 프랑스의 경우 5년에 한 번 자발적 이직으로 인한 실업을 인정한다.
8 경험료율을 적용하여 보험료를 책정하기 위해서는 어느 회사의 일을 하다가 사고가 났는지 확인하는 과정은 여전히 필요할 것이다.

요하다. 일터의 안전을 책임지는 주체가 누구인지에 따라 보험료 납부 주체가 정해지면 될 것이다. 근로자에 대해서는 고용주가 보험료를 부담하고, 특수형태근로종사자의 경우는 사업주와 종사자가 각각 1/2씩 부담하는 현행 체제를 유지하는 것이 합리성이 있다. 이 원리를 확장하면, 자영자는 스스로 보험료를 부담해야 할 것이다. 종사상지위가 불분명한 사례가 나타날 수 있다. 이러한 경우에 대비하여 급여 지급을 담당하는 근로복지공단에 종사상지위를 판별하여 보험료 책임을 정하는 공신력 있는 기구를 두는 것이 필요할 것으로 보인다.

[그림 4-2] 산재보험 보험료 부과 원리

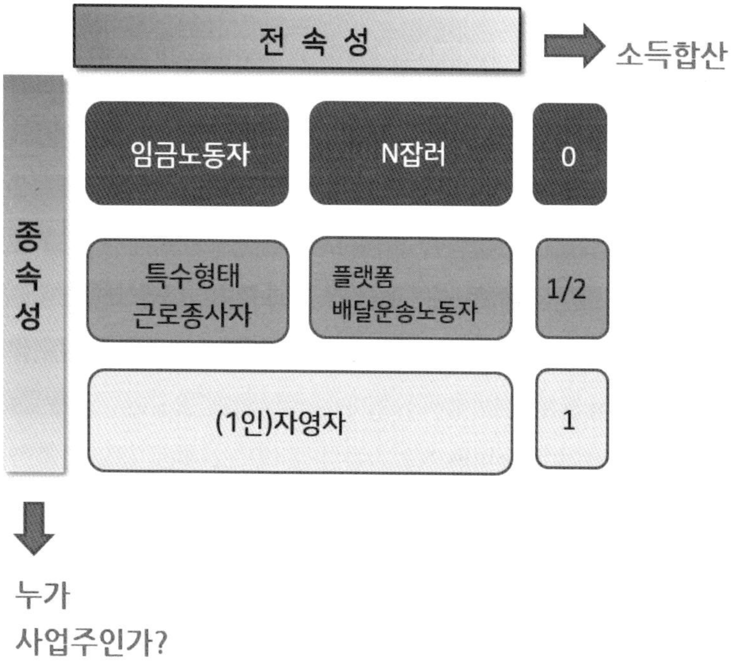

	전 속 성		➡ 소득합산
종속성	임금노동자	N잡러	0
	특수형태 근로종사자	플랫폼 배달운송노동자	1/2
	(1인)자영자		1

누가
사업주인가?

라. 건강보험: 상병수당

산재가 아닌 다른 이유로 부상을 당하거나 병에 걸려 소득활동을 중단하게 되는 경우에 대한 소득보장제도는 아직 없다. 현재 상병수당 도입을 위한 연구가 진행되고 있으며, 2022년부터 시범사업을 시행한 후 본격적으로 도입될 예정이다. 상병수당의 보호 대상을 결정하는 것과 재원 마련 방안은 긴밀하게 연결된 이슈이며, 제도 도입의 핵심적인 관건이다.

상병수당은 모든 취업자를 보호 대상으로 하는 보편적 소득보장제도로 출발하는 것이 바람직하다. 선별적 제도로 시작하여 점차 넓혀나가고자 하면 복잡한 이해관계가 발생하여 나중에 확대하기 어려워진다는 교훈은 다른 제도들을 경험하면서 충분히 얻은 바다. 따라서 조세를 재원으로 하여 저소득층에게만 적용하는 작은 제도를 만들자는 의견은 일차적으로 제외된다. 한편, 현재 많은 대기업이 유급병가제도를 운영하고 있으므로 이 혜택에서 제외된 사람들만을 우선 보호하자는 의견도 거부되어야 한다. 그 자체로 도덕적 해이와 사각지대를 낳을 수 있는 제도 설계이기 때문이다. 유급병가제도 미적용자들만을 보호대상으로 하는 제도라면 누가 기여하여 재원을 마련하는 것이 마땅한지도 결정하기 어렵다.

건강보험 재원으로 모든 취업자를 보호하는 보편적 제도를 만드는 것이 바람직하지만, 이때 발생하는 고민은 현행 건강보험료가 소득만을 기준으로 부과되고 있는 것이 아니라 자산에도 부과되고 있다는 점이다. 소득은 없으나 자산이 많아서 건강보험료를 내는 경우, 이들에게는 보호해야 할 소득단절 위험이 없다.

필자는 건강보험 재원 중에서 상병수당을 위한 부분은 근로소득과 사업소득에만 부과하는 보험료로 마련할 것을 제안한다. 의료서비스를 위한 재원과 소득보장을 위한 재원이 다른 기준으로 부과되고 징수되는 것이 문제가 될 수 없다. 징수제도가 복잡해지는 것을 우려하는 시선은 있을 수 있는데, 이것은 보험료 부과·징수의 효율화를 통해 해결할 수 있다.

4. 보험료 부과와 징수

국세청에 신고되는 근로소득과 사업소득을 기준으로 보험료를 부과하고 징수하는 소득 기반 사회보험으로 전환한다면 징수기관도 국세청으로 일원화하는 것이 바람직하다. 소득세를 원천징수할 때 사회보험료도 함께 국세청이 원천징수하고, 개인별로 소득을 합산하는 것이 가장 효율적이다. 국세청이 직접 수행하지 않고 산하에 '(가칭)사회보험 징수 공단'을 두고 징수 업무를 통합 시행하는 방법도 고려해 볼 수 있다.

사회보험의 보호 대상을 전체 취업자로 확대하고자 할 때 흔히 제기되는 문제점은 국가의 자영업자 소득 파악 역량에 대한 의구심이다. 임금노동자의 소득은 고용주가 신고하기 때문에 정확하게 파악되는 데 비해 자영자는 자신의 소득을 과소 신고할 유인이 있기 때문이다. 하지만 국세청의 자영자 소득 파악 역량은 과거에 비해 크게 향상되었다. 자영자나 노무제공자의 소득도 대금을 준 사람 쪽에서 보면 비용이기 때문에 자신이 내야 할 세금을 줄이기 위해서는 이 비용을 적극적으로 신고할 유인이 있다. 이러한 관계를 이용하면 임금이 아닌 소득도 비교적 정확하게 파악할 수 있다. 이렇게 세금과의 관계를 충분히 이용하여 소득 파악의 정확도를 높일 수 있는 기관은 국세청이 유일하다.

홍민기(2020)에 따르면 2019년 기준으로 소득세 신고 인원은 약 3,057만 명으로 15~74세 인구의 72.8%에 달한다(중복 제외). 신고액수의 정확도는 아직 미흡한 수준일 수 있지만, 소득 파악 역량이 마냥 제자리걸음일 것을 전제로 정책을 결정할 이유는 없다. 근로장려세제를 비롯하여 국민기초생활보장제도 등 여러 제도가 이미 소득 파악을 전제로 시행되고 있다. 최근에는 특수형태근로종사자 고용보험 적용을 계기로 특고 소득 파악을 위한 인프라 구축에 주력하고 있다.

5. 남은 쟁점

근로연령대 소득보장제도를 소득 기반의 사회보험제도로 재구축하고자 할 때 현실적으로 부딪치게 될 가능성이 큰 장애물로 두 가지를 생각해 볼 수 있다. 첫째는 자영자의 제도 순응 문제이다. 두 번째는 현행 사회보험료 징수를 담당하고 있는 공단 직원의 이동 문제도 있을 수 있다.

자영자는 지금까지 내지 않던 새로운 사회보험료를 부담하게 되는 데 따른 거부감이 있을 수 있다. 소득 파악의 정확도가 향상되는 데 대한 막연한 두려움도 있을 것이다. 특수형태근로종사자 고용보험 적용을 계기로 실제 조사한 바에 따르면 1인 자영자(프리랜서)는 고용보험 적용 확대에 긍정적인데 비해서 고용원을 두었거나 점포가 있는 자영자는 반대 의견이 더 컸다. 점포 있는 자영자의 경우는 자신의 실업 가능성을 매우 낮게 보기 때문이다. 따라서 자영자의 제도 순응성을 높이기 위해서는 상병수당이나 출산·육아급여의 수급 가능성을 적극적으로 홍보할 필요가 있으며, 제도 안착까지 두루누리사업 등을 통한 보험료 지원액을 크게 가져가야 할 것이다.

사회보험료 징수업무를 국세청으로 전환하여 일원화한다면 개별 공단에서 지금 이 업무를 수행하고 있는 종사자의 이동이 불가피할 수 있다. 그러나 현재 각 공단의 급여지급과 각종 서비스 업무는 과부하 상태인 것으로 알려지고 있어서 인력 감축의 위험은 거의 없다. 게다가 징수업무가 이전된다 할지라도 업무 자체가 사라지는 것은 아니기 때문에 원하는 경우 다른 기관으로 이직하여 유사한 업무를 할 수 있도록 해 줄 수 있다. 요컨대 업무 조정과 함께 인력 이동을 동시에 고려하고, 당사자들의 의견을 수렴하면서 진행하면 크게 무리 없이 제도를 안착시킬 수 있을 것으로 본다.

| 참고문헌 |

오건호. 2020.『소득 기반 고용보험과 필요 기반 사회보장: 포스트코로나 혁신복지체제 모색』. 이수진 의원실 토론회 발표문.

장지연 외. 2020.『디지털시대의 고용안전망』. 한국노동연구원.

장지연·홍민기. 2020. "전국민 고용안전망을 위한 취업자 고용보험".『노동리뷰』2020년 6월호. 한국노동연구원.

제5장

공적노후소득보장체계 재구조화 방안

최옥금 국민연금연구원 선임연구위원

1. 논의의 필요성

한국의 공적노후소득보장은 1차적 노후소득보장인 국민연금과 국민연금 사각지대 완화를 위해 도입된 제도들이 지속적으로 확대된 기초연금, 그리고 최후의 사회안전망 역할을 하는 국민기초생활보장으로 구성되어 외형적으로는 다층 노후소득보장을 구축하고 있다. 그러나 국민연금은 잠재적 사각지대 규모가 상당하고, 기초연금과 국민기초생활보장으로는 노인빈곤을 충분히 해소하기 어려워 노인빈곤율은 2018년 기준 43.4%로 OECD 국가 가운데 최고 수준이다(OECD, 2019).

이러한 상황에서 한국은 급속한 고령화에 직면하고 있다. 이는 연금재정에 부담을 가져올 뿐 아니라 적절한 대처가 이루어지지 않으면 현재의 노인빈곤이 더욱 악화될 가능성이 높다는 의미도 된다. 이에 대응하기 위해 현재까지의 연금개혁에서는 현행 체계를 유지하면서 개별적인 연금제도를 개선하는 모수적 개혁(parametric reform)과 제도 간 역할 분담을 재구조화하여 현행 체계의 틀을 바꾸는 구조적 개혁 방향(structural reform)이 논의된 바 있다(이용하·최옥금·김형수, 2015). 그런데 현재까지의 개혁을 돌이켜볼 때, 결과적으로는 모수적 개혁만 이루어졌을 뿐이고 구조적 개혁 방향은 장기적으로 검토할 과제 정도로 남겨둔 경향이 있다. 그러나 이 글에서는 제도 간 역할 분담을 재구조화하여 현행 연금체계의 틀을 바꾸는 구조적 개혁 방안을 논의한다.

이 글이 구조적 개혁 방안에 초점을 맞추는 이유는 무엇보다도 인구고령화와 국민연금 재정 불균형으로 인한 공적연금의 재정 지속성을 고려할 때, 현행 제도를 전제로 해서는 장기적으로 노인빈곤 문제를 해결하기 어렵다는 점에서 기인한다. 그뿐 아니라 현행 공적노후소득보장 제도 간 관계나 역할 분담 이슈도 있는데, 이는 국민연금과 국민기초생활보장 사이에 위치하고 있는 기초연금을 중심으로 논의가 이루어질 필요가 있다.

2014년 도입된 기초연금은 국민연금의 사각지대를 완화하고자 도입된 제도들이 발전한 제도로, 그 과정에서 한시적 성격을 극복하고 노인기초보장으로서 영구적인 성격을 담보하였다. 또한 기초연금은 기준연금액 20만 원으로 시작하였으나 30만 원까지 인상되면서 공적노후소득보장에서 그 역할이 지속적으로 확대되고 있다. 그런데 이렇게 제도가 확대되는 과정에서 기초연금의 성격[1]을 어떻게 규정할 것인지, 국민기초생활보장과 국민연금 같은 공적노후소득보장 간 관계를 어떻게 설정할 것인지에 대해서는 심도 있게 논의되지 못했다.

이러한 상황에서 현 세대 노인의 빈곤 완화를 위해 기초연금의 역할이 지속적으로 확대될 것으로 기대되면서, 향후 기초연금의 발전 방

---

1 현행 기초연금은 전체 노인의 70%를 포괄하여 보편적인 성격을 갖고 있으며 연금액이 지속적으로 상향되어 연금의 성격도 있지만 대상 선정을 위해 자산조사를 실시하여 부조의 성격도 갖고 있다.

향을 어떻게 상정할 것인지, 또 이 과정에서 다른 공적노후소득보장과의 역할을 어떻게 분담할 것인지에 대한 논의가 중요해지고 있다. 이를 위해서는 우선 현행 공적노후소득보장의 현황과 제도 간 관계에서의 문제점, 향후 전망 등을 살펴보며 현행 제도를 재구조화하는 방안을 검토할 필요가 있다. 이후에는 이를 중심으로 논의하고자 한다.

2. 공적노후소득보장의 현황과 문제점

가. 현행 공적노후소득보장체계의 현황과 전망

한국의 다층 노후소득보장은 1988년 도입된 국민연금을 시작으로 1994년 개인연금, 2005년 퇴직연금을 도입하고 2008년 도입한 기초노령연금이 2014년 기초연금으로 전환되면서 기본 틀을 구축하고 있다.

[그림 5-1] 한국의 다층노후소득보장체계

3층	개인연금			
2층	퇴직연금			특수직역연금
1층	국민연금			
0층	기초연금			
	국민기초생활보장제도			
대상	근로자	자영자	기타	공무원 등

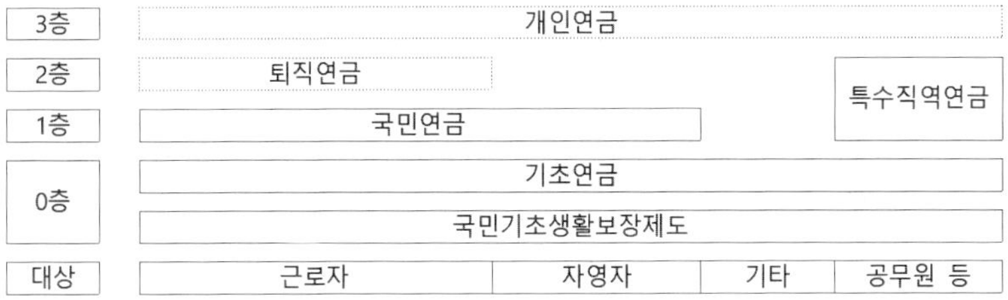

하지만 외형적으로 다층 노후소득보장체계를 갖추었으나 효율적·효과적인 노인빈곤 완화, 또는 충분한 노후소득보장에는 한계가 있다고 평가할 수 있다. 우선 국민연금의 경우 2020년 12월 기준으로 65세 이상 노인의 약 44.5%가 연금을 수급[2]하여 잠재적 사각지대 규모가 상당하며, 특례연금 및 분할연금 수급자를 제외한 월 평균연금액

은 약 54만 원,[3] 가입 기간 20년 이상인 수급자의 월 평균연금액은 93만 원 정도로, 노후소득보장의 중추적 역할을 수행하기에는 한계가 있다. 또한 국민연금 소득대체율 하향 조정[4]으로 인해 노령연금 수급자의 평균연금액 및 신규 수급자 평균연금액 증가 속도가 느려질 것으로 전망된다. 2021년 기준 신규 수급자의 평균 가입 기간은 19.0년인데 2030년에는 20.4년, 2050년 23.3년(제4차 재정계산 결과)으로, 장기적으로도 평균 가입 기간이 크게 증가하지 않는다고 예상된다. 이에 따라 실질 소득대체율도 그리 높지 않아 국민연금의 급여 적정성 문제가 지속될 것이라는 점을 확인할 수 있다.

〈표 5-1〉 65세 이상 노인의 공적노후소득보장 수급 현황

(기준: 2020.12월 기준)

구 분	수(명)	비중
국기초 수급자	764,045	9.0%
기초·국기초 동시 수급자	697,544	8.2%
기초연금 수급자	5,659,751	66.7%
국민(노령·장애·유족)연금 수급자	3,771,278	44.5%
기초·국민연금 동시 수급자	2,365,273	27.9%
전체 노인 인구	8,481,654	100%

출처: 2020년 12월 기준 기초연금 통계월보, 국민연금 사업통계.

2 2020년 12월 기준 65세 이상 국민(노령)연금 수급자는 3,219,499명으로, 전체 노인의 약 38.0%를 차지하고 있다.

3 2020년 12월 당월 총 연금급여액을 총 연금수급자로 나눈 평균연금액은 408,290원이다.

4 국민연금 명목소득대체율은 2008년 50%, 2009년부터 매년 0.5%씩 하향 조정하여 2028년 이후부터 40%로 될 예정이다.

〈표 5-2〉 국민연금 월평균 지급액

(단위: 원)

연도	구분	노령연금		장애연금	유족연금
		계(특례 제외)	20년 이상		
2015	최고	1,874,310	1,874,310	1,365,910	875,480
	평균	350,850(484,460)	883,050	430,410	258,980
2016	최고	1,937,220	1,937,220	1,437,650	933,450
	평균	368,210(491,700)	884,210	434,140	263,100
2017	최고	1,994,170	1,994,170	1,606,420	955,540
	평균	386,380(500,220)	892,030	438,810	268,620
2018	최고	2,045,550	2,045,550	1,636,940	1,034,180
	평균	509,909	911,369	448,026	276,974
2019	최고	2,120,680	2,120,680	1,647,390	1,076,890
	평균	527,075	921,763	455,731	284,892
2020	최고	2,269,120	2,269,120	1,702,770	1,154,010
	평균	541,033	930,890	458,236	290,646

주: 2018년부터 전체 및 노령연금 평균연금액 산정 시 특례, 분할연금 제외함.
출처: 국민연금공단, 각년도 국민연금 사업통계.

다음으로, 기초연금은 노인의 70%라는 목표 수급률을 설정하여 비교적 보편적인 성격을 담보[5]하고 있다. 급여 수준은 지속적으로 상향되어 기준연금액은 30만 원이고 평균 기초연금액은 약 25만 원인 것으로 제시된다. 그러나 이 정도로 노인빈곤을 해소하기에 충분하다고 보기 어렵다. 마지막으로 국민기초생활보장의 경우에는 최종 사회안전망 역할을 담당하지만 일반적 공공부조로 노인의 특성을 반영하기 어렵다. 2021년 기준 1인가구 생계급여 수준은 548,349원으로, 노인빈곤 해소에 충분하다고는 할 수 없다.

---

5 2020년 12월 기준으로 전체 노인의 약 67%가 수급하고 있다.

(단위: 원)

구분	기준연금액				전체 평균연금액
2014.12	200,000(160,000)				178,155
2015.12	202,600(162,080)				181,469
2016.12	204,010(163,200)				181,488
2017.12	206,050(164,840)				183,205
2018.12	250,000(200,000)				222,786
2019.12	저소득	300,000(240,000)	일반	253,750(203,000)	236,850
2020.12	저소득	300,000(240,000)	일반	254,760(203,800)	249,193

주: 기준연금액의 괄호 금액은 부부가구의 1인당 기준연금액을 의미함.
출처: 기초연금 기준연금액은 각년도 기초연금 사업안내, 전체 평균연금액은 기초연금 정기통계집(소급분 포함).

한편 2020년 12월 기준으로, 국민연금 급여 지출은 225조 원 (2,254,185억 원), 기초연금 예산은 18.8조 원, 65세 이상 노인 대상 국민기초생활보장 생계급여 지급액은 4.4조 원 정도로, 일반 조세로 재원을 충당하는 기초연금과 국민기초생활보장 생계급여는 약 23.2조 원 정도가 소요되고 있다. 또한 제4차 국민연금 재정계산 결과에 의하면, GDP 대비 국민연금 지출은 2025년 2.0%에서 2050년 5.8%, 2080년 9.4%까지 증가할 전망이다. 기초연금의 경우에는 2025년 1.1%에서 2050년 2.5%, 2080년 3.2%까지 증가하여 기초연금과 국민연금 지출을 모두 고려한 공적연금 지출은 2080년 GDP 대비 12.6%까지 증가할 것으로 전망되고 있다.

나. 공적노후소득보장 재구조화의 필요성

그렇다면 현행 국민기초생활보장과 기초연금, 국민연금의 모수적 개혁이 아닌 제도 간 재구조화를 고려해야 하는 이유는 무엇인가? 여기에서는 공적노후소득보장 재구조화의 필요성을 다음과 같이 제시하고자 한다.

　재구조화의 첫 번째 필요성은 현행 제도를 전제로 해서는 현세대의 노인빈곤 문제를 획기적으로 개선할 수 없다는 점이다. 앞서 공적노후소득보장 현황 및 전망을 검토한 결과, 전체 65세 이상 노인의 70%를 포괄하는 기초연금의 시행과 국민연금 수급자의 지속 증가로 인해 공적노후소득보장 수급률은 높아질 것으로 전망된다. 하지만 공적노후소득보장에서 중추적 역할을 담당할 국민연금은 넓은 사각지대로 인해 장기적으로 가입 기간은 크게 증가하지 않는다. 이에 따라 실질소득대체율은 2050년에도 20% 중반 정도로, 급여적정성 확보에 어려움이 존재할 것으로 전망된다. 곧 기초연금 도입과 지속적인 연금액 증가, 국민연금 성숙에도 불구하고 현행 제도를 전제로는 당분간 노인빈곤을 해소하고 노후생활을 안정시키기에는 미흡할 것이라 볼 수 있다.

　두 번째는 공적노후소득보장의 재정 부담이 가중되고 있다는 점이다. 인구고령화·저출산으로 인한 인구구조 악화, 저성장 시대 진입으로 국민연금의 경우 현재의 부담과 급여 구조로는 향후 후세대의 부담이 가중될 수밖에 없다. 제4차 국민연금 재정추계 결과에 의하면, 현행 국민연금기금은 2057년 기금 소진 이후 보험료율이 28.8%까지 인상되어야 약속된 연금을 지급할 수 있다. 또한 노인인구의 70%로 고정되어 있는 기초연금의 경우에는 노인인구 증가로 2030년 40조 원, 2040년 78조 원으로 꾸준히 증가하여 2065년에는 약 216조 원까지 증가할 것으로 전망된다(국민연금연구원 내부 자료). 곧 현행 제도를 전제로 해서는 재정안정성 문제를 근본적으로 해결하기 어렵다.

　마지막으로 세 번째는 현행 공적노후소득보장의 제도 간 관계 및 역할 분담과 관련된 것이다. 현행 공적연금의 명목소득대체율은 기초연금 12.5%, 국민연금 40%, 총합 52.5%로 높은 편이다. 그러나 기초연금 수준은 노인빈곤 완화에는 충분하지 않아 한계를 갖고 있으며, 소득비례연금인 국민연금의 경우 명목소득대체율이 높아 앞에서 제시한 것처럼 장기 재정안정성이란 문제를 갖고 있다. 특히 기초연금 인상 과정에서 국민연금액 수준에 대한 조정 없이 기초연금액이 지속적으로 상향되어 공적연금 전체의 장기재정 안정성이 악화되었다. 곧 기초연금과 소득비례연금인 국민연금의 역할이 균형적이지 않다는 것이다. 또한 현행 국민연금은 완전 소득비례연금이 아닌 소득재분배 연금인 A급여액을 포함하여 기초연금의 기능과 중복되므로 명목적으로는 소득재분배 기능이 국민연금 A급여액 20%와 기초연금 12.5%를 합친 32.5%나 된다. 하지만 기초연금은 노인의 70%를 포괄하고, 국민연금은 사각지대가 넓어 노인빈곤 완화에는 그다지 효과적이지 않다.

한편 현행 기초연금과 국민연금제도 간 관계가 정합적이지 않다는 점도 지적할 수 있다. 현재 기초연금 소득인정액에는 국민연금 수급액이 100% 반영되고, 연계감액까지 적용된다. 이로 인해 소득 하위 70%에 포함될 가능성이 높고, 당장의 국민연금 보험료 납부가 어려울 뿐 아니라 당연가입자로 보험료 부과가 어려운 저소득 지역가입자의 경우, 국민연금 가입유인 회피, 혹은 장기가입 의욕 저하 가능성을 담보하고 있다. 또한 국민연금 평균소득자[6]가 최소 가입 기간 10년 간 보험료를 납부하고 받는 국민(노령)연금액(소득대체율 50% 가정)이 317,467원 정도로 현행 기초연금 기준연금액 30만 원과 비슷한 수준

---

6 2021년 기준 국민연금 A값은 2,539,734이다.

이라는 점을 고려해도 그러하다.

뿐만 아니라 현행 국민기초생활보장 소득인정액 산정 시 기초연금이 소득으로 산정되어 국민기초생활보장과 기초연금 동시 수급자의 경우 기초연금만큼 생계급여가 감액 지급(일명 줬다 뺏는 문제)된다. 결과적으로 이들은 기초연금의 지속적인 인상에도 최종 가처분소득은 동일하기 때문에 가장 빈곤한 노인에게 기초연금 인상 혜택이 돌아가지 않는다. 또한 국민기초생활보장 부양의무자 기준이 2021년 10월 폐지되어 국민기초생활보장과 기초연금과의 역할 및 기능이 중복되고 있다는 점도 지적할 수 있다. 곧 노인기초보장으로 기초연금과 국민기초생활보장이 이미 존재함에도 노인빈곤에 효과적이고 효율적으로 대처하지 못하고 있는 것이다.

물론 이러한 문제 해결을 위한 방안으로 현행 제도를 유지하면서 제도 간 역할을 조정하는 방안도 고려할 수 있다. 그러나 현행 제도를 유지하면서 제도를 조정하는 방안은 표면적으로 드러난 문제들은 해결할 수 있더라도, 제도 간 관계에서 제기되는 근본적 문제를 해결하기 어렵고 또 다른 문제도 야기할 수 있다. 예를 들어 기초연금과 국민연금제도 간 관계에서 제기되는 문제를 해결하기 위해 현행 연계제도를 폐지할 경우 공적연금 비용이 증가할 수 있다. 또 국민기초생활보장과 기초연금 간의 문제를 해결하기 위해 국민기초생활보장 수급자에게 기초연금을 공제하는 등 추가 지급을 고려할 경우 차상위 계층과의 소득 역전 문제 혹은 비용이 증가할 수 있다.

곧 공적노후소득보장 간 적절한 역할 분담과 제도 간 관계에서 제기되는 문제를 근본적으로 해결하기 위해서는 중·장기적으로 제도 간 재구조화가 필요하다고 할 수 있겠다.

3. 재구조화 방안

공적노후소득보장 재구조화 방안을 모색하기 위한 고려 사항은 다음과 같다. 첫째, 현재의 높은 노인빈곤 상황을 고려할 때 노인빈곤 완화를 위해서는 현재보다 기초보장을 강화할 필요가 있다는 점이다. 둘째, 기초연금과 국민연금을 고려한 공적연금의 명목소득대체율은 최소한 40% 정도로 확보할 필요가 있다. 셋째, 기초연금은 재분배 기능을 강화하고, 국민연금은 소득비례 기능을 강화하는 등 현재 복잡하게 얽혀있는 제도의 역할 및 기능을 명확히 하여, 중·고소득층은 소득비례연금을 통해, 저소득층은 노인기초보장을 통해 노후소득보장이 가능하도록 설정할 필요가 있다. 넷째, 향후 소득비례연금과 기초보장의 역할 및 기능을 어떻게 설정할 것인가에 따라 다를 수 있으나, 대부분의 노인이 소득비례연금을 수급하고 이를 통해 적정한 노후소득보장이 이루어질 필요가 있다. 곧 국민연금이 현재보다 성숙하고 발전해야 한다.

[그림 5-2] 기초연금 발전 방향 유형화

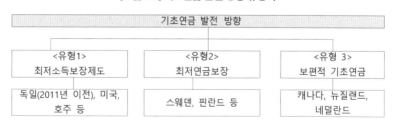

한편 현행 국민기초생활보장과 국민연금 사이에 위치한 기초연금이 어떻게 발전할 것인지에 따라 공적노후소득보장체계가 달라질 수

있다는 점을 고려하여, 재구조화 방안으로 기초연금 발전 방향에 초점을 맞추어 검토하고자 한다. 이때 상술한 고려 사항을 바탕으로 크게 다음과 같은 세 가지 방향을 제시할 수 있다. 최저소득보장과 최저연금보장, 그리고 보편적 기초연금이다.

가. 최저소득보장

최저소득보장안은 현행 기초연금의 부조적 성격을 강조하여 공적 노후소득보장을 재구조화하는 안이다. 기초연금과 국민기초생활보장을 통합하여 노인을 대상으로 하는 범주적 공공부조를 운영하고 국민연금은 현행 그대로(재분배급여+소득비례급여) 운영하는 방식이다. 곧 저소득 노인의 노후소득보장에 집중하여 현행 기초연금보다 보장 범위는 줄이되 보장 수준을 높이는 것으로, 이 방안은 현 제도보다 효율적이고 효과적으로 노인빈곤 완화가 가능할 것이라는 장점을 갖고 있다.

한편 최저소득보장 고려 시 현행 기초연금 수급 대상과 비교할 때 범위가 감소하기 때문에 정책적으로·정치적으로 이 방안을 고려하기 어렵다는 문제를 제기할 수 있다. 이러한 문제는 현행 기초연금 수급자의 수급권은 보장하면서 의외로 간단하게 해결할 수 있다. 현재 기초연금에서 노인의 70%라는 규모로 선정기준액을 도출하는 목표수급률 설정방식을 탈피하고 일정 기준의 선정기준액을 정해 운영하게 되면 노인의 소득과 재산이 증가하면서 향후 기초연금 수급자 비중은 점차 감소하여 장기적으로 노인의 30~40% 정도를 포괄하는 최저소득보장으로 전환될 수 있기 때문이다.

[그림 5-3] 최저소득보장(안) 도식화

	현행 국민연금

최저소득보장 (국민기초생활보장+기초연금)	

65세 이상 노인	

최저 소득보장	보장수준: 현행 생계급여(혹은 기준중위소득의 40%) 포괄범위: 약 3~40% 재원: 국고
국민연금	대체율: 현행 소득대체율 40% 재원: 보험료(보험료율 인상 필요)

다만 노인을 대상으로 하는 최저소득보장으로 전환을 고려할 때 국민연금에 미치는 영향을 고려하지 않을 수 없다. 따라서 최저소득보장안의 전제조건은 현재 정부가 추진 중인 소득중심 사회보험이 잘 구축되어, 현재보다 소득 파악이 제대로 되고 이를 통해 국민연금 당연가입자가 되어야 할 집단이 국민연금에 가입하도록 할 수 있어야 할 것이다. 뿐만 아니라 국민연금이 충분히 성숙하여 대부분의 노인이 국민연금을 수급하고, 국민연금 수급액이 최저소득보장 선정기준 이상이 되는 등 장기적으로 국민연금이 1차적 노후소득보장의 역할을 수행할 필요가 있다. 그렇지 않으면 2014년 연금개혁 이전의 영국의 사례에서도 볼 수 있듯이, 소득비례연금인 국민연금이 아닌 최저소득보장에 의존하는 결과를 초래할 수 있기 때문이다.

나. 최저연금보장

최저연금보장은 소득비례연금인 국민연금[7]과의 관계를 고려하여

---

7 국민연금뿐 아니라 좀 더 나아가 퇴직연금까지도 고려할 수 있다.

기초연금의 대상자 선정기준을 결정하는 방식으로, 국민연금의 무·저연금자를 대상으로 운영하는 형태이다. 이는 스웨덴의 보충연금 (Guarantee Pension: GP)과 유사하며, 이를 간단하게 도식화하면 [그림 5-4]와 같이 나타낼 수 있다.

[그림 5-4] 최저연금(안) 도식화

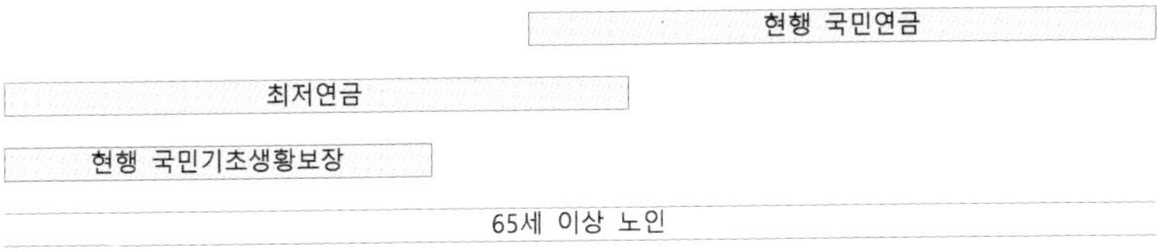

	현행 국민연금	
	최저연금	
현행 국민기초생활보장		
65세 이상 노인		
국민기초생활보장	보장수준: 현행 생계급여	
	재원: 국고	
최저연금	보장수준: 현행 국민연금 평균연금액(혹은 현행 생계급여) 수준	
	재원: 국고	
국민연금	대체율: 현행 소득대체율 40%	
	재원: 보험료(보험료율 인상 필요)	

그런데 앞서 살펴본 최저소득보장과 최저연금보장의 경우 소득비례연금인 국민연금이 충분히 성숙하지 않은 상황, 좀 더 구체적으로 대부분의 노인이 국민연금을 수급하고, 국민연금 수급액이 최저소득보장 선정기준 혹은 최저연금보장 선정기준 이상인 상황이 아니면 시행하기 어렵다. 이러한 전제조건이 충족되지 않은 상황에서 최저소득보장 혹은 최저연금보장으로 전환할 경우 국민연금이 아닌 최저소득보장 혹은 최저연금보장에 의존하는 결과를 초래할 수 있기 때문이다. 최저소득보장이나 최저연금보장을 운영하는 국가인 독일이나 스웨덴의 경우도 공적노후소득보장에서 소득비례연금의 역할이 강력하다는 것을 고려해야 한다.

특히 모든 소득(혹은 자산까지)을 고려하는 최저소득보장이 아닌 연금소득만 고려하는 최저연금보장의 경우 더욱 그러하다. 따라서 기초연금의 최저연금보장으로의 발전 방향은 앞서 제시한 최저소득보장 방안 보다 장기적인 방향으로 검토할 필요가 있겠다.

다. 보편적 기초연금

보편적 기초연금안은 현행 기초연금을 연령요건·거주요건을 충족하면 받을 수 있는 보편적 수당 방식으로 전환하여 대상을 현행 노인의 70%에서 약 100%의 노인으로 확대하는 방식이라 할 수 있다. 이 방안의 가장 이상적인 모델은 기초연금, 소득비례연금, 저소득 노인을 대상으로 하는 보충연금을 운영하는 캐나다다. 캐나다는 기초연금을 전체 노인에게 지급하되, 일부 초고소득층(약 5~10%)을 대상으로, 연금액을 일부 환수(Claw-back)하는 방식으로 운용한다. 이는 현행 기초연금을 전체 노인에게 확대하면서 현재보다 기초연금 보장 수준을 높이고, 국민연금은 현행보다 소득대체율을 낮추되 소득비례 기능을 강화하는 것이다. 국민연금 소득대체율이 낮아지면 저소득 노인의 노후소득보장이 약화될 수 있으므로 현행 국민기초생활보장, 혹은 저소득 노인을 대상으로 하는 별도의 범주적 공공부조를 통해 소득을 보장하는 방안이다.

보편적 기초연금안은 현행 노동시장 구조 변화에 따라 보험방식의 국민연금이 장기적으로 1차적 노후소득보장 역할을 수행하기 어렵다는 점에서 논의되고 있으며, 이러한 측면에서 기본소득 도입 논의와 유사하다고 할 수 있다. 이 방안의 가장 큰 장점은 각 제도 간 관계에서의 역할과 기능이 명확해지는 것이다. 한편 국민연금 측면에서도 장점을 찾아볼 수 있다. 현행 국민연금에서 소득재분배 급여를 줄이거나 없앨 경우 국민연금 보험료 상향 필요성이 높지 않고, 장기적으로 재정 안정성 확보가 가능하기 때문이다. 또한 현재 국민연금 전체 가입자의 평균소득인 A값이 소득재분배급여에 반영되고 있는데, 이로 인해 제도 개선이 어려웠던 부분에 대한 논의도 가능해진다.

[그림 5-5] 보편적 기초연금(안) 도식화

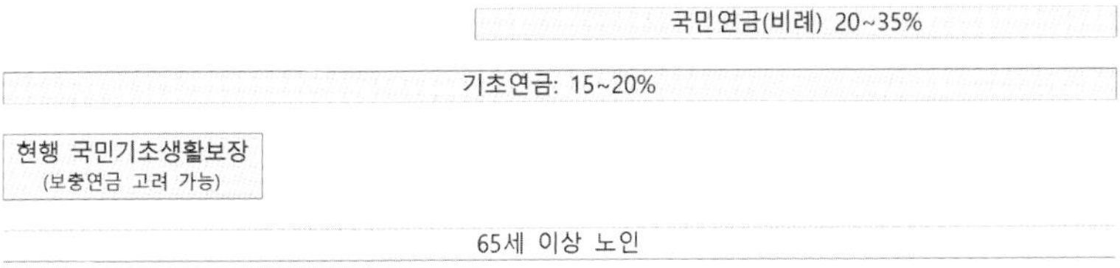

	국민연금(비례) 20~35%
기초연금: 15~20%	

현행 국민기초생활보장 (보충연금 고려 가능)	

65세 이상 노인	
국민기초생활보장	보장수준: 현행 생계급여 재원: 국고
기초연금	대체율: 15~20%(약 40~50만원) 포괄범위: 100%(초고소득자 환수(약 5~10% 고려 가능) 재원: 국고
국민연금	대체율: 20~35%(균등부분 축소 혹은 폐지→ 기초연금 수준에 따라 고려) 재원: 보험료(보험료율 현행 유지 가능, 인상도 고려)

다만 보편적 기초연금안을 고려할 경우 현행 국민연금의 소득재분배 급여를 줄이거나 없애서 소득비례연금으로 운영하는 등의 재구조화가 불가피하므로 사회적 합의가 요구된다고 할 수 있다. 또한 전체 노인을 대상으로 기초연금을 지급할 경우 노인인구 증가 등에 따른 재정 부담이 커지므로 제도의 재정 지속성에 대한 논의도 필요하다.

라. 각 방안의 세부 내용 제시 및 비교

여기에서는 앞서 제시한 최저소득보장안과 최저연금보장안, 보편적 기초연금안의 세부적 내용을 제시하고, 이에 따른 수급자 수, 소요 예산 등을 간략하게 제시하여 각 방안을 비교해보도록 한다.

〈표 5-4〉 각 방안의 내용 제시

구분		기초연금 개편 내용
현행		노인 70%에게 30만 원 지급
최저소득 보장안	①	기초연금과 국기초 통합, 기초연금 소득인정액 기준으로 '21년 생계급여(55만 원) 수준까지 보장(보충성 원칙 적용)
	②	기초연금과 국기초 통합, 기초연금 소득인정액 기준으로 '21년 기준중위소득의 40%(73만 원) 수준까지 보장(보충성 원칙 적용)
최저연금 보장안	①	국민(노령)연금액이 '20년 평균연금액(약 40만 원)[1] 이하인 경우 그 수준까지 보장(보충성 원칙 적용)
	②	국민(노령)연금액이 '21년 생계급여(55만 원)[2] 이하인 경우 그 수준까지 보장(보충성 원칙 적용)
보편적 기초 연금안	①	전체 노인에게 기초연금 40만 원('21년 기준 A값의 약 15%) 지급
	②	95%의 노인에게 기초연금 40만 원('21년 기준 A값의 약 15%) 지급 → 직역연금 수급자 제외 고려
	③	90%의 노인에게 기초연금 40만 원('21년 기준 A값의 약 15%) 지급

주: 1) 2020년 12월 당월 총 연금급여액을 총 연금수급자로 나눈 액수 408,290원, 이는 특례수급자와 분할연금 수급자를 제외하고 공표하는 평균연금액 541,033원과 다름.
　　2) 2020년 12월 기준 특례수급자와 분할연금 수급자를 제외한 평균연금액은 약 54만 원으로 생계급여 수준과 유사함.

우선 최저소득보장안은 상술한 바와 같이 기초연금과 국민기초생활보장을 통합하는 것이다. 현행 기초연금 소득인정액 기준이 노인의 특성을 반영한 자산조사 방식이라는 점에서 이를 적용하여 노인의 소득과 재산, 부채를 취급하되 급여 수준은 2021년 국민기초생활보장 생계급여 수준인 기준중위소득 30%까지 보장하는 방식과, 현행 생계급여 기준을 기준중위소득 40%까지 인상하는 논의가 있다는 점을 감안하여 최저소득보장에서 그 수준까지 급여를 보장하는 방식을 고려하였다. 이때 급여는 현행 국민기초생활보장과 마찬가지로 보충성 원칙을 적용하였다.

두 번째 최저연금보장안은 소득비례연금인 국민(노령)연금에서의 무연금자·저연금자를 대상으로 이들의 수급액이 일정 소득 수준에 미치지 못하는 경우, 해당 금액까지 보장하는 방식을 의미한다. 이때 2020년 12월 기준 평균 국민연금액이 약 40만 원이라는 점을 고려하여, 국민연금액 기준인 40만 원까지 보장하는 방안과, 생계급여 지급 기준인 55만 원까지 보장하는 방안을 고려하였다.

마지막으로 보편적 기초연금안은 다음과 같은 큰 원칙에 따라 구체적으로 세 가지 방안을 제시하였다. 첫 번째 안은 전체 노인에게 기초연금 40만 원(현행 기준 소득대체율 15%), 두 번째 안은 직역연금 수급자를 제외한 약 95%의 노인에게 기초연금 40만 원, 세 번째 안은 캐나다 기초연금과 같이 일부 환수(Claw-back)를 적용하여 약 90%의 노인에게 기초연금 40만 원을 지급하는 안을 제시하였다. 이때 각 방안의 대상자 규모 및 소요예산, 1인당 급여수준 평균액을 간단히 산출한 결과는 〈표 5-5〉에 제시되어 있다.

〈표 5-5〉 각 안별 대상자 규모 및 소요예산

구분		대상자 규모	소요예산	1인당 평균 급여수준
현행		5,659,751명 (전체 노인의 약 67%)	연 16.8조 원('21년 18.8조 원)	약 250,000원
최저 소득 보장안	①	3,980,593명 (전체 노인의 약 46.9%)	월 1.5조 원(1,504,566,600,000원) 연 18.1조 원(18,054,799,200,000원)	377,976원
	②	4,540,000명 (전체 노인의 약 53.5%)	월 2.3조 원(2,273,861,800,000원) 연 27.3조 원(27,286,341,600,000원)	500,851원
최저 보장 연금안	①	5,180,000명 (전체 노인의 약 61.1%)	월 1.6조 원(1,646,731,700,000원) 연 19.8조 원(19,760,780,400,000원)	317,902원
	②	5,440,000명 (전체 노인의 약 64.1%)	월 2.4조 원(2,445,780,300,000원) 연 29.3조 원(29,349,363,600,000원)	449,592원
보편적 기초 연금안	①	8,481,654명 (전체 노인의 100%)	월 3.4조 원(3,392,661,600,000원) 연 40.7조 원(40,711,939,200,000원)	400,000원
	②	8,057,571명 (전체 노인의 95%)	월 3.2조 원(3,223,028,520,000원) 연 38.7조 원(38,676,342,240,000원)	400,000원
	③	7,633,489명 (전체 노인의 90%)	월 3.1조 원(3,053,395,600,000원) 연 36.6조 원(36,640,747,200,000원)	400,000원

출처: 기초연금 수급자 전산자료(2020.12월 기준).

최저소득보장안의 경우 첫 번째 현행 기초연금 소득인정액 기준으로 단독가구 생계급여 수준인 55만 원까지 보충성의 원칙을 적용하여 지원할 때, 2020년 12월 기준으로 전체 노인의 약 46.9% 정도가 수급할 것으로 나타났다. 1인당 평균급여는 약 38만 원, 소요예산은 연 18.1조 원으로 소요예산 측면에서는 현행 기초연금 수준과 비교할 때 큰 차이가 나타나지 않는다. 한편 두 번째 현행 기초연금 소득인정액 기준을 적용하고 단독가구 생계급여를 기준중위소득의 40%인 73만 원 수준까지 보장할 경우 전체 노인의 약 53.5%가 수급하며, 1인당 평균급여는 약 50만 원, 소요예산은 연 27.3조 원 정도인 것으로 분석되었다.

다음으로 최저연금보장안의 경우 국민(노령)연금을 기준으로 첫 번째 국민연금 평균연금액 수준인 40만 원까지 보충성의 원칙을 적용하여 지원할 때, 2020년 12월 기준으로 전체 노인의 약 61.8% 정도가 수급하고, 1인당 평균급여는 약 31만 원, 소요예산은 연 19.2조 원 수준이다. 두 번째로 현행 생계급여 기준인 기준중위소득의 30%에 해당하는 55만 원 수준까지 보장할 경우 전체 노인의 약 64.4%가 수급하며, 1인당 평균급여는 약 43만 원, 소요예산은 연 28.2조 원 정도인 것으로 나타났다.

마지막으로 보편적 기초연금안의 경우 A값의 15%인 40만 원 정도를 지급하는 것으로 하되, 전체 노인을 대상으로 지급할 때와 95%의 노인, 90%의 노인을 대상으로 지급하는 경우로 나누어 살펴보았다. 전체 노인을 대상으로 할 경우 연 40.7조 원이 소요되는 것으로 나타났으며, 95%의 노인을 대상으로 할 경우 연 38.7조 원, 90%의 노인을 대상으로 할 경우 약 연 36.6조 원이 소요되는 것으로 나타났다.

분석 결과, 소요예산 측면에서는 최저소득보장안〈최저연금보장안〈보편적 기초연금안의 순으로 많은 예산이 소요되는 것을 확인할 수 있다. 그러나 이는 기초연금 개혁에 따라 달라지는 소득비례연금인 국민연금 소요예산까지는 고려하지 않은 것이다. 최저소득보장안과 최저연금보장안의 경우 현행 국민연금 소득대체율 40%를 전제로 하지만, 보편적 기초연금안의 경우 국민연금 소득대체율이 조정될 수 있으므로, 기초연금뿐 아니라 이에 따라 달라지는 국민연금 전체의 소요예산을 고려하면 다른 논의도 가능하다.

4. 향후 과제

이 절에서는 공적노후소득보장체계 재구조화 방안을 제시하고, 각 방안의 대략적인 대상 범위와 소요예산, 평균급여액 등을 산출하였다. 이때, 여기에서 제시한 공적노후소득보장 재구조화 방안 가운데 한국 사회가 무엇을 선택할 것인지는 다음과 같은 사회적 논의를 통해 결정될 것이다. 첫째, 불안정 노동자의 증가 등 노동시장 변화를 종합적으로 고려할 때, 사회보험 방식의 국민연금이 장기적으로 공적노후소득보장에서 중추적 역할을 담당할 수 있을 것인가? 둘째, 저출산·고령화라는 인구구조 변화 및 이에 대한 부담을 고려할 때 한국 사회가 부담 가능한, 혹은 수용가능한 방안은 무엇인가 하는 점이다.

이러한 논의에 따라 한국의 공적노후소득보장을 기초연금 중심(보편적 기초연금안)으로 운영할지, 혹은 국민연금 중심으로 운영할지가 결정될 것이다. 더 거시적으로는 한국 복지국가의 발전 방향을 잔여적 복지모델(최저소득보장안) 또는 보편적 복지모델(보편적 기초연금안) 가운데 무엇으로 설정하여 운영할 것인지가 결정될 것이다. 이를 위해서는 공적노후소득보장뿐 아니라 사적노후소득보장을 고려한 전체 노후소득보장 관점에서 장기적인 사회적 논의가 필요할 것이다.

|참고문헌|

김성숙·문형표·최옥금·이용하·강성호·김경아·김헌수·유호선·김순옥·
  김형수·이지은·신승희. 2011.『국민연금과 기초노령연금 역할 정립
  방안』. 보건복지부·국민연금공단·한국개발연구원.

김태완·이주미·정은희·최옥금·최유석·송치호·박은정·김보미. 2020. "우
  리나라 소득분배 진단과 사회보장 재구조화 방안".『한국보건사회
  연구원 연구보고서』2020-21.

국민연금공단. 각년도.『국민연금 사업통계』.

국민연금공단. 각년도.『기초연금 정기통계집』.

국민연금공단 국민연금연구원.『기초연금 재정전망』(내부 자료).

국민연금과 기초노령연금 통합 및 재구조화 소위원회. 2009.『국민연금과
  기초노령연금 통합 및 재구조화 방안』.

노대명·주은선·권혁진·김현경·정해식·이원진·길현종·오상봉·최옥금·임
  지영. 2020. "소득보장체계 재구조화 방안 연구: 제도간 연계·조정
  을 중심으로".『경제인문사회연구회 협종연구총서』20-18-01.

보건복지부. 2009~2021.『국민기초생활보장 사업안내』.

보건복지부. 2015~2021.『기초연금 사업안내』.

이용하·최옥금·김형수. 2015. "제3장 국민연금의 개혁방향과 과제".「연금
  연구-연금개혁을 중심으로」. 윤희숙 편.『한국개발연구원 연구보고
  서』2015.7.

최옥금. 2020. "기초연금과 국민연금 제도의 관계를 둘러싼 쟁점과 발전방
  향".『국민연금연구원 정책보고서』2020.2.

최옥금·이은영. 2019. "기초연금 목표수급률 설정의 타당성 검토".『국민연
  금연구원 정책보고서』2019-05.

최옥금·홍정민. 2021. "기초연금과 국민기초생활보장 간 역할 분담 방안에 대한 연구".『국민연금연구원 정책보고서』 2021(미발간).

OECD. 2019. Pensions at a Glance.

제6장

저소득층 소득보장 평가와 과제

구인회 서울대학교 사회복지학과 교수

김현경 한국보건사회연구원 연구위원

이원진 한국보건사회연구원 부연구위원

1. 논의의 배경

우리나라의 저소득층 대상 소득보장제도로는 국민기초생활보장제도, 근로·자녀장려세제, 국민취업지원제도, 기초연금 등이 있다. 기초연금제도는 2020년 현재 수급자 수가 553만 명에 이르고 정부지출의 규모가 16.7조 원(국비, 지방비 포함)에 달해 가장 큰 제도가 되었다.

국민기초생활보장제도는 기초연금 다음으로 큰 공공부조제도이다. 생계급여 129만 명에 5.3조 원, 주거급여 190만 명에 1.9조 원, 의료급여 143만 명에 7.7조 원으로 중복으로 급여를 받는 수급자가 다수를 이루고 있으며 총지출은 14.9조 원이다.

그리고 근로장려세제는 418만 가구 4.6조 원, 자녀장려세제는 70만 가구 0.5조 원으로 근로·자녀장려세제가 세 번째로 큰 제도이다. 국민취업지원제도는 2021년 새로 도입되어 아직 평가를 위한 기초자료가 확보되기 어렵기 때문에 이 글의 검토 대상에서 제외하였다. 〈표 6-1〉은 3대 주요 제도의 최근 지출 증가를 보여준다.

<표 6-1> 소득보장제도 주요 3대 프로그램의 총지출

(단위: 조 원)

구분	기초생활보장		근로장려세		기초연금	
	총지출	GDP %	총지출	GDP %	총지출	GDP %
2009	7.363	0.3%				
2012	7.694	0.5%	0.614	0.04%		
2015	9.172	0.5%	1.022	0.1%	7.582	0.5%
2018	11.081	0.6%	1.281	0.1%	9.123	0.5%
2019	12.815	0.6%	4.300	0.2%	11.495	0.6%
2020	14.596	0.7%	4.392	0.2%	13.177	0.7%

주: 기초연금은 국비만 포함한 액수임.
출처: 열린재정(기초생활보장, 기초연금), 국세통계(근로장려세).

이 글에서는 국민기초생활보장제도, 근로장려세제, 기초연금을 대상으로 제도를 평가하고 향후 과제를 검토하기로 한다. 이들 3대 저소득층 지원제도는 최근 여러 가지 개편을 거치면서 규모가 커졌다. 이들 제도가 저소득층 소득보장이라는 제도의 목적을 이루는 데 얼마나 성과를 거두었는지에 대해 엄밀한 검토가 필요하다. 특히 빈곤율과 소득격차가 매우 높고, 자산불평등 악화가 우려되는 상황에서 이들 제도가 제 역할을 다하는 것이 중요하다. 이 글은 이들 제도가 본래의 취지를 살릴 수 있도록 개선의 방향과 과제를 제기하고 구체적인 방안 마련에 기여하고자 한다.

2. 저소득층 소득보장의 현황과 문제점

가. 국민기초생활보장제도 평가

국민기초생활보장제도(이하 기초보장제도)는 2000년 생활보호제도를 대체하면서 도입되었다. 그 이래로 2010년 사회복지행정전산망 도입, 2015년 맞춤형 급여로의 개혁, 이후 부양의무자 기준의 단계적 폐지(2015년 교육급여, 2018년 주거급여, 2021년 생계급여)와 2020년 근로소득 30%의 공제 실시 등의 주요 제도 개편을 거쳐왔다.

기초보장제도는 급여별로 보건복지부가 정한 기준중위소득의 일정 %에 해당하는 선정 기준을 두고 이 기준액과 소득인정액을 비교하여 수급자를 선정하고 정해진 급여 기준에 따라 급여를 지급한다. 대표적으로 생계급여의 경우 2021년 현재 기준중위소득의 30%를 선정기준으로 두고 $B=G-tY$(B는 급여, G는 최저보장소득 혹은 선정기준액, t는 급여감소율, Y는 근로소득) 산식에 따라 운영되고 있다. 2019년까지 급여감소율은 100%였다가 2020년 30% 근로소득공제 도입으로 70%로 줄었다. 급여감소율이 최근까지 100%였다는 점을 생각하면 결국 대상자 규모와 급여 수준은 선정기준액 G에 의해서 거의 설명된다.

〈표 6-2〉 1인가구와 3인가구 생계급여 선정 기준의 추이

(단위: 원)

구분	1인 가구				3인 가구			
	선정기준 (명목, A)	선정기준 (실질)[1]	중위소득 (B)[2]	(A)/(B)	선정기준 (명목, A)	선정기준 (실질)[1]	중위소득 (B)[2]	(A)/(B)
2011	351,678	389,301	1,730,000	0.20	774,642	857,515	2,996,448	0.26
2013	377,817	404,028	1,953,333	0.19	832,217	889,951	3,383,272	0.25
2015a	389,285	408,165	2,040,000	0.19	857,480	889,068	3,533,384	0.24
2015b	437,454	458,671		0.21	963,582	1,010,316		0.27
2017	495,879	505,129	2,207,500	0.22	1,092,274	1,112,649	3,823,502	0.29
2019	512,102	512,102	2,395,833	0.21	1,128,010	1,128,010	4,149,704	0.27

주: 1) 2019년 기준 실질 가격.
　　2) 중위소득은 OECD 등 국제기구와 통계청에서 사용하는 방식(균등화지수: 가구 규모 제곱근)으로 가계금융복지조사자료로 구함. 보건복지부 기준중위소득과 다름.

이러한 생계급여 선정기준을 OECD 등의 국제기구에서 널리 사

용하는 방식으로 추정한 중위소득과 비교하면 그 수준과 추이를 보다 객관적으로 평가할 수 있다. 비교 결과를 제시한 〈표 6-2〉에 따르면 중위소득 30% 대비, 3인가구 선정기준은 조금 미달하나, 1인가구의 경우 약 중위소득 20%를 전후한 수준으로 크게 낮음을 알 수 있다. 2011년에서 2019년에 이르는 기간 선정기준의 추이를 보면, 2015년 맞춤형 개혁으로 인한 인상을 제외하고는 시간이 흐름에 따라 감소하였음을 알 수 있다.

이렇게 선정기준이 낮고 하락세를 보임에 따라 생계급여의 수급자 수는 지속적으로 감소하였다. 〈표 6-3〉에 따르면 2001년 약 142만 명에서 2019년 123만 명으로 줄었다. 선정기준을 기준중위소득의 40%로 생계급여보다 높게 설정하고 있는 의료급여의 경우에도 수급자 수는 다소 줄었다. 주거급여는 선정기준이 기준중위소득의 45%이고 2018년 부양의무자기준이 폐지되어 수급자의 증가가 눈에 띈다.[1]

〈표 6-3〉 기초보장 수급자 개인 추이

(단위: 천 명)

구분	생계급여	의료급여	주거급여
2001	1,419	n.a.	1,419
2005	1,513	1,511	1,513
2009	1,568	1,552	1,568
2013	1,350	1,333	1,350
2015	1,259	1,434	1,646

---

1 이러한 수급자 규모 추이에는 선정기준만이 아니라 빈곤율 변화, 행정전산망을 통한 자격관리의 강화, 관련 제도의 변화가 영향을 미쳤을 것이다. 특히 기초(노령)연금의 도입과 급여인상, 건강보험에서 차상위층 지원 확대는 기초보장 수급자 규모를 감소시키는 요인으로 작용했을 것으로 보인다.

2017	1,235	1,391	1,582
2018	1,229	1,395	1,744
2019	1,232	1,397	1,881
2020	1,301	1,440	1,947
2021	1,486	1,443	2,163

출처: 보건복지부, 국민기초생활보장 수급자 현황(2015~2019년).

선정기준이 엄격하고 그 수준이 하락한 것은 생계급여 수급자의 구성에도 영향을 미쳤다. 근로능력이 있는 연령층이 포함된 3인가구의 경우 생계급여 선정기준이 약 120만 원으로 최저임금 180만 원의 2/3 정도로 낮다. 근로연령층 구성원이 일을 할 경우 대상으로 선정될 가능성이 낮고, 일을 하지 않아 수급 대상이 될 경우에는 근로의무 부과 대상이 되기 때문에 수급을 선택할 유인이 낮다. 근로능력이 없는 노인층의 경우에는 약 50만 원에서 90만 원대의 선정기준이 적용되어 수급 유인이 작용한다. 그러나 비수급자의 경우에는 기초연금을 수급할 수 있고 노인일자리사업 참여도 가능하여 노인의 수급지위별 혜택 차이를 줄여 수급 유인을 완화하였다.

생계급여의 낮은 선정기준과 비수급자에 대한 관련 제도의 혜택으로 인해 기초보장제도 수급자는 근로능력 없는 중고령자 1인가구 중심으로 구성이 크게 변화하였다. 〈표 6-4〉에 따르면 2001년 약 50%였던 1인가구 수급자가 2019년 현재 전체 수급자의 약 70%에 육박하였다. 또 비경제활동인구가 수급자의 대다수를 차지하였다. 보건복지부(2015)에 따르면 가장 최근의 통계가 제공된 2015년 현재 93%가 비경제활동인구인 것으로 나타났다.

〈표 6-4〉 가구 규모별 기초생활보장 수급가구 추이

(단위: 가구)

연도	합계	1인가구	2인가구	3인가구	4인가구	5인가구 이상
2001	698,075	353,437	149,106	105,980	62,126	27,426
2004	753,681	426,701	152,454	101,200	52,094	21,232
2007	852,420	511,975	164,300	104,564	50,843	20,738
2010	878,799	549,341	163,983	99,248	46,424	19,803
2013	810,544	543,295	143,392	75,510	33,549	14,798
2016	1,035,435	630,037	186,329	116,251	67,080	35,738
2019	1,281,759	879,270	220,685	103,674	51,231	26,899

주: 수급가구 수는 시설수급자를 제외한 일반 수급가구 수를 의미함.
출처: 보건복지부, 국민기초생활보장 수급자 현황.

기초보장제도의 효과를 평가함에 있어 이러한 실태를 이해하는 것이 중요하다. 생계급여 수급자가 줄어들고 수급자 구성이 근로능력이 없거나 미약한 극빈층 중심으로 재편된 양상은 생계급여의 선정기준이 엄격하여 사각지대가 넓고 급여 수준이 낮은 결과로 이해된다. 이에 따르면 기초보장제도의 빈곤층 소득지원 역할은 매우 제한적인 것으로 판단된다. 단 주거급여의 경우 2018년 부양의무자 기준을 폐지하고 선정기준도 2021년 현재 기준중위소득의 45%로 계속 인상 중이어서 수급자 규모가 증가하고 임대료 지원 수준도 현실화되는 등의 개선이 이루어지는 긍정적 변화가 발견된다. 또 기초보장제도가 근로 유인에 미치는 효과에 대해서도 근로능력 있는 수급자가 극소수라는 점에서 큰 문제점이 발견될 수 없다. 제도 도입 시기부터 근로능력 있는 대상자에 대해 근로의무를 부과하였고, 2015년 맞춤형 급여 개편으로 탈수급의 여지를 열어놓은 점, 2020년 수급자의 근로소득에 대해 30%를 소득에서 공제하여 근로 유인을 높인 점을 고려하면 특히 그러하다.

나. 근로장려세제

근로장려세제는 2008년 18세 미만의 자녀를 2인 이상 부양하면서 주택이 없고 재산이 1억 원 이하인 저소득가구를 대상으로, 피용자 근로소득에 대해 정해진 기준에 따른 현금급여를 지급하는 제도로 도입되었다. 2012년에는 급여 대상을 아동이 없는 가구로 확대하였고, 2013년부터는 60세 이상의 단독가구로 대상을 확대하였다. 2015년에는 자영업자로 대상을 확대하였으며, 자녀장려금을 도입하고 근로장려금은 결혼과 여성 경제활동을 장려하는 목적을 강화하도록 제도를 변경하였다. 또한 2016년부터 2018년까지 단독가구의 연령제한을 단계적으로 낮추고, 2019년에는 연령제한을 폐지하였다. 한편 2019년에는 근로장려금의 소득기준과 재산기준을 크게 올렸고, 단독 성인가구를 중심으로 최대지급액을 크게 인상하면서 전체 가구 유형에 대해서는 최대지급액 구간을 늘렸다.

근로장려세제의 급여는 $B=\min[sY, M, M-t(Y-P)]$(B는 급여, s는 점증구간의 급여율, Y는 근로소득, M은 평탄구간의 최대급여액, P는 평탄구간의 상한액, t는 급여감소율) 산식에 의해, 근로소득 증가에 따라 급여가 증가하는 점증구간, 근로소득과 상관없이 정액급여가 주어지는 평탄구간, 근로소득이 증가하면 급여가 감소하는 점감구간으로 나누어 결정된다. [그림 6-1]에서 볼 수 있듯이, 근로장려금은 부부 근로소득 기준으로 점증구간 근로소득자에 대해서는 약 37%의 급여율을 적용한 급여를 제공하고, 평탄구간 소득자에 대해서는 최대급여액(단독성인 150만 원, 홑벌이 260만 원, 맞벌이 300만 원)을 정액급여로 제공하며, 점감구간 소득자에 대해서는 최대급여액에서 해당 구간 근로소득에 약 15%의 급여감소율을 적용한 급여를 제공한다. 근로장려세제의 특징은 근로소득이 증가할 때 정률로 급여가 증가하는 점증구간과 정액의 급여가 유지되는 평탄구간을 두는 점이다. 이 때문에 다른 공공부조와는 달리 근로를 지원하면서 소득을 보충하는 기능을 한다.

[그림 6-1] 근로장려세제의 급여

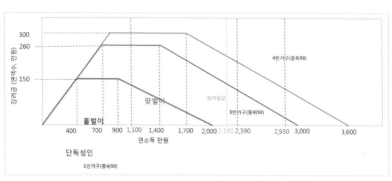

지속적인 대상자 기준 확대에 따라 근로장려금 수급자 수는 2018년까지 약 170만 가구, 총지출은 1조 3천억 원으로 늘었고, 2019년 급격한 제도 확대로 인해 2020년 현재 수급자는 421만 가구, 총지출은 4조 4천억 원, 평균수급액은 104만 원이 되었다. 근로장려금에서는 자영업 수급자가 증가하여 2016년 이후로는 수급자의 1/3 이상을 차지하게 되었다. 자녀장려금은 2015년 제도 도입 당시 105만 가구가 수급하였으나 대상자가 줄어 2020년에는 73만 가구가 수급하였고 총지출은 6천 4백억 원, 평균수급액 87만 원이 되었다.

〈표 6-5〉 2019년 근로장려금 확대 후 가구 유형별 소득상한 비교

구분	기준 중위소득 비교대상 가구	기준 중위소득 금액	기준 중위소득 대비 비율
단독가구	1인가구	21,086,328	94.8

홀벌이 가구	2인가구	35,903,760	83.6
	3인가구	46,446,924	64.6
	4인가구	56,990,088	52.6
맞벌이 가구	2인가구	35,903,760	100.3
	3인가구	46,446,924	77.5
	4인가구	56,990,088	63.2

출처: 김재진(2020).

    2019년 근로장려세제 제도 확장은 수급자 규모를 크게 늘렸을 뿐 아니라 수급자 구성을 크게 변화시켰다. 이는 가구 유형별 소득기준이 부부가구보다는 단독성인가구에 유리하고 부양가족이 적은 가구에 유리하게 된 제도 설계 때문이다(〈표 6-5〉 참조). 그 결과 아동을 부양하는 30~40대 부부 가구가 압도적인 다수를 차지하였던 제도 초기의 수급자 구성과는 달리, 2019년 제도 확장 이후에는 아동을 부양하지 않는 가구가 84%를 차지하였고 부부 아닌 단독성인이 61.3%, 30세 미만이

[그림 6-2] 2019년 근로장려금 확대 전후 소득분위별 수급률 변화

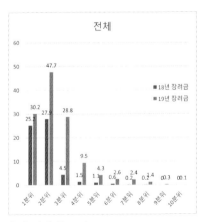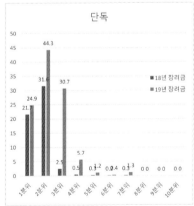

출처: 김현경(2020).

27.6%, 60세 이상이 24.3%를 차지하였다. 또 소득분위별 수급률에도 큰 변화가 일어났다([그림 6-2] 참조). 또 최저임금 대비 소득상한이 낮게 설계되어 있고 최대급여가 지급되는 소득상한이 최저임금의 43%에서 67%에 불과하여 단시간근로나 불완전근로를 유인하는 점도 근로장려금의 근로지원 기능에 한계점으로 작용한다(김현경 외, 2018).

다. 기초연금제도

2008년 국민연금 개혁 과정에서 국민연금 사각지대 해소와 저연금자 지원 대책으로 도입된 기초노령연금은 2014년 기초연금으로 개편되었다. 2021년 현재 노인 중 70%까지의 하위소득자를 선별하여 기준연금액 30만 원을 지급한다. 기초연금 급여는 국민연금급여가 없거나 낮은 수급자에 대해서는 $B=M$(B는 급여, M은 최대급여액) 산식에 따라 본인 소득에 상관없이 정액급여를 지급한다. 그러나 국민연금급여가 기준연금액의 150%를 초과하면 $B=0.5M+\max[(M-2/3\times A$급여$),0]$($B$는 급여, M은 최대급여액, A급여는 국민연금급여 중 재분배몫)의 산식을 적용하여 국민연금급여의 일부를 감액하되 최저한으로 기준연금액의 50%를 지급한다.

기초연금은 노인의 70%를 대상으로 하는 선별적 성격을 띠고 있어 이를 강조하면 공공부조로 볼 수 있다. 그러나 자산 수준을 기준으로 대상을 선별하는 다른 공공부조제도와는 달리 수급률을 기준으로 하고 있어 국민연금과 같은 사회보험이 발전하여도 수급자가 감소하지 않는 문제점이 있다. 또 기초연금은 수급자의 대다수에게 일정한 최대급여를 지급하는 정액급여적 성격을 띠고 있어 보편수당과 유사하다. 다른 한편으로는 국민연금 급여액이 증가하면 그 일정 비율을 기초연금 급여에서 감액하게 되어있어 연금수급자에 대해서는 최저연금적 성격도 지닌다. 감액의 수준은 최대급여액(M) 수준과 가입 기간과 함께 증가하는 A급여값에 따라 결정되는데, 그간 최대급여액(M)이 인상되어 감액의 정도는 약하다.

〈표 6-6〉을 보면, 2019년 현재 노인 801만 명 중 66.7%인 535만 명이 수급자이고 기초연금만 수급하는 노인이 321만 명으로 노인의 40%, 기초연금과 국민연금 동시 수급자가 214만 명으로 노인의 26.7%, 기초연금과 기초보장의 동시 수급자가 62만 명으로 노인의 7.7%에 해당된다.

〈표 6-6〉 기초연금 수급 실태

구분	인원(명)	노인인구 대비 비율(%)
노인인구 총수	8,013,661	100.0
기초연금 수급자 총수	5,345,728	66.7
기초연금만 수급	3,206,501	40.0
기초연금과 국민연금 수급	2,139,227	26.7
기초연금과 기초보장 수급	616,899	7.7

2019년 말 국민연금의 노령연금 수급자 403만 명 중 약 53%가 기초연금을 받는데 이는 이들의 소득인정액이 노인 중 상위 30%에 해당하기 때문으로 보인다. 그런데 이들 노령연금 수급자 중 약 80%가 월 60만 원 이하의 연금을 받는 저연금자이다. 따라서 연금제도의 노후소득보장 기능이나 빈곤예방 기능이 극히 미흡하여 기초연금을 통해 노인빈곤에 대처해야 한다. 더욱이 노령연금 수급률이 40%에 미달하는 현실에서 기초연금 인상의 필요성이 크다. 장기적으로 노령연금 수급률은 높아지더라도 지난 국민연금 개혁의 영향으로 실질소득대체

율은 떨어진다.[2] 이러한 이유로 노인빈곤 대책으로 기초연금의 대상을 저소득층으로 좁혀 기초연금 인상액을 높이기 위해 캐나다의 GIS식 노인 대상 최저소득보장을 도입하는 방안이 제기되기도 한다.

이러한 기초연금의 선별적 공공부조화 방안에 대해서는 기여형 공적연금인 국민연금의 가입 유인을 떨어뜨릴 것이라는 우려가 제기된다. 가령 50~60만 원의 기초연금을 노인인구의 20~30%에 대해 지급한다면 국민연금에 기여해도 60만 원 이하의 급여가 예상되는 저소득층의 연금가입 유인을 떨어뜨릴 가능성이 있다. 연금소득이 공공부조의 대상 선정 시에 소득으로 포함되어 연금수급자는 수급 대상에서 탈락할 수 있고, 연금소득 증가에 따라 기초연금이 감액될 수 있다. 이러한 가능성을 피하기 위해서는 기초연금을 보편적 연금으로 전환하는 것이 필요하다.

이 경우 국민연금 가입 유인 약화를 최소화할 수 있는 장점이 있지만, 고령화와 함께 재정적 부담이 빠르게 증가하는 것을 감수해야 한다. 이러한 이유로 당장에는 기초연금을 강화하여 노인빈곤을 줄이되 장기적으로는 국민연금 성숙과 함께 기초연금 재정 부담을 줄어들게 하는 중간적 방안을 모색하게 된다. 기초연금을 인상하되 연금소득이 증가하면 기초연금을 감액하는 현 기초연금의 최저연금적 성격을 강화하는 것인데, 이 방안이 성공하기 위해서는 국민연금 정착과 기초보장 강화를 위한 노력이 수반되어야 한다.

---

2   국민대타협기구(2015) 추계에 따르면 노령연금 수급률은 2020년 38.3%에서 2050년까지 73%로 증가하지만 실질소득대체율은 2020년 24.2%에서 2060년 21.8%로 떨어진다.

라. 저소득층 소득보장의 종합적 평가

저소득층 소득보장을 종합적으로 보면 근로연령층 1인가구의 경우 기초생계급여는 최저임금의 1/3 정도에 불과하여 근로능력 있는 성인이 수급을 선택할 유인은 매우 작다. 근로장려금의 경우에는 정규 노동시간의 절반 정도에 해당하는 단시간 근로에 최대급여가 제공되지만 그 수준이 연 150만 원으로 낮아 근로를 유인하는 효과가 크지 않을 것으로 보인다. 근로장려금은 기초보장 수급자에게도 동일하게 급여를 제공하고 있어 탈수급 유인으로 작용하지는 않는다. 근로연령층 3인가구의 경우 기초생계급여는 최저임금의 2/3 정도로서 근로능력 있는 성인이 수급을 선택할 유인이 작용하지만 크지는 않은 것으로 보인다. 근로장려금의 경우에는 최저임금의 2/3에서 80% 정도에서 연 260~300만 원의 최대급여를 제공하여 어느 정도 근로 유인 효과가 기대된다.

노인층 1인가구의 경우, 기초생계급여액이 70~80%의 국민연금 수급자들의 연금급여보다 많거나 근접하는 수준이어서 수급 유인이 크게 작동하지만 기초연금 30만 원과 노인일자리사업 수입을 더하면 수급 유인이 많이 낮아진다. 부부 가구의 경우에는 기초생계급여가 대다수 국민연금 수급자의 연금급여보다 높아 수급 유인이 크지만 기초연금 48만 원과 노인일자리사업 수입이 다소 완화할 것으로 보인다.

〈표 6-7〉 공적이전의 빈곤감소 효과

(단위: %, %p)

구분	중위 30% 빈곤선			중위 50% 빈곤선		
	2011	2015	2018	2011	2015	2018
시장소득	9.6	10.6	11.1	17.7	17.9	19.5

시장소득 +공적연금	8.0	8.7	9.0	15.9	15.7	16.7
	-1.6	-2.0	-2.2	-1.8	-2.2	-2.8
시장소득 +기초(노령)연금	8.9	9.5	9.7	17.3	17.1	18.5
	-0.7	-1.1	-1.4	-0.4	-0.7	-1.0
시장소득 +기타 공적이전	8.8	10.0	10.2	16.9	17.2	18.5
	-0.8	-0.7	-0.9	-0.8	-0.7	-1.0
시장소득 +기초생활보장	9.0	10.0	10.4	17.5	17.7	19.2
	-0.6	-0.6	-0.8	-0.2	-0.2	-0.2
시장소득 +전체 공적이전	5.8	5.9	5.2	14.5	14.0	14.3
	-3.9	-4.8	-6.0	-3.1	-3.9	-5.2

출처: 보건복지부·한국보건사회연구원(2021).

이러한 저소득층 소득보장급여의 빈곤감소효과는 매우 작다. 〈표 6-7〉에서 보이듯이, 중위소득 50% 기준 빈곤선으로 2018년 시장소득 빈곤율이 19.5%로 나타나고 공적연금이 2.8%p 빈곤율을 감소시키는 것으로 나타난다. 기초연금은 1%p, 근로·자녀장려세제가 포함된 기타 공적이전도 1%p를 감소시키고, 기초보장은 불과 0.2%p의 빈곤감소효과를 보인다.

2011년부터의 추이를 보면 공적연금과 기초연금은 빈곤감소효과의 증가를 보이지만 다른 제도들의 효과는 큰 변화를 보이지 않는다. 중위소득 30% 기준 빈곤선으로는 시장소득 빈곤율이 11.1%로 나타나고 공적연금이 2.2%p 빈곤율을 감소시킨다. 기초연금은 1.4%p, 기초보장은 0.8%p의 빈곤감소효과를 보여 중위소득 50% 기준 빈곤율보다는 효과가 다소 커진다.

3. 저소득층 소득보장 개선 과제의 검토

가. 기존 저소득층 소득보장의 개선 과제

국민기초생활보장제도의 미약한 빈곤감소 기능을 향상시키기 위해서는 과도한 재산소득환산제를 개선하고 소득기준을 인상하여 수급자를 늘리고 수급액을 높이는 것이 필요하다. 우선 현재의 재산소득환산제는 재산으로부터 발생하는 소득을 소득평가액에 반영하고 다시 일정한 비율로 재산에서 소득이 발생한다고 보아 재산을 소득으로 환산하는 이중계산의 문제를 가지고 있다. 또한 그 환산율(비주거 일반재산 연 50%)이 비상식적으로 높고 귀속임대료(imputed rent)가 발생하는 것으로 볼 수 있는 주거의 경우에는 임차료 지원을 하지 않으면서 또 임대료 수익을 보는 것으로 이중계산하는 문제가 있다. 따라서 재산소득환산제를 폐기하고 주거용 재산 외의 재산에 대해서는 일정 한도를 설정하고 그 한도 내에서는 수급자격을 부여하는 방안을 검토할 수 있다. 또 1~2인가구에 불리한 기준중위소득 산정 방안을 개선하고 생계급여의 선정 및 급여기준을 기준중위소득의 30%에서 40%로 인상을 추진해야 한다. 이러한 기초보장 기준 인상은 근로능력 있는 빈곤층에 대한 지원 기능을 높이는 것으로 이들의 근로와 탈수급 유인을 강화하기 위해 근로장려세제를 개선하는 것이 필요하다.

또한 기초연금을 인상하여 노인 수급자가 기초보장 지원기준 인상으로 인해 기초보장제도로 과도하게 집중되지 않도록 보완책을 마련해야 한다. 소위 '줬다 뺏는 기초연금'이라 하면서 기초연금액의 100%를 기초보장 급여에서 삭감하는 제도의 개선을 요구하는 주장이 있다. 이 방안은 기존 수급 노인의 급여를 인상할 수 있지만 수급 노인과 비수급 차상위 노인과의 격차를 증대시키는 부작용이 있다. 이에 비해 기초보장 선정 및 급여 기준 인상은 사각지대 차상위 노인 지원을 늘리면서 수급자에 대한 보장성을 강화하는 바람직한 효과를 갖는다.

〈표 6-8〉 기초보장제도 시나리오별 수급률 변화

(단위: %, %p)

구분	A = 2018년 조정	B = A + 균등화 지수 조정	B-A	C = B + 재산 상한제	C-B	D = B + 생계급여 기준 40%	D-B	E = B + 재산 상한제 + 생계급여 기준 40%	E-B
전체 10분위	6.2	6.3	0.1	10.3	4.0	7.0	0.6	11.5	5.2
1분위	37.1	37.7	0.6	45.2	7.5	42.3	4.6	51.7	14.0
2분위	18.6	19.0	0.4	35.2	16.2	20.5	1.5	39.2	20.2
3분위	6.2	6.1	-0.1	20.4	14.3	6.4	0.3	22.0	15.9
~17세	5.6	5.4	-0.1	12.3	6.8	5.5	0.0	12.7	7.2
18~29세	6.1	6.1	-0.1	9.3	3.3	6.3	0.2	9.9	3.8
30~64세	4.5	4.5	-0.0	8.0	3.5	4.8	0.3	8.7	4.2
65+	12.7	13.3	0.6	16.4	3.1	16.1	2.8	20.7	7.4

주: 모든 소득은 가구원 제곱근으로 나누어 균등화하여 개인 단위로 분석함.
출처: 2019년 가계금융복지조사자료, 시나리오 A/B/C/D를 김현경 외(2020)에서 인용하였고, 시나리오 E를 추가하였음.

〈표 6-8〉은 김현경 외(2020)가 기초보장 개혁 방안 중 몇 가지 안이 수급률 확대에 미치는 영향을 시뮬레이션한 결과를 축약·편집하고, 일부 분석을 추가한 것이다. A는 2018년(소득 연도) 가계금융복지조사 자료를 기초로 기본재산액 및 주거용재산 한도액 인상(2020년 실시), 근로·사업소득 30% 공제(2020년 실시), 부양의무자 기준 폐지(2021년 실시) 등 2021년 현재 이미 실시되었거나 실시가 완료될 것으로 확

정된 정책까지 반영하여 추정된 기초보장(생계+주거+교육급여) 수급률(급여액이 0원 초과된 가구에 속한 개인의 비율)이 6.2%임을 보여준다. 소득 1분위의 수급률이 37.1%로 높았고, 1분위에서 3분위에 대다수 수급자가 속하였다. 노인의 수급률이 12.7%로서 4.5%에서 6.1%에 이르는 다른 연령대 수급률보다 높았다.

B는 2020년부터 추진 중인 기준중위소득 산정 시 적용되는 가구균등화지수 조정이 완료된 상황에서의 수급률이 6.3%로 나타남을 보여준다.[3] C는 재산소득환산제를 재산상한제로 전환한 상태의 수급률이 10.3%로 크게 증가함을 보여 재산 기준 개편이 수급률에 매우 큰 영향을 미침을 보여준다.[4] 재산상한제 도입의 혜택은 소득분위 2분위와 3분위에서 컸고 노인보다는 아동부양가구에 집중되었다. D에서 생계급여 선정기준을 기준중위소득의 40%로 인상한 상황의 전체 수급률이 7%로 되고 소득1분위와 노인에 대해 수급률 증대를 초래하는 것으로 나타났다. 마지막으로 E에서 재산상한제와 생계급여 선정기준 인상을 결합한 결과, 전체 수급률이 11.5%로 증가하였고, 특히 아동과 노인의 수급률이 7%p 이상 증가하였다.

---

3 균등화지수 조정은 가구규모별 수급률을 변화시키는 결과 소득분위별, 연령집단별 수급률 분포에 영향을 미치지만 전체 수급률에는 큰 영향을 미치지 않는다.

4 여기에서 재산상한제는 손병돈·이원진·한경훈(2018)의 제안을 따라 2020년 주거용 재산 한도액(대도시 1.2억 원, 중소도시 9,000만 원, 농어촌 5,200만 원)을 2배로 인상하고 그 전액을 재산에서 공제하고 여타 재산 총액 3,000만 원을 수급자격 인정 상한 액으로 설정한 것이다(김현경 외, 2020).

<표 6-9> 기초보장제도 시나리오별 분배지표

구분	A = 2018 년 조정	B = A + 균등화 지수 조정	B-A	C = B + 재산 상한	C-B	D = B + 생계 기준40%	D-B	E =B+ 재산상한+ 생계 기준40%	E-B
5분위 배율	6.343	6.328	-0.015	6.156	-0.172	5.971	-0.357	5.657	-0.671
지니계수	0.342	0.342	-0.000	0.340	-0.002	0.337	-0.005	0.333	-0.009
빈곤율 (50%)	16.66	16.69	0.03	16.39	-0.31	15.57	-1.12	14.35	-2.34
~17세	12.32	12.44	0.12	11.85	-0.60	11.00	-1.44	8.76	-3.68
18~29세	9.74	9.82	0.09	9.50	-0.33	7.90	-1.92	6.41	-3.41
30~64세	11.96	11.96	0.00	11.69	-0.27	11.02	-0.94	9.96	-1.99
65+	42.34	42.34	0.00	42.27	-0.07	41.66	-0.68	41.28	-1.06

주: 모든 소득은 가구원 제곱근으로 나누어 균등화하여 개인 단위로 분석함.
출처: 2019년 가계금융복지조사자료, 시나리오 A/B/C/D를 김현경 외(2020)에서 인용하였고,
시나리오 E를 추가하였음.

<표 6-9>에서는 <표 6-8>에서 시뮬레이션한 시나리오별로 나타나는 분배지표의 변화를 추정한 결과를 제시하였는데, 김현경 외(2020)의 내용을 축약·편집하고 일부 분석을 추가한 것이다. 재산상한제 도입은 5분위배율을 0.172만큼 줄이고 중위소득 50% 기준 빈곤율을 0.31%p 줄이는 것으로 나타났다. 또 생계급여 기준 인상은 5분위배율을 0.357만큼 줄이고 중위소득 50% 기준 빈곤율을 1.12%p 줄이는 것으로 나타났다. 재산상한제와 생계급여 기준 인상을 결합한 변화는 5분위배율을 0.671만큼, 중위소득 50% 기준 빈곤율을 2.34%p 감소시켰다. 중위소득 30% 기준 빈곤율에 미치는 영향도 유사한 양상을 보인다. 수급률 확대에는 재산상한제 도입이 큰 영향을 미치지만, 분배지표 개선에는 생계급여 인상이 훨씬 큰 영향을 미치는 것으로 나타

났다. 더욱 주목되는 것은 현재 검토하는 개혁 방안이 수급률 확대에는 의미 있는 영향을 미치지만 분배지표를 개선하는 데에는 한계가 있다는 점이다.

근로장려세제가 부양가족이 없는 단독 성인가구를 우선하여 지원하는 현행 구조를 개선하기 위해서는 재산 기준을 완화하고 홑벌이가구와 맞벌이가구에 대한 소득구간을 상향하는 것이 필요하다. 우선 2억 원 재산상한(1억 4천 이상은 50% 급여감액)의 현행 기준을 3억 원으로 상향하고 감액구간을 두지 않는 것으로 제도 개선안을 검토할 수 있다. 또 홑벌이가구와 맞벌이가구의 경우 소득이 빈곤선 주변에 있는 가구가 최대급여액을 지급하는 평탄구간의 소득상한액을 받으면 빈곤을 벗어날 수 있는 수준으로 평탄구간을 늘릴 필요가 있다.

〈표 6-10〉 근로·자녀장려세제 시나리오별 수급률 변화

(단위: %, %p)

구분	A = 2018년 제도	B = 2019년 제도	B-A	C = B + 재산 완화	C-B	D = B + 소득 확대	D-B
전체	11.5	14.7	3.2	18.5	3.8	15.7	1.0
1분위	32.3	34.8	2.5	38.9	4.1	35.0	0.2
2분위	43.2	50.8	7.6	61.7	10.9	50.9	0.0
3분위	26.4	39.0	12.6	52.6	13.6	40.8	1.8
4분위	8.4	13.0	4.6	17.7	4.7	17.0	4.0
~17	15.6	15.6	0.0	19.8	4.1	15.6	0.0
18~29	6.7	10.2	3.6	12.5	2.3	11.6	1.3
30~64	10.0	13.0	3.0	16.5	3.5	14.4	1.4
65+	15.5	22.7	7.2	28.1	5.4	23.6	0.8

주: 모든 소득은 가구원 제곱근으로 나누어 균등화하여 개인 단위로 분석함.
출처: 2019년 가계금융복지조사자료, 김현경 외(2020)에서 인용.

〈표 6-10〉은 김현경 외(2020)의 시뮬레이션 결과를 축약·편집한 것이다. A에서는 2018년(소득 연도) 가계금융복지조사를 기초로 2018년 근로장려금 제도를 적용한 상황의 수급률이 11.5%로서 1~2분위의 수급률이 높음을 알 수 있다. B에서는 같은 자료에 2019년 제도를 적용하면 수급률이 14.7%로 증가하고 3분위에서 수급률이 크게 증가하고 노인 수급률이 증가하는 것이 눈에 띈다. C에서는 재산기준을 3억 원으로 완화한 상황에서 수급률이 18.5%로 증가하고 2~3분위와 노인의 수급률이 크게 증가함을 보여준다. D에서는 홑벌이와 맞벌이에 대해 평탄구간의 상한소득을 늘린 상황에서 수급률이 15.7%로 늘고 4분위와 근로연령층의 수급률이 증가함을 보여준다.

〈표 6-11〉에서는 동일한 시뮬레이션 결과 분배지표의 변화를 보여준다. 재산기준 완화의 결과 5분위배율이 0.091, 지니계수가 0.002, 중위소득 50% 기준 빈곤율이 0.33%p 감소하였다. 소득기준 상향의 경우에는 그 효과가 더 적게 나타났다.

〈표 6-11〉 근로·자녀장려세제 시나리오별 분배지표

구분	A =2018소득 2018 제도	C =2019소득 2019 제도	C-B	D = C + 재산 완화	D-C	E = C + 소득 확대	E-C
5분위배율	6.488	6.332	-0.155	6.242	-0.091	6.309	-0.024
지니계수	0.344	0.342	-0.002	0.340	-0.002	0.341	-0.001
빈곤율(50%)	16.50	15.99	-0.51	15.66	-0.33	15.81	-0.18
~17	12.12	11.63	-0.49	11.16	-0.47	11.37	-0.26
18~29	10.30	9.95	-0.35	9.88	-0.07	9.81	-0.14
30~64	11.86	11.40	-0.46	11.11	-0.29	11.20	-0.20
65+	41.44	40.62	-0.81	40.10	-0.53	40.56	-0.06

주: 1) 모든 소득은 가구원 제곱근으로 나누어 균등화하여 개인 단위로 분석함.
　　2) A는 2018년 실제값을 2020년 제도 변화를 반영하여 조정하여 구한 것임.
출처: 2019년 가계금융복지조사자료. 김현경 외(2020)에서 인용.

기초연금의 경우, 급여 추가 인상의 필요성에 대해서는 공감대가 크지만, 그에 수반하는 기초연금의 구조 개혁에 대해서는 몇 가지 제안이 경쟁하고 있다. 보편적 기초연금으로의 전환에 대해서는 국민연금의 가입 유인을 유지하면서 보완하는 면에서 장점이 있지만 재정 부담이 급증하는 단점이 있다. 당장의 노인빈곤 해소에는 효과가 떨어져 기초보장제도 강화 등 별도의 보완책이 필요하다. 기초연금의 공공부조화는 적은 재정으로 노인빈곤 해소 효과가 높다는 장점이 있지만, 대다수 국민연금 수급자의 연금 급여수준이 낮은 상황에서 연금 가입 유인을 떨어뜨리는 약점이 있다. 기초연금의 최저연금 성격을 강화하는 방안은 기초연금 인상을 하면서도 재정 부담의 급증을 피할 수 있지만 연금 가입 유인을 다소 약화시킬 가능성이 있고, 노인빈곤 해소에도 다소 한계가 있어 기초보장 기능의 강화가 수반되어야 한다.

〈표 6-12〉 기초연금 인상 시나리오별 분배지표

구분	A =2018년 실제	B = 70% 노인에 30만원 지급	B-A	C = 70% 노인에 40만원 지급	C-A	D = 70% 노인에 50만원 지급	D-A
5분위배율	6.540	6.422	-0.118	6.373	-0.166	6.331	-0.209
지니계수	0.345	0.343	-0.002	0.342	-0.002	0.342	-0.003
빈곤율(50%)	16.67	16.41	-0.26	16.37	-0.30	16.23	-0.44
노인	42.05	40.95	-1.10	40.61	-1.44	39.82	-2.23

출처: 2019년 가계금융복지조사자료, 김현경 외(2020)에서 인용.

여기에서는 개혁 방안의 공통적 부분인 기초연금 인상 효과를 현행 제도의 틀에서 시뮬레이션한 결과를 〈표 6-12〉에서 김현경 외(2020)

를 축약·편집하여 검토한다. A에서는 2018년 실제 상황을 보여주고 B에서는 30만 원으로 인상된 2021년의 상황을 보여준다. 기초연금 30만 원 인상이 노인빈곤율을 1.1%p 떨어뜨리는 등 분배지표를 다소 개선함을 알 수 있다. C와 D에서는 기초연금을 각각 40만 원, 50만 원으로 인상할 경우 노인빈곤율이 1.44%p, 2.23%p 떨어지는 등의 분배 개선이 이루어짐을 보여준다.

〈표 6-13〉 저소득층 소득보장 개혁 시의 분배 개선 효과

구분	A = 2018자료 2021제도	B = A + 기초연금 40만원	B-A	C = A + 재산상한+ 생계기준 40%	C-A	D = A + 장려세제 재산/소득 완화	D-A	E= A+B+ C+D	E-A
5분위 배율	5.927	5.777	-0.150	5.375	-0.552	5.821	-0.106	5.199	-0.728
지니 계수	0.335	0.332	-0.003	0.327	-0.009	0.333	-0.002	0.322	-0.013
빈곤율 (50%)	15.24	14.81	-0.43	12.60	-2.65	14.72	-0.52	11.71	-3.53
아동	10.48	10.60	0.12	6.38	-4.10	9.57	-0.91	5.63	-4.85
청년	9.33	9.33	0.00	6.00	-3.33	9.12	-0.21	5.96	-3.37
근로	11.01	11.00	-0.01	8.69	-2.33	10.53	-0.48	8.19	-2.82
노인	39.04	36.32	-2.72	37.58	-1.46	38.55	-0.49	34.57	-4.47

출처: 2019년 가계금융복지조사자료, 김현경 외(2020)에서 인용.

마지막으로 〈표 6-13〉에서는 저소득층 소득보장 개편의 종합적 효과를 시뮬레이션한 결과를 제시하였다. A에서는 2018년 자료에 2021년에 실시되는 제도를 적용한 상황의 분배지표를 보여준다. B에서는 기초연금 40만 원 인상의 효과를 옮겨 제시하였고, C에서는 생계급여 기준중위소득 40%로의 인상과 재산상한제 실시를 결합한 효과를 옮

겨 제시하였다. D에서는 근로·자녀장려세제 재산 기준과 소득구간을 동시에 상향한 결과를 보임을 알 수 있다. 마지막 E에서는 세 가지 제도를 모든 개선할 경우 5분위배율이 0.728배율p, 지니계수가 0.013지니p, 빈곤율이 3.53%p 감소하고, 노인빈곤율은 4.47%p 감소하는 상당한 성과를 이룰 수 있음을 알 수 있다. 그러나 다른 한편으로는 여전히 노인빈곤율이 34.6%를 유지하여 공공부조 중심의 저소득층 소득보장 개선 효과의 한계를 동시에 보여준다. 대폭적인 분배 개선을 위해서는 공적연금 등 사회보험 등을 포함하는 포괄적 접근이 필요함을 시사한다.

나. 부의소득세 도입 검토

저소득층 소득보장의 새로운 방안으로 부의소득세(NIT)가 제안되고 있다. Milton Friedman(2002)이 제안한 부의소득세에서는 개인이 받는 급여는 $B=G-tY$(B는 급여, G는 최저보장소득, t는 급여감소율, Y는 근로소득)로 결정된다. 당시 공공부조는 $B=G-Y$로 급여가 결정되어 개인이 얻는 근로소득에 대해 100%의 급여감소율을 적용하지만, 부의소득세에서는 급여감소율을 50% 적용하여 개인이 일을 할수록 가처분소득을 늘게 하여 근로 유인을 강화하는 것이다(Moffitt, 2003). 부의소득세에서 급여감소율을 완화하는 측면만을 본다면 기존 공공부조와 질적으로 차이가 있는 것은 아니다. 현재 기초보장제도도 급여감소율을 70%로 완화하였고, 이러한 면에서 부의소득세와 차이는 급여감소율의 크기 정도일 뿐이다. 그러나 부의소득세에서 중요한 점은 조세행정을 통해 현금급여를 제공하는 제도로 기존의 복잡 다양한 복지제도를 대체한다는 점에 있다. 이러한 점에서는 기존 복지제도 중 많은 것을 대체하고자 하는 기본소득과 일맥상통한다. 위의 산식에서 급여감소율을 0 으로 하는 기본소득제를 도입하고 여기에 일정 세율의 소득세를 도입하면 부의소득세는 동일한 분배효과를 갖게 할 수 있다(Mankiw, 2021).

Milton Friedman의 제안 이래 미국에서는 1970년대와 1980년대에 걸쳐 다양한 정책 실험이 이루어졌지만 미국에서 부의소득세가 실제 정부 정책으로 채택되지는 못했다. 대신에 그 변형이라 할 EITC가 1970년대 중반 채택된 이래 확대되어왔다. 우리나라에서는 수년 전부터 저소득층 소득지원을 하면서 기존 공공부조보다 근로 유인을 강화하고 조세행정으로 여러 공공부조제도를 대체할 수 있는 방안으로 제안되었다. 또 보편적 기본소득에 비해 효과적인 빈곤 대책으로 옹호되었다(박기성·변양규, 2017; 김낙회 외, 2021).

우리나라의 부의소득세 제안은, 선정기준은 자산조사 대상에서 재산을 제외하고 소득만을 고려하며 1인 기준 약 월 100만 원을 설정하고 김낙회 외(2021)는 개인 단위, 박기성·변양규(2017)는 가족 단위 적용을 제안한다. 가족 단위로 적용하는 경우에는 가구균등화지수를 적용하지 않는 것으로 설정하여 4인가구의 경우 소득 기준이 월 400만 원이 된다. 전자의 제안은 개인이 직접 얻은 소득만을 선정기준에서 고려하여 다수의 비경제활동인구와 저소득 개인이 수급 대상이 된다. 이와 달리 후자에서는 가구구성원의 합산소득을 선정기준과 비교하여 수급 자격을 결정하기 때문에 소득이 없는 개인도 가구구성원의 소득이 많으면 수급 대상이 되지 못한다.

부의소득세 제안에서는 1인 기준 최대급여는 50~60만 원, 급여감소율은 약 50~60%를 설정한다. 현 기초보장의 근로의무부과는 폐지하는 것을 전제하고 기초보장제도의 현금성 급여와 근로·자녀장려금은 폐지한다. 기초연금과 아동수당, 고용보험과 산재보험 급여의 폐지에 대해서는 안에 따라 차이가 있다. 대상자 선정과 급여의 집행은 조세행정에서 담당한다.

〈표 6-14〉에서는 부의소득세 방안의 효과를 기존 소득보장제도와 비교하기 위해 강신욱 외(발간 예정)에서 2019년(소득 연도) 가계금융복지조사 자료를 이용하여 시뮬레이션한 결과를 옮겼다. 현행 소득보장제도는 공적연금을 제외한 모든 소득보장제도를 포함한 것이고 예산1은 그 급여 총액으로 추정액은 연 44조 원이다. 개인 NIT는 선정기준액월 100만 원의 개인단위 부의소득세 제도로서 예산2는 그 지출총액의추정치로서 123조 원이다. 비균등화 가구 NIT는 가구균등화 지수를 적용하지 않은 가구 단위 부의소득세로서 예산3은 그 지출총액의 추정치 43조 원이다. 균등화 가구 NIT는 가구균등화 지수를 적용한 가구 단위부의 소득세로서, 예산4는 그 지출총액의 추정치 20조 원을 보여준다.

〈표 6-14〉 부의소득세 재분배 효과

구분	현행 소득보장제도	개인 NIT	비균등화 가구 NIT	균등화 가구 NIT
지니계수 감소				
예산1: 연 44조 원	-0.029	-0.020	-0.043	-0.039
예산2: 연 123조 원	-	-0.053	-0.097	-0.098
예산3: 연 43조 원	-	-0.020	-0.042	-0.039
예산4: 연 20조 원	-	-0.009	-0.021	-0.018
중위 50% 빈곤율 감소(%p)				
예산1: 연 44조 원	-3.8	-2.6	-7.4	-5.6
예산2: 연 123조 원	-	-7.8	-15.5	-19.4
예산3: 연 43조 원	-	-2.6	-7.3	-5.5
예산4: 연 20조 원	-	-1.2	-1.6	-0.6

출처: 강신욱 외(발간 예정)의 보고서 〈기본소득 도입의 조건과 과제〉에서 2020년 가계금융복지조사 원자료를 분석한 결과를 인용하였음.

시뮬레이션 결과에 따르면 현행 소득보장제도는 2019년 현재 지니계수를 0.029, 빈곤율을 3.8%p 감소시키는 재분배 효과를 보인다. 개인 NIT는 123조 원의 지출로 지니계수를 0.053, 빈곤율을 7.8%p 감소시키고, 비균등화 가구 NIT는 43조 원의 지출로 지니계수를 0.042, 빈곤율을 7.3%p 감소시킨다. 비교를 위해 추정한 균등화 가구 NIT는 20조 원의 예산으로 지니계수 0.018, 빈곤율 0.6%p를 떨어뜨리는 것으로 나타났다. 이러한 제도별 효과는 지출의 크기를 반영한 것으로 동일한 지출 규모에서 재분배 효과를 비교할 필요가 있다. 이 경우 모든 예산 규모에서 비균등화 가구 NIT가 개인 NIT와 현행 소득보장제도보다 재분배 효과가 커서 수직적 형평성 기준에서 비균등화 가구 NIT가 우월함을 알 수 있다. 비균등화 가구 NIT를 균등화 가구 NIT와 비교하면, 지출이 작은 경우에는 비균등화 가구 NIT가 큰 재분배효과를 보이다가 지출 규모가 커질수록 균등화 가구 NIT의 재분배효과가 증가함을 알 수 있다.

가구 단위 NIT는 현행 소득보장제도에 포함된 사회보험, 보편수당 지출분을 저소득가구로 집중하기 때문에 재분배효과가 크게 나타난다. 달리 말하면, 가구 단위 NIT는 수직적 재분배를 강화하기 위해 현행 제도의 위험 대비 보험 기능, 수평적 재분배 기능을 희생시킨다는 점을 알 수 있다. 개인 단위 NIT는 현행 소득보장제도보다 재분배효과가 작은 것으로 나타났다. 상위소득층의 비경제활동 가구구성원이 지원대상에 포함되기 때문이다.

우리나라에서 부의소득세가 근로 유인에 미치는 효과는 어떠할까? 미국의 경험을 정리한 Moffitt(2003)에 따르면 부의소득세는 근로하지 않던 기존 공공부조 수급자에 대해서는 근로를 증진시킬 수 있지만,

근로하는 저소득층 비수급자에 대해서는 이들을 수급자로 유인하면서 근로를 감소시키는 영향을 미치게 된다. Friedman은 기존 수급자의 근로유인효과에 주목하였지만 비수급자에 대한 효과를 고려하지 않았다. 특히 근로능력 있는 공공부조 수급자의 규모가 작고 저임금 근로자층은 많은 우리 현실에서는 새로 수급자로 진입하는 근로층의 근로감소효과가 커서 부정적인 근로 유인 효과가 나타날 가능성이 있다.

4. 소결

우리나라 저소득층 소득보장은 기초보장제도, 근로장려세제, 기초연금을 중심으로 성장하였지만 현재의 높은 빈곤과 불평등에 대응하기에는 매우 미흡한 상황이다. 세 가지 제도 각각에 대해 현재 논의되는 주요한 개혁을 모두 추진하는 경우에 5분위배율을 0.728배율p(기존 5분위배율의 12.3%에 해당), 지니계수를 0.013지니p(기존 지니계수의 3.9%), 빈곤율을 3.53%p(기존 빈곤율의 23.2%)를 감소시키는 수준의 상당한 분배 개선을 이룰 수 있다. 한편 가구 단위 부의 소득세를 도입하여 기존 소득보장제도를 대체하는 경우에는 기존 제도보다 높은 재분배효과를 거둘 수 있을 것으로 보인다. 하지만 이는 사회보험의 위험 대비 보험 기능이나 아동수당 같은 보편수당의 수평적 재분배 기능을 폐지하고 얻은 결과임을 고려하면 선택하기 어려운 대안이다. 보다 현실적인 대안은 기존 소득보장체계를 유지하면서 주요 저소득층 소득보장제도의 개선을 통해 분배 개선을 이루어나가는 것이다. 더 나아가 국민연금, 고용보험 등 사회보험제도의 개선 노력을 통해 더욱 대폭적인 분배 개선을 추진해 나가야 한다.

| 참고문헌 |

강신욱 외 (발간 예정). 『기본소득 도입의 조건과 과제』. 세종: 한국보건사
　　회연구원.

김낙회·변양호·이석준·임종룡·최상목. 2021. 『경제정책 어젠다 2020』. 서
　　울: 21세기북스.

김재진. 2020. "근로장려세제(EITC) 문제점과 개선 방향". 『한국판 뉴딜 안
　　전망 강화 정책방향 연구』. 서울대학교 산학협력단.

김현경. 2018. 『최저임금과 근로장려세제의 관계 및 개선 방안』. 서울: 소득
　　주도성장특별위원회·한국보건사회연구원.

김현경. 2020. "근로장려세제 성과 분석 및 평가." 미발표 원고.

김현경·이원진·정은희·정해식·김예슬. 2020. 『주요 소득보장제도 효과 평
　　가 연구』. 서울: 소득주도성장특별위원회·한국보건사회연구원.

박기성·변양규. 2017. "안심소득제의 효과". 『노동경제논집』 40(3). 57~77.

보건복지부. 각년도. 『국민기초생활보장제도 수급자 현황』.

보건복지부·한국보건사회연구원. 2021. 『국민기초생활보장제도 20년사』.

손병돈·이원진·한경훈. 2018. 『노인 빈곤 해소를 위한 소득보장제도 개편
　　방안 연구』. 평택대학교 산학협력단.

Friedman, M. 2002. 『Capitalism and Freedom』. Fortieth Anniversary
　　Edition. Chicago: University of Chicago Press.

Mankiw, G. 2021. "How to Increase Taxes on the Rich (if You Must)" in
　　Combating Inequality: Rethinking Government's Role, edited by
　　Olivier Blanchard and Dani Rodrik, Cambridge: The MIT Press.

Moffitt, R. 2003. "The Negative Income Tax and the Evolution of U.S.

Welfare Policy". 『Journal of Economic Perspectives』 17(3): 119~140.

제3부

사회서비스 정책의 과제

제7장

한국 사회서비스 정책의 특성과 개편 방향
: 돌봄서비스 공공성 강화를 중심으로

양난주 대구대학교 사회복지학과 교수

1. 소득주도성장 정책과 사회서비스

사회서비스는 우리나라 사회보장제도에 뒤늦게 도입된 개념이다. 2012년 「사회보장기본법」을 개정하면서 사회서비스라는 개념은 기존의 사회복지서비스를 대체하면서 등장하였다. 사회서비스는 "복지, 보건의료, 교육, 고용, 주거, 문화, 환경 등의 분야에서 인간다운 생활을 보장"하고 국민의 삶의 질이 향상되도록 지원하는 제도로 정의된다(사회보장기본법 제3조 4항). 넓은 의미로 사회서비스는 모든 국민의 삶에서 발생하는 각종 위험과 어려움에 대한 '사회적' 지원을 가리킨다.

따라서 구체적인 사회서비스의 내용은 시대 변화에 따라 달라진다고 할 수 있다. 보건의료와 교육은 사회서비스라는 개념이 등장하기도 전에 일찍이 발전했던 사회서비스 영역이며 사회복지서비스는 공공부조와 분화되지도 않았던 선별적 지원 단계, 소득보장급여의 보충적 기능을 넘어 사회구성원의 삶을 지원하는 다양한 생활지원과 상담, 돌봄, 교육·훈련, 주거지원 등을 포함하여 확대되고 있다. 특히 우리 사회가 개인화, 고령화를 급속하게 경험하고 전통적인 가족제도의 복지와 보호 기능이 쇠퇴하면서 보육, 요양과 같은 돌봄의 사회화 추이는 사회서비스 법제화와 밀접한 연관을 갖는다.

협의의 사회서비스라고 불리는 아동·노인·장애인에 대한 돌봄서비스는 이제 누구나 필요가 인정되면 보장받는 사회보장급여로 자리하고 있다. 우리나라에서 돌봄서비스는 2000년대 중반 이후 출산율 저하와 급속한 고령화에 대한 사회적 대책으로 추진되어 크게 확대된 사회서비스다. 이전까지 저소득 취약계층에 한정되어 제공되던 사회복지서비스와 달리 소득에 상관없이 보편적으로 신청이 가능하고 수급권을 공적으로 보장하였으며 시장기제를 적용하여 공급을 크게 확대하였다. 6세 미만 아동은 누구나 보육서비스를 이용할 수 있고 혼자서 거동·생활하기 어려운 65세 이상 노인은 장기요양 등급이 인정되면 서비스를 이용할 수 있으며, 장애인활동지원서비스도 소득기준 없이 신청받아 지원필요도에 따라 제공되고 있다.

현대 사회를 살아가는 시민들에게 노동시장에서 발생하는 소득상실의 위험을 현금급여로 보장하는 것만으로는 건강과 주거, 생활과 사회관계를 둘러싸고 발생하는 다양한 위험을 보장하기 어렵다. 소득상실의 위험에 대응하는 공적인 소득보장 못지 않게 생애주기에 따라 발생하는 다양한 위험에 대한 사회적 대응이 사회서비스의 보장으로 이루어져야 하는 것이다. 특히 남녀 모두 경력추구형 생애주기를 갖는 현대 사회에서 아동기의 돌봄이 질높은 보육서비스로 제공되는 것은 아동보호와 발달은 물론 부모의 경제·사회활동과 가족 형성을 위해 중요하다. 길어진 노년기에 노인돌봄이 보편적 장기요양으로 제공되는 것도 노인 당사자의 건강보장과 더불어 가족의 생활과 건강을 위해 중요한 것이다.

소득주도성장 전략에서 사회서비스는 소득보장급여와 더불어 사회안전망을 구성할 뿐 아니라 신규 고용 창출을 하는 영역으로 역할한다. 소득주도성장은 가계소득을 증진하여 국민의 삶을 개선하고 소득격차를 완화하며 유효수요를 확충하여 성장과 혁신의 기반으로 삼고자 한다(소득주도성장특별위원회, 2020). 이를 위하여 가계소득 증대 정책, 사람에 대한 투자, 사회안전망과 복지 증대라는 세 가지 정책 패키지로 정책을 추진해왔다. 사회서비스는 사회안전망 정책 패키지의 하나로 자리잡고 있으며 문재인 정부에서 건강보험보장성 확대와 맞춤형 주거복지 확대, 생활SOC·도시재생뉴딜, 치매국가책임제, 지역사회 통합돌봄사업으로 제시되고 있다.

사회서비스는 시장소득이 부족한 가구와 개인에 대한 현금성 소득보장 급여를 확대하는 공적소득보장 확대 정책과 더불어 비급여의 급여화 등 건강보험 보장성 확대나 주거 지원, 치매환자 진단·치매치료비 본인 부담금 경감 등 사회서비스를 필요로 하는 가구의 지출 비용을 줄이는 데 도움을 주어 사실상 소득보장에 기여하는 방향에서 설계되고 있다(소득주도성장특별위원회, 2020).

또한 고교 무상교육이나 국공립 유치원·어린이집 확충은 사람에 대한 투자정책으로 인적 역량 강화를 통해 소득주도성장에 기여한다고 설명된다. 이는 유럽 복지국가에서 강조하고 있는 사회투자정책(social investment policy)과도 성격을 같이 하는 것으로 아동에 대한 인적자원 투자로 빈곤아동의 교육격차 확대를 예방하고 역량 강화 기회를 제공하여 미래 사회의 성장동력을 확충한다는 것이다. 사회투자정책에서 사회서비스는 아동보육·교육에 대한 인적자원 투자만이 아니라 지식기반 사회에서 필요한 역량(capacity)을 생애주기 전반에 걸쳐 지속적으로 강화하기 위한 교육·훈련서비스를 포함한다. 이를 통해 노동시장 주변부 계층에 대한 사회적 보호와 잠재력 개발을 통해 고용 역량을 증진시킨다는 것이다(양재진, 2007). 사회투자정책은 노동시장 의 공급 측면을 중시하는데 인구 감소에 따른 적극적 대응으로 기존의 남성노동자 외에 여성 고용을 지원하고 확대하는 것을 주요 정책으로 삼는다 (신광영, 2004).

이처럼 사회서비스는 사회안전망만이 아니라 소득주도성장 정책에 서 세 가지 정책 패키지 모두에 연계되어 있다. 정부가 공적 재원으로 제공하는 사회서비스 확대는 돌봄 등 서비스가 필요한 사회구성원과 그 가족이 서비스 구매에 지출할 비용을 줄여주고 지출비용 경감은 간 접적으로 가계소득에 긍정적 효과를 가진다. 또한 사회서비스 확대로 돌봄노동이 유급 일자리로 확대되고 여성 고용이 늘어나게 되었다. 가 족 내에서 무급돌봄을 수행하던 여성들이 임금소득자가 되는 것은 가 계소득을 증진할 뿐 아니라 여성의 경제적 지위 향상과 독립성, 노후 빈곤 예방에 긍정적 영향을 미친다. 또한 사회서비스 확대는 기존 교 육, 보건의료제도와 연계된 돌봄서비스를 확대하여 아동발달과 노인 건강, 장애인의 사회 참여를 사회적으로 보장하고 돕는다. 돌봄서비스 의 보편적인 제도화는 혼자 생활하기 어려운 사회구성원의 자율성만 이 아니라 가족을 전적으로 돌봐야 하는 가족의 자율적 삶도 지원하여 전 사회구성원의 사회안전망으로 역할한다.

사회서비스의 효과는 서비스 수혜자의 필요를 충족하고 사회안전 망을 제공하는 것에만 그치지 않는다. 공적 소득이전 정책에서와 달리 사회서비스 확대는 신규 고용을 크게 확대하여 사회서비스 분야의 취 업을 통해 가계소득이 증가하는 데까지 미친다. 따라서 사회서비스가 소득주도성장에 미치는 효과를 진단하기 위해서는 확대되는 사회서비스를 통해 어떤 일자리가 만들어지고, 누가 고용되는가, 임금수준이 어떠한가까지 살펴보는 것이 중요하다.

지난 10여 년 간 우리나라 사회서비스 확대를 통해 만들어진 상당 부분의 일자리는 불안정 고용에 기반한 저임금 일자리, 여성 편중 일자리였다고 해도 과언이 아니다(양난주 외, 2020; 장지연, 2020). 소득주도성장 정책은 문재인정부의 '사회서비스 공공성 강화' 정책 안에서 민간 중심으로 확대된 사회서비스 시장에 질 좋은 사회서비스 일자리를 확대하겠다는 계획을 제시하였다. 국공립유치원, 국공립어린이집 확대, 공립치매전담병원과 공립노인요양시설 확대, 사회서비스 공공일자리 확대, 지역사회통합돌봄사업 등이 사회서비스 공공성 강화 정책 패키지에 포함된 사업들이다. 특히 이를 위해 광역지자체별로 사회서비스원을 설립하여 공공 부문에서 설립한 사회복지시설을 공공 위탁 운영하고 직접 고용과 서비스를 확대하겠다는 청사진을 제시했다.

사회서비스를 보장한다는 것은 보건의료, 교육, 주거, 돌봄 등의 영역에서 사회적으로 필요한 수요에 부응하도록 서비스를 확충하고(수요 차원), 공급되는 사회서비스가 믿을 수 있는 양질로 제공될 수 있도록 하며(공급 차원), 사회서비스가 서로 다르고 다양한 욕구를 가진 개인들의 필요에 부응하도록 책임있고 유연하게 연계(이용/보장)되도록 하는 것(전달 체계)이다. 이 세 차원은 사회서비스의 대상이 누구인가에 따라 아동, 노인, 장애인 정책으로 나뉘어 논의되기도 하고 어떤 서비스인가에 따라 보육, 교육, 의료, 주거, 돌봄, 재활, 요양 등 상이한 이름의 프로그램 혹은 정책으로 불리기도 한다. 제5장에서 이 모든 사회서비스 영역을 진단하고 개선 과제를 논의하는 것은 쉽지 않은 일이다.

이 장에서는 소득주도성장 정책과 연관하여 특히 중요한 사회서비스 정책 과제로 사회서비스 고용 문제를 다루었다. 2절에서는 코로나 19 팬데믹 시기에 재차 확인된 돌봄서비스 사회적 제공의 중요성을 상기하면서 돌봄서비스 분야에서 고용의 특성과 문제점 그리고 개선 방안을 살펴보았다. 그리고 3절에서 짧은 기간이지만 사회서비스 공공성 강화를 위해 설립한 사회서비스원이 사회서비스 고용 차원에서 어떠한 성과(혹은 문제)를 냈는지 살펴보고 사회서비스 고용의 질적 강화를 위해 어떤 과제를 가지게 되는지 논의하였다.

이 절은 2절과 3절에서 제시하는 과제를 이해하기 위한 배경으로 우리나라 사회서비스의 특성과 구조에 대한 설명을 제공하는 것을 목적으로 한다. 특히 2000년대 중반 이후 수급권 기반으로 보편적으로 제도화된 보육, 요양 등 돌봄서비스를 중심으로 살펴보도록 하겠다.

2. 우리나라 사회서비스의 구성과 특성

가. 사회서비스의 역사적 구성과 제도적 적층

우리나라 사회보장 제도의 발달 과정에서 사회보험은 일정한 시기에 사전 설계에 의해 제도화되었고 공공부조도 공공조직 체계에 의해 일관된 공급구조를 유지해왔다(김영종, 2012). 그러나 사회서비스의 확대는 일관된 제도적 설계를 결여한 과정이었다고 할 수 있다. 우리나라에서 사회서비스는 취약계층에 대한 민간자원의 제공과 민간 비영리의 보호활동을 제도화하고 재정적으로 지원하면서 확대해왔다. 따라서 수급권에 기초한 급여로서의 사회서비스는 2000년대 이후에 시작되었다. 그 이전까지는 공공부조와 구분되지 않는 지원의 성격이거나 부족한 소득보장급여를 보충하는 현물급여로서의 성격을 지녀왔으며 대상자 선정, 서비스 내용 결정, 서비스 생산 등이 거의 대부분 정부로부터 보조금을 지원받는 민간 비영리 사회복지기관에게 일임된 방식으로 사회서비스 공급이 이루어져왔다.

사회서비스의 발전은 세 가지 역사적 단계로 구분할 수 있다. 한국 전쟁 이후부터 1980년대까지 무의탁빈민에 대한 수용 보호를 중심으로 사회사업에 가까울 정도로 민간자원에 의존하여 공급되던 사회서비스가 1단계이다. 정부가 도시빈민 등 취약층에 대해 사회복지를 강화하면서 사회복지관 등의 지역사회복지기관 인프라를 확대하고 비영리법인 등에 민간 위탁하여 주로 저소득층을 대상으로 다양한 사회복지서비스를 확대하던 1990년대 방식이 2단계 사회서비스이다. 그리고 2000년대 중반 이후 보육, 요양 등 돌봄서비스에 대한 수급권을 확대하고 다양한 공급자의 참여를 장려하여 시장을 육성한 비용지원 방식의 사회서비스가 3단계이다.

발전 단계마다 사회서비스는 이전의 사회서비스를 체계화하거나 재편한다기보다 기존의 공급구조에 새로운 사회서비스를 더하는 방식으로 확대하여 제도적 잠금(lock-in)이 누적된 특징을 가진다(김영종, 2012). 이와 같이 한국 사회에서 사회서비스가 확대되어온 역사적 과정은 아동, 노인, 장애인 등 서비스 대상 분야를 막론하고 사회서비스 전달 체계가 복잡하고 분절적이며 파편적인 특징을 가지도록 만든 역사적 배경을 제공한다.

1세대와 2세대에 속하는 사회서비스의 이용은 제도적으로 보장된 수급권리에 기반한다고 보기 어렵다. 1세대 생활시설의 경우 외국원조기관, 종교단체, 사회사업기관 등 민간에 의해 시작되어 취약계층

보호 형식의 생활보호를 취하고 있다. 2세대 이용시설의 서비스 역시 저소득 중심으로 현물지원과 프로그램을 제공하며 제공 기관 중심으로 서비스 내용과 대상이 정해진다. 1세대와 2세대 사회서비스에서는 시설 유형별로 인력 기준과 기관보조금이 정해져 있고 사회복지사가 주 인력이 되며 상당수가 정규직 고용으로 위탁법인에 채용되어 일하며 위탁체가 바뀌는 경우에도 일반 종사자의 고용은 승계된다.

그러나 3세대 사회서비스 제공 기관의 경우 1, 2세대 사회서비스와는 판이하게 다른 제도적 환경을 가진다. 사회서비스 바우처로 시작한 3세대 사회서비스에서 정부는 신청을 받아 서비스 수급 대상의 자격을 직접 심사하고 결정하게 되었으며 이들이 제공 기관에서 구매하여 이용한 서비스의 비용을 기관에 지급하는 방식으로 서비스를 확대했다. 서비스 제공 기관은 이용자에게 서비스를 제공하고 정부로부터 해당 수가와 서비스 단가에 기초하여 비용을 환급받는 한편 이용자에게도 일정 비율의 본인부담금을 받았다. 본인부담금을 납부하는 이용자가 제공 기관과 맺는 서비스 이용계약은 소비자로서 상품구매와 큰 차이를 갖지 않는다.

우리나라 사회서비스는 역사적으로 주요 대상과 서비스 유형을 달리하면서 확대해왔고 새로운 재정방식과 새로운 정책수단의 도입마저도 이전 시기의 서비스와 시설 유형이 그대로 유지되는 전제에서 이루어졌다. 이들 1, 2, 3세대 사회서비스를 시기와 서비스 유형과 대상, 재원, 공급방식, 정부재정방식, 주요 공급자, 주요 제공인력, 종사자 고용과 관련된 특징, 대표적인 사회서비스 기관 등을 기준으로 비교하면 〈표 7-1〉과 같다.

<표 7-1> 우리나라 사회서비스의 역사적 구성

구분	1세대	2세대	3세대
시기	전쟁 이후~70년대	80년대~90년대	2000년대 이후
서비스 유형	수용보호	지역사회복지기관	보편적 돌봄서비스
서비스 대상	무의탁 빈민	저소득 취약계층	욕구기준
재원	1. 외국원조 2. 정부보조금	1. 정부보조금 2. 민간후원금	1. 공적재원 (조세, 사회보험) 2. 본인부담금
주 공급방식	민간설립 민간운영	공공설립 민간위탁	민간설립 민간운영
정부재정방식	공급자 재정지원	공급자 재정지원	이용자 재정지원
공급자	비영리법인	비영리법인	영리·비영리법인, 개인사업자
주 제공인력	사회복지사	사회복지사	보육교사 요양보호사 등
고용과 임금 관련 특징	- 정규직 월급제 - 수탁체인 법인이 고용하지만 수탁기관이 바뀌어도 고용승계 가능 - 기관별 임금가이드라인 적용		- 수가나 서비스 단가 기반 임금 - 기관운영 주체와 고용계약 - 방문형 사회서비스의 경우 시급제 기반 임금이 일반화
사회서비스 유형	양로시설, 아동양육시설, 노숙인시설 등	사회복지관, 노인복지관, 장애인복지관 등	어린이집, 노인장기요양, 사회서비스바우처 사업

사회서비스의 급격한 증가는 돌봄이 사회적으로 제도화된 3세대 사회서비스를 통해서였다고 할 수 있다. [그림 7-1]에서 볼 수 있듯이 1세대와 2세대에 걸쳐 구성된 보건복지부의 사회복지시설 통계에 따른 노인, 아동, 장애인 사회복지시설의 전체 규모는 긴 역사에도 불구하고 3세대 사회서비스인 보육서비스의 어린이집, 노인장기요양보험제도의 장기요양시설의 규모에 비해 작다. 아동, 노인, 장애인에 대한 돌봄을 보편적인 사회서비스로 제도화된 3세대 사회서비스에서 이용자와 제공 기관은 양적으로 크게 확대되었다. 보육과 요양서비스에서

제공 기관의 확대는 주로 민간영리개인사업자에 의해 설립된 제공 기관에 의해 이루어졌다.

[그림 7-1] 우리나라 사회서비스의 역사적 적층구조

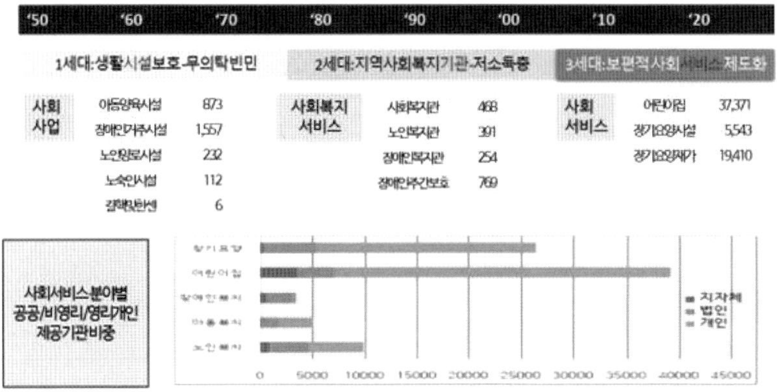

출처: 2019년 보건복지통계, 2019년 노인장기요양보험통계연보, 2019년 보육통계를 참고하여 작성.

3세대 사회서비스 제공 기관은 전통적인 정부보조금 기반 사회복지시설·기관에 요구되던 비영리 운영기준을 강제받지 않았다. 정부보조금 등 지원 없이 사회서비스 제공 기관은 스스로 운영과 수익을 책임지고 사회서비스 판매를 통한 수익을 소유자가 사업수익화할 수 있게 되었다. 사회서비스 시장은 일반 시장과 마찬가지로 정부가 제도화한 유형의 '사회서비스'를 수급권을 가진 이용자에게 판매하는 상업적 성격으로 형성되었다. 보육과 장기요양 등 사회서비스가 확대하면서 다양한 규모의 제공 기관이 전통적 사회복지시설과 비교할 수 없을 만큼 크게 증가하였다. 여기에는 시설 설치에 비용이 들지 않는 방문형 돌봄서비스가 3세대 사회서비스에서 큰 비중을 차지하게 되어 제공

기관 설립이 용이해진 이유도 있다.

　[그림 7-2]는 1·2세대 사회서비스를 대표하는 사회복지시설과 3세대 사회서비스를 대표하는 사회서비스 바우처사업, 보육, 장기요양, 장애인활동 지원의 이용자 규모, 제공 기관 규모, 제공 인력 규모를 비교한 것이다.[1] 3세대 사회서비스의 이용자는 200만 명을 훌쩍 넘어 1·2세대 사회서비스 이용자 규모와는 비교할 수 없이 증가했다. 제공 기관도 어린이집이 35,352개소(2020년 기준), 장기요양시설은 25,384개소(2020년 기준)로 유형별 5백여 개소도 되지 않는 지역사회복지기관에 비해 크게 증가하였다. 또한 돌봄서비스를 제공하는 전담인력이 제도화되었는데 보육의 경우 보육교사, 장기요양에서는 요양보호사, 장애인활동지원제도에서는 활동지원사, 아이돌보미사업에서는 아이돌보미. 초등돌봄교실에서는 돌봄전담사 등 돌봄서비스에서 새로운 자격의 직업들이 등장하여 확대되었다.

[그림 7-2] 사회서비스 분야별 이용자, 제공 기관, 제공 인력 규모 비교

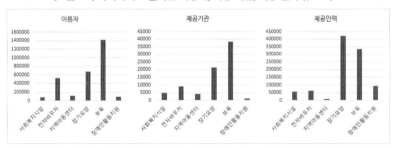

자료: 보건복지부 내부 자료(2018), 사회보장정보원 사회서비스바우처 주요 통계(2019), 보건복지통계연보(2019), 노인장기요양통계연보(2018)를 활용하여 작성.
출처: 양난주(2020)에서 재인용.

1　지역아동센터는 2세대 사회서비스의 특성을 가진 저소득 아동돌봄을 중심으로 한 지역사회 이용시설이지만 2세대 사회서비스 공급 주체가 비영리법인에 주로 한정되었던 데 비해 2000년대 중반 이후 낮은 진입 자격과 기준으로 개인사업자에 의해 공급기관이 확대되었음.

아동과 노인, 장애인에 대한 돌봄서비스가 새롭게 제도화되면서 우리나라 사회서비스는 대상별 그리고 서비스가 이루어지는 공간에 따라 구분되는 유형으로 존재하게 되었다. 아동, 노인, 장애인별로 생활시설 방식의 시설보호, 지역사회에서 일정 시간을 보호하는 이용시설과 다양한 프로그램을 제공하는 이용시설, 그리고 이용자의 가정으로 방문하여 일정 시간 동안 생활지원이나 이동 등을 제공하는 돌봄서비스인 재가서비스가 별도의 시설 유형이나 사업, 급여로 구분되어 이루어지고 있다(〈표 7-2〉 참조). 그러나 이용자의 서비스 필요 변화에 따라 유연하게 선택, 연계되어야 하는 각 유형의 사회서비스는 상이한 사업과 재정방식, 공급방식으로 이루어지기에 사실상 분절적으로 운영, 이용되고 있다고 할 수 있다.

〈표 7-2〉 사회서비스 대상별 사회서비스 유형

구분	사회서비스 유형		
	시설보호	지역사회 이용시설	방문형 서비스
아동	아동양육시설 그룹홈	보육바우처 지역아동센터 다함께센터 초등돌봄 방과후 프로그램	아이돌봄서비스
노인	양로시설 노인장기요양 시설급여	노인복지관 재가복지센터 노인장기요양 재가급여 (주야간보호센터)	노인장기요양 재가급여 (방문요양, 방문목욕, 방문간호 등) 노인맞춤형돌봄서비스
장애인	장애인거주시설	장애인복지관 장애인보호작업장 장애인주간보호센터 발달장애인 주간활동바우처	장애인활동지원서비스 청소년발달장애학생 방과후 활동

나. 돌봄 중심 사회서비스 특성
: 수급권 확대와 민간 개인공급 의존성

돌봄 중심 사회서비스가 급속하게 확대되면서 우리나라 사회서비스 공급에서는 이전과 다른 특성이 나타나게 되었다. 첫째는 사회서비스 수급 자격 판정과 사회서비스 재정 지원에서 정부 역할이 강화되었다. 돌봄 등의 사회서비스 지원이 필요한 사회구성원은 소득 수준과 무관하게 누구나 읍면동 창구(사회서비스·보육바우처), 건강보험공단 지사(노인장기요양), 국민연금공단 지사(장애인활동지원)에 서비스를 신청하고 제도적으로 정해진 판정 기준에 따라 수급 자격을 보장받게 되었다. 정부는 사회서비스 수급 자격/권을 가진 인정자가 제공 기관에서 서비스를 구매하여 이용하면 그 비용을 기관에 환급해주는 방식으로 재정을 지원하는 방식이 확대되었다.

둘째는 사회서비스 시장이 육성되고 절대다수의 민간영리, 특히 개인사업자가 사회서비스 공급에서 다수를 차지하게 되었다. 단기간에 서비스 제공 기관을 확보하고자 정부는 기존에 비영리법인에게만 사회복지사업을 허용하던 기준을 낮춰 영리법인은 물론 개인영리사업자에게까지 사회서비스 공급을 허용하였고 이를 통해 영세 소규모 개인영리사업자들이 사회서비스 공급에 대거 참여하게 되었다.

먼저 보육통계를 보면 어린이집 중에서 국공립어린이집은 전체 어린이집 가운데 14%이고 민간·가정어린이집이 76.4%를 차지한다. 이용 아동을 기준으로 보면 국공립어린이집 이용 아동이 20.3%이고 민간·가정어린이집 이용 아동의 비중이 전체의 64.9%이다(〈표 7-3〉 참조). 국공립어린이집 확충은 국정 과제로 2016년 기준 전체 어린이집 41,084개소 가운데 6.95%인 2,859개소에서 지난 4년 간 2,099개소가 증가한 것을 알 수 있다. 이용 아동을 기준으로 살펴보면 2016년 전체이용 아동 1,452,813명 가운데 12.1%인 175,929명만이 국공립 어린이집을 이용하다가 약 8.2%p가 증가한 셈이다.

〈표 7-3〉 어린이집 유형별 기관·이용 아동 규모와 비중

구분	계	국·공립 어린이집	사회복지 법인 어린이집	법인·단체등 어린이집	민간 어린이집	가정 어린이집	협동 어린이집	직장 어린이집
기관수	35,352	4,958	1,316	671	11,510	15,529	152	1,216
비중	100%	14%	3.7%	1.9%	32.5%	43.9%	0.43%	3.44%
이용 아동수	1,244,396	253,251	78,322	34,066	578,196	230,444	3,716	66,401
비중	100%	20.3%	6.3%	2.7%	46.4%	18.5%	0.3%	5.3%

출처: 보건복지부, 2020년 보육통계.

노인장기요양의 경우 전체 25,384개의 장기요양시설 가운데 지자체가 설립한 시설은 244개소로 0.96%에 불과한데 비해 개인시설은 21,158개소로 83.3%에 달한다(국민건강보험공단, 2021). 특히 재가급여기관 가운데 방문요양기관은 전체의 88.4%가 개인시설이고, 시설급여기관 중 5~9인 시설인 노인요양공동생활가정은 전체 1,913개소 가운데 90.8%가 개인시설이다. 10인 이상 시설인 노인요양시설 전체 3,850개소 가운데 지자체가 설립한 공공요양시설은 107개소로 전체의 2.77%인데 비해 개인 설립시설은 2,534개소로 65.8%를 차지한다.

[그림 7-3] 장기요양시설과 재가요양기관 설립 주체별 증가 추이(2008~2019년)

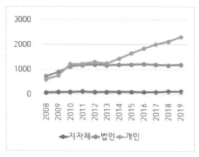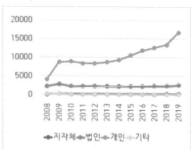

출처: 각년도 노인장기요양통계연보.

　보육과 요양 등 사회서비스 공급이 영세한 개인사업자, 민간영리 중심으로 이루어지고 공공인프라 비중이 절대적으로 낮은 것은 여러 가지 문제를 낳고 있다. 시장기제를 적용한 사회서비스 공급에서 제공 기관은 서비스 판매와 고용을 책임지게 되는데 정부에 의해 지원되는 같은 수준의 서비스 수가에도 불구하고 지역과 기관별로 서비스 질은 다양한 편차를 보이게 된다. 민간에 맡겨진 인프라 형성은 전국적으로 고르게 분포되어 있지 않고, 과다 설치되어 과당경쟁 상태가 되거나 과소 공급되어 접근성이 보장되지 않는 지역으로 나뉘어질 뿐 아니라 기관의 다양한 특성에 따라 서비스 질의 차이가 나타나게 된다. 특히 서비스 질 격차가 제공 기관의 운영 주체에 따라 상이하게 나타나는데 이는 돌봄서비스의 질을 결정하는 중요한 요인인 제공 인력의 임금 수준 차이로도 확인할 수 있다.

　2018년 전국보육실태조사 결과를 분석한 연구(유해미 외, 2018)에 의하면 어린이집의 운영 주체에 따라 보육교사 월평균 급여는 통계적으로 유의미하게 차이를 보였다. 가정어린이집은 월 196.5만 원으로 제일 낮고 국공립어린이집은 월 249.8만 원으로 가장 높았다. 국공립어린이집과 가정어린이집 교사는 호봉(7.1)과 경력(2.2년)에서 차이를 보이고 있다(김은지 외, 2018). 2019년 장기요양실태조사 결과에 의하면 요양보호사 임금도 시설 유형은 물론 운영 주체의 성격에 따라 격차를 보이고 있다(강민정 외, 2020). 요양시설에 근무하는 요양보호사의 경우 비영리법인 시설은 월 186.3만 원이고 개인시설은 178.4만 원으로 낮았다. 방문요양기관의 경우 비영리법인 소속 요양보호사의 월평균임금은 90.6만 원인데 비해 개인시설 소속 요양보호사는 월 77.5만 원인 것으로 나타났다.

장기요양 운영 주체에 따라 장기요양 평가결과도 크게 격차를 보였다(양난주, 2020). 2011년부터 격년으로 시설과 재가기관으로 나뉘어 실시된 장기요양기관평가결과에서 시설 유형을 막론하고 개인운영시설은 가장 낮은 점수를 받았고 지자체 설립 요양시설은 가장 높은 평가점수를 받았다. 감사원은 장기요양기관 평가에서 부실 우려 D등급과 부실 E등급을 받은 기관의 78.9%가 개인운영기관이라는 점을 지적하고 이에 대해 복지부 대책을 촉구하기도 했다(중앙일보, 2017.9.28). 뿐만 아니라 소규모 시설들이 과당경쟁하고 있는 공급구조에서 불법, 편법적 행태는 좀처럼 근절되지 않고 있다. 2017년부터 2021년 7월까지 5년 간 장기요양수가 부당수급 건수는 6,463건, 총 1,033억 원이며 이 중 인건비 과다청구가 77.8%로 가장 많고, 부정수급으로 행정처분 받은 기관이 5년 간 2,540개소로 전체의 약 10%에 달한다(이데일리, 2021.10.19).

정부가 보육의 경우 연령에 따라, 장기요양의 경우 등급에 따라 서비스 필요를 동일한 비용으로 지원한다 해도 지역별로 불균등하게 분포하고 기관별 서비스 질의 격차가 존재하는 상황에서는 사회서비스 보장이 형평성있게 이루어지고 있다고 보기 어렵다. 게다가 개인영리 사업자가 압도적인 다수를 차지하는 사회서비스 공급구조에서 사회서비스의 공공성이나 이용자를 존중하고 보호하는 사명을 우선하기 보다 기관 수익을 우선하는 문화가 팽배하면서 이용자 중심의 사회서비스 보장에 근본적으로 제약하고 있다.

다. 사회서비스로 확대된 불안정·저임금 일자리

소득주도성장은 노동시장에서 일하는 사람들의 소득과 삶의 안정성을 높이는 것이 곧 사회 혁신의 동력이라고 본다. 이러한 접근으로 임금노동에 대한 최소한의 보상 기준인 최저임금도 올리고 고용안정성을 강화하기 위해 비정규직의 정규직 전환 등이 시도되었다. 그러나 정부의 사회서비스 정책에 의해 제도화된 확대된 사회서비스 일자리, 특히 돌봄서비스 분야에서 방문형 서비스의 일자리는 안정적인 고용과 임금, 전문화된 업무를 하는 직업으로 자리매김하고 있지 못하다. 시설에 소속되어 일하고 있는 사회서비스 종사자들은 낮은 인력 기준에 의한 과다한 업무, 장시간 근로 등의 문제로, 방문형 돌봄일자리는 고용의 불안정성과 단시간 근로로 인한 저임금으로 인해 사회서비스의 안정적 공급과 서비스 질, 그리고 돌봄의 직업화에 부정적 영향을 미치고 있다.

돌봄서비스 종사자는 압도적으로 여성에 편중되어 있다. 보육교사의 경우 98% 이상이 여성이고, 요양보호사의 경우 약 95%가 여성이다. 특히 요양보호사는 중고령 여성이 집중된 일자리로 2019년 기준 요양보호사 평균연령이 약 59세로 조사된 바 있다. 여성 집중 일자리인 돌봄서비스의 확대와 돌봄일자리의 저임금 경향은 전체 노동시장에서 남녀 임금격차에 부정적 영향을 미친다. 여성의 노동시장 진출에도 불구하고 남녀 임금격차가 빠른 속도로 감소하고 있지 않은 이유 중 하나로 일찍이 여성고용 비중이 높은 직업의 저임금화 경향이 지목되었다(이성균·김영미, 2010). 고령화가 진전되고 지역사회통합돌봄이 노인돌봄 정책의 방향으로 추진되면서 방문형 돌봄서비스가 증가하고 있다. 방문형 돌봄서비스의 경우 방문시간만이 근로시간으로 간주되며 대체로 시급제 기반 임금이 지급된다. 이 구조에서 방문형 노동자는 시설 소속 돌봄노동자에 비해 적은 시간 근로하고 적은 월임금을 수령하는 양상을 보인다(〈표 7-4〉 참조).

3세대 사회서비스인 바우처기관이나 방문요양기관들이 신고제 하에서 지역 기반 수요 이상으로 설립되어 과당경쟁을 벌이고 있는 양상도 방문형 사회서비스 노동자의 근로시간 확보에 부정적 영향을 미친다. 대표적으로 방문요양기관의 경우 요양보호사를 안정적으로 고용한다기보다 이용자와 요양보호사를 연계하고 서비스 수가를 청구하는 인력파견기관에 가깝다. 방문요양기관들의 과당경쟁 속에서 이용자의 서비스 중단은 요양보호사의 실업으로 이어지고 불안정한 고용상황은 의도하지 않는 이직을 반복하도록 만든다. 이 구조적인 문제는 안정적인 일자리로서 재가요양보호사가 자리잡는 것을 저해하고 지역사회에서 안정적으로 돌봄공급이 이루어지는 데 부정적 영향을 미칠 뿐 아니라 돌봄 인력의 숙련과 재생산에도 부정적 영향을 미친다.

〈표 7-4〉는 돌봄서비스 중심으로 확대된 3세대 사회서비스 고용이 1·2세대 사회서비스인 전통적 사회복지시설 종사자와 비교하여 얼마나 취약한지를 잘 보여주고 있다. 1·2세대 생활시설과 이용시설 종사

자들의 일자리와 사회서비스바우처, 장기요양 재가 부문의 일자리를 비교했을 때 사회서비스 일자리는 주로 시급제 기반의 비정규 고용이며 단시간 근로이고 경력 인정이나 각종 수당 혜택이 없으며 사회보험 가입률도 낮다는 것을 확인할 수 있다.

전통적 사회복지시설 종사자는 정규직 고용이고 정부의 임금 가이드라인이 적용되는 월급제 고용이지만 장시간 근로한다는 문제를 보이고 있는 데 비해 재가요양이나 바우처사업은 적정 임금을 보장해줄 적정 근로시간이 보장되지 않아 시간당 임금 수준과는 무관하게 낮은 수준의 월임금으로 귀결되는 문제가 있다.

⟨표 7-4⟩ 사회서비스 종사자 근로조건·평균임금 비교

구분			사회복지시설('19)	장기요양재가('18)	바우처사업('19)
선발	종사자 수(명)		76,204 (22개 시설)	434,623	125,702
	자격증 보유율(%)		44.5 (기능직 등 포함)	99.4	*66.5
	복수기관 취업률(%)		-	15.3	14.3
근로계약	근로계약서 작성률(%)		100.0	95.7	*99.6
인력규모	기관당 현원 규모(명)	총계	17.3(정원 14.8)	40.7	42.2
		상용직	15.6	11.5	17.7
근무시간 및 형태	월 평균 근로시간(시간)		179.7 (월 초과근무 2.0회)	75.8 (복수근무 125.4)	82.7(*95.4)
	1일 8시간 근무 비율(%)		7.3	12.7	14.0(기관 비율)
	특정 근무 형태		- 생활시설 교대제 운영율 80.6% 4조 3교대	- 주간근무 6.0% - 심야근무 5.1% - 기타 10.8%	- 주간근무 60.5% - 휴일근무 33.7% - 심야근무 5.8%
승진	내부 승진규정 존재 유무		65.8% (요양보호사 無)	-	-

퇴직	퇴직금 미지급률(%)	0.7	23.7	54.4
	종사자 이직의사율(%)	28.4 (이용시설 35.7)	8.7	13.0
	평균 근속년수(년, %)	4.8년	- 3년 이상 27.6%	- 3년 이상 26.0%
보수제도	월급제 비율(%)	- 56.0% - 호봉제 기반 - 복지부가이드라인 준수율 생활 45.3, 이용 32.6	- 8.7% - 시급제 기반	- 14.9% - 시급제 기반
	사회복지사/생활지도원 월 평균임금(만 원)	- 297만 원 - 생활 328만 원, 이용 248만 원	- 205만 원	-
	요양보호사/활동지원사 월 평균임금(만 원)	- 199만 원 - 생활 200만 원, 이용 88만 원	- 80.8만 원 - 복수근무 종사자 126.4만 원	- 월 97만 원
	시간외근무 수당지급률(%)	85.6	15.7	45.4
	법정수당 지급률(%)	- 야간근로 60.7 - 휴일근무 17.9 - 주휴수당 20.2 - 연차수당 20.7 - 가족수당 53.4 - 명절수당 56.9	- 휴일근무 42.0 - 주휴수당 60.1 - 연차수당 26.8	- 주휴수당 *22.3
	기타수당 지급률	- 급식수당 17.0 - 자격수당 14.5 - 직무수당 12.4	- 직책수당 1.4 - 장기근속 14.0	- 수당지급보다 휴가제도 활용
고용안정	정규직 비율(%)	83.5	28.2	*37.5
	4대 보험 가입률(%)	- 전체 94.9	- 국민연금 29.1 - 건강보험 63.1 - 고용보험 79.5	- 건강보험 53.7 - 국민연금 44.5 - 고용보험 40.3 - 배상책임 *92.9 - 상해보험 *54.5
	비 고	정부 및 지자체 보조금 사업 인가제	사회보험사업 시장화(신고제)	일반 용역사업 시장화(신고제) 장애인활동지원은 지정제

출처: 이철선 외(2020), 사회서비스 인력 역량 및 관리체계 평가 연구, 사회보장위원회 발표자료, 2020.10.14.

3. 사회서비스 개선 방향: 공공성 강화의 과제

우리나라 사회서비스는 모든 국민의 삶의 질을 높이기 위해 보편적인 사회보장 급여로 제도화되고 확대되고 있다. 보건의료, 교육, 돌봄서비스가 저소득층만이 아니라 필요한 모든 국민이 이용할 수 있는 보편적인 서비스로 제도화되고 있다. 그러나 현재 사회서비스는 모든 국민이 필요한 서비스를 믿고 충분히 이용할 수 있을 만큼 제공되고 있다고 보기는 어렵다. 민간시장에 맡겨진 서비스 공급은 지역별 기관별 격차가 적지 않고, 수급 자격을 가진 이용자와 가족은 막상 서비스 이용을 위해 적절한 기관과 제공 인력을 선택하기 위해 고군분투해야 한다.

이용자의 건강과 여건에 맞는 여러 사회서비스가 통합적으로 연계되지 못하기에 사회서비스의 부족과 오용, 때로는 남용으로 연결되기도 한다. 낮은 인력 기준과 보상 수준, 열악한 근로환경에서 돌봄노동자들도 오래 일하기 어려우며 이용자들도 믿을 수 있는 좋은 사회서비스를 보장받기 어려워하고 있다.

지난 10여 년 전부터 사회서비스정책 선행연구에서는 우리나라 사회서비스의 보장성과 인프라 확충, 서비스 질 향상, 전달 체계를 개선하기 위해 공공성을 강화해야 한다는 방향을 제시하고 다각도에 걸친 정부의 역할 강화를 주문해왔다. 사회서비스 공급에서 정부의 역할은 재정, 공급, 규제 세 가지 영역에 걸쳐 이루어진다. 공공성을 강화한다는 것은 정부가 사회서비스 재정을 더 확충하여 서비스를 확대하고 보상 수준을 높이며, 민간에 일임해온 공급에 공적 공급을 확충하며 사회서비스 시장에서의 규제를 강화하는 것을 의미한다. 이 중에서 특히 사회서비스의 공급 영역에서 거의 수행되지 않았던 공공의 역할이 적극적으로 강화될 필요가 있다.

특히 소득주도성장 정책과 연관하여 사회서비스 고용의 질을 높이는 것은 대단히 중요하다. ILO(2018)는 돌봄고용의 질을 높여 질높은 돌봄서비스를 공급하고 돌봄이 필요한 사회구성원의 삶의 질을 높이는 고진로전략을 제시한 바 있다. 최근 코로나19 팬데믹을 경험하면서 사회적으로 제공되는 돌봄서비스가 현대 사회와 가족을 지탱하기 위해 필수적이라는 점이 체감되었다. 따라서 사회적 돌봄체계를 안정적이고 지속가능하게 유지하는 것은 개인들의 삶은 물론 가족을 지원하기 위해서도 중요하다.

현재의 사회서비스 일자리, 특히 돌봄직의 직업 지위와 보상 수준은 오래 일할 수 있는 유인과 여건을 제공하지 못할 뿐 아니라 안정적으로 생계유지를 가능하게 하는 온전한 직업으로 자리잡지 못하고 있다. 고령화와 개인화가 진전되고 가구 규모가 축소되는 등의 변화를 고려했을 때 앞으로 돌봄 등 휴먼서비스의 사회적 수요는 더 증가할 것이며 이 분야의 일자리는 우리 산업의 중요한 부분이 될 것이다. 따라서 남녀 사회구성원이 돌봄직업을 선택하여 숙련도를 높이고 인정받으며 가구를 구성하고 생계를 유지할 수 있도록 하기 위해서는 현재의 임시적이고 반(半) 공식적 돌봄일자리의 성격을 바꾸어 직무를 체계화하고 숙련 수준을 높이는 방안이 마련되어야 한다.

그렇다면 현재 사회서비스에서 어떻게 좋은 일자리를 만들어내고 신뢰할 수 있는 사회서비스를 생산할 것인가? 현재 민간 중심으로 상업화된 사회서비스의 공공성을 강화하기 위해 공급구조의 특성을 바꾸어야 한다. 이를 위해 공공이 공급에 참여하여 고용과 서비스 질을 강화하기 위한 페이스메이커 역할을 해야 한다. 전체 사회서비스 공급에서 공공과 민간이 균형을 이룰 수 있어야 하고 전체 공급시장에서 준법성, 투명성, 책무성이 강화되도록 해야 한다. 정부가 사회서비스 재정 책임만을 지면서 민간에 공급 책임을 일임하고 낮은 진입 기준으로 지나치게 영세한 제공 기관이 인프라의 상당 부분을 차지하여 수익 추구를 이용자 보호의 가치보다 우선하도록 방치해서는 안 된다.

국공립어린이집 이용 아동 40% 확대라는 국정 과제는 지난 30년 간 민간에 공급을 맡기면서 이용료 지원, 민간 지원 중심으로 보육을 확대해오다 보육의 질을 높이기 위해 정부가 공급을 책임지는 국공립 어린이집 확대가 실효성 있는 해법이라는 결론에 도달했음을 보여준다. 그러나 이제 제도 도입 10여 년이 지난 노인장기요양보험제도는 보육이 밟아온 전철을 대동소이하게 밟으며 가고 있다. 지정제 도입으로 공급 측면 정책이 시도된 만큼 낮은 수준의 인프라 투자에 의존하고 있는 장기요양 분야에 공공투자를 통해 질 좋은 요양시설과 통합적 재가기관들이 활동할 수 있어야 한다. 노인장기요양제도에 도입된 시설지정제도와 연동하여 불법 운영기관을 퇴출하고 공공요양인프라를 전국적으로 고르고 질 높게 확대하는 것이 필요하다.

2019년부터 시작된 사회서비스원 사업은 사회서비스 공공성을 강화하는 사업의 하나로 추진되었다. 2021년 현재 전국 10개 시·도에 설립되어 국공립 사회복지시설 공공위탁과 종합재가센터 설립 등 공공의 서비스 공급과 직접 고용을 추진하고 있다. 하지만 코로나19 팬데믹 상황, 관련 법률 제정의 지체 등이 얽히면서 국공립시설 공공위탁을 확충하고 종합재가센터를 설립하는 데 크게 속도를 보이고 있지 못했다. 사회서비스 제공 기관의 경우 기초지자체가 주로 설치한다는 구조적 특성도 광역에 설립된 사회서비스원이 직접 공급을 확대하기

용이하지 않은 배경으로 작용했다. 그럼에도 코로나19 팬데믹 상황에서 긴급돌봄사업을 추진하여 비상 상황에서 공공기관이 탄력적으로 대응하는 것을 보여주기도 했다. 또한 일부 지역에서는 방문형 돌봄서비스 종사자를 월급제로 고용하여 긴급돌봄, 지역기반 돌봄과 연계하여 새로운 공공돌봄을 확대하는 모델이 시도되기도 하였다.

사회서비스원은 민간 의존, 민간 위탁 중심으로 사회서비스를 생산해온 우리나라 사회복지에서 사회서비스를 직접 공급하고자 설립한 공공기관이다. 사회서비스원이 광역 단위에서 지역사회 사회서비스 공영화의 경로를 개척하고 기초단위별로 공적 사회서비스 공급의 지평을 확대해가면서 사회서비스 공급구조의 성격은 바뀌고 공적 고용의 비중도 증가할 것이다.

뿐만 아니라 분절적이고 파편적으로 발전해온 사회서비스 유형과 제도, 사업이 함께 사회서비스원에 포괄되면서 횡적 연계성을 가질 수 있도록 재구조화되는 것도 사회서비스 공공성을 높이는 경로 가운데 하나가 될 것이다. 이 과정에서 사업별로 상이한 사회서비스 부문의 다양한 일자리들이 보건복지 직업군으로 체계화되고 고도화된다면 사회서비스 고용의 질도 상승할 것이다.

한국의 사회복지에서 개인화된 급여로서 사회서비스, 특히 돌봄서비스는 소득보장에 비해 뒤늦게 제도화되었다. 급속한 고령화, 가족을 둘러싼 변화, 개인화된 생활방식 확산과 1인가구 증가 등 한국 사회의 변화 방향은 사회적 돌봄이 일부 계층이 아닌 모든 사회구성원을 위한 필수적이고 안정적인 사회서비스로 발전하는 게 필요하다는 것을 가리키고 있다. 현재 사회서비스를 개선하기 위해 공공성 강화가 필요하며 이를 위해 공적 인프라를 확충하여 보장성과 서비스 질을 높이고 안정적인 일자리를 만들어내야 한다. 이제 우리 사회는 개인들이 건강하고 자율적인 삶을 누리기 위해 사회서비스를 질높게 보장하기 위한 공적 투자를 과감하게 시행하는 것이 필요하다.

|참고문헌|

강민정·김은지·구미영·노우리·양난주·안현미·남우근. 2020.『사회적 돌봄 노동의 가치 제고를 위한 연구』. 대통령직속 저출산고령사회위원회.

국민건강보험공단. 2021.『2020 노인장기요양통계』.

김영종. 2012. "한국 사회서비스 공급체계의 역사적 경로와 쟁점, 개선 방향".『보건사회연구』32(2). 41~76.

김은지·최인희·선보영·성경·배주현·김수정·양난주. 2018.『지속가능한 돌봄 정책 재정립방안 연구(Ⅱ)』. 한국여성정책연구원.

보건복지부. 2021.『보육통계』2020년.

소득주도성장특별위원회. 2020.『소득주도 성장, 3년의 성과와 2년의 과제』.

신광영. 2004. "복지레짐과 사회투자국가". 한국사회복지학회 2004년도 심포지엄.『한국사회안전망의 현황과 대책』. pp.53~66.

양난주. 2020. "포용국가를 위한 사회서비스정책: 사회서비스 공공성 강화를 위한 과제". 노대명 외.『혁신적 포용국가 실현방안: 사회보장분야를 중심으로』. pp.145~188.

양난주·남찬섭·문혜진·이승호·신유미·유경숙. 2020.『사회서비스 공급체계 개선을 위한 사회서비스원의 중장기 역할과 과제』. 보건복지부·대구대학교 산학협력단.

양재진. 2007. "사회투자국가의 사회정책 패러다임과 사회투자정책: 영국과 덴마크의 사례".『국제노동브리프』2007년 5월호. 4~14.

유해미·강은진·권미경·박진아·김동훈·김금진·김태우·이유진·이민경. 2018.『전국 보육실태조사-어린이집 조사』. 보건복지부.

이성균·김영미. 2010. "한국의 서비스산업 확대는 남녀 임금격차에 어떤 영향을 미치는가?".『한국사회학』44(1). 1~25.

장지연. 2020. "돌봄노동의 임금 수준은 향상되었는가?".『월간 노동리뷰』
2020년 11월호. 7~22. 한국노동연구원.

전병유. 2010. "우리나라 노인요양사 인력 문제와 대안적인 요양인력모델
의 모색".『한국사회정책』17(3). 67~91.

이데일리. 2021.10.19. "노인장기요양보험 부정수급 6400여 건 1000억 원"
https://www.edaily.co.kr/news/read?newsId=01869606629214560
&mediaCodeNo=257&OutLnkChk=Y(자료 인출: 2021.10.30).

중앙일보. 2017.9.28. "개인사업자에게 문턱 낮춘 장기요양기관 난립, 36%
가 부실평가". https://news.joins.com/article/21982261(자료 인출:
2018.10.18).

ILO. 2018.『Care work and care jobs for the future of decent work』. ILO.

제8장

돌봄서비스 종사자 처우 개선 방안

김현경 한국보건사회연구원 연구위원

1. 논의 배경

저출산·고령화와 가족구조의 변화, 여성 경제활동 참여 확대로 사회적 돌봄 수요가 급증했고, 돌봄 공백은 새로운 사회적 위험으로 등장했다. 정부는 이 위험에 대응하기 위해 사회서비스 공급을 확대하는 사회서비스 정책을 실행했으며 그 결과 민간 공급자를 중심으로 사회서비스 공급이 확대되었다. 사회서비스 정책과 함께 사회서비스 일자리도 큰 규모로 확대되었다. 이 과정에서 사회서비스 일자리의 양적 확대에 중점을 두는 반면 사회서비스 일자리의 질, 즉 종사자의 처우에 대해서는 소홀했다는 데 비판과 자성이 커졌다.

자원봉사자가 아닌 노동자로서의 돌봄서비스 제공자의 권리와 돌봄노동의 가치에 대한 인식도 개선되고 있다. 종사자 처우 개선은 사회적 돌봄노동에 대한 가치를 공정한 시장질서로 구현하는 가장 기본적인 목적뿐 아니라 돌봄서비스의 질을 개선하고, 처우 개선을 통해 이 일자리에 종사하고자 하는 인력 공급을 확대함으로써 궁극적으로 돌봄 공백이 생기지 않도록 하는 목적을 실현하는 데 핵심적인 과제이다. 이 절에서는 돌봄서비스 종사자 처우의 객관적인 실태를 알아보고 처우 관련 이슈를 유형별로 점검한 후, 개선 방안을 제시한다.

2. 돌봄서비스 종사자 처우 현황

이 절에서는 돌봄서비스 종사자의 처우 현황을 종합적으로 파악하고 개선 방안과 연결하기 위해 〈표 8-1〉의 분류를 이용해 서비스 유형별 주요 문제점을 짚어본다. 첫째, 돌봄서비스 비용을 부담하는 주체가 정부·지자체인지, 이용자인지에 따라 공식 일자리 여부가 구분되기 때문에 이를 기준으로 삼았다. 둘째, 서비스 제공 장소가 시설·기관인지, 노동자가 방문하는 이용자 가정인지에 따라 일자리 안정성과 근로시간 문제의 성격이 달라지기 때문에 서비스 장소를 두 번째 기준으로 활용했다.

정부가 재정을 지원하는 돌봄서비스 종사자는 노인장기요양서비스를 제공하는 요양보호사, 아동에게 돌봄을 제공하는 보육교사와 아이돌보미, 장애인활동서비스를 제공하는 장애인활동지원사 등이다. 이 서비스 제공 장소가 이용자들이 생활하는 시설이면 임금 격차와 장시간 근로의 문제, 필요 시 방문하여 이용하는 시설이면 임금체계의 미비와 같은 문제가 있다. 반면 가정으로 방문하는 재가서비스의 경우 단시간 근로와 고용 불안, 저임금의 문제가 더 크다. 이용자가 비용을 부담하는 경우는 공공이 제공하는 돌봄서비스가 아니지만 간병인이나 육아 및 가사도우미와 같은 돌봄 종사자가 포함되어 있고 비공식 고용이라는 데서 문제가 비롯된다.

이와 같은 분류를 토대로 문제의 유형별로 고용안정과 임금, 근로시간 등 근로조건, 사회적 보호 수준, 인권과 안전 문제와 같은 주요 이슈를 점검한다.

〈표 8-1〉 돌봄서비스 유형별 주요 처우 관련 이슈

비용 부담		정부 재정지원		이용자 부담
서비스장소		시설 (공급자 재정지원)	재가 (이용자 재정지원)	
서비스유형		생활시설	이용시설	방문서비스	
서비스 대상	아동	아동양육시설 그룹홈	보육서비스 지역아동센터 다함께돌봄센터	아이돌봄서비스	-
		사회복지사	보육교사 사회복지사	아이돌보미	육아·가사도우미
	노인	양로시설 노인장기 요양시설	노인장기요양 재가급여 (주야간보호)	노인장기 요양재가급여 (방문요양) 노인맞춤형 돌봄서비스	-
		요양보호사 사회복지사	요양보호사 사회복지사	요양보호사 생활지원사	간병인
	장애인	거주시설	주간보호	장애인활동지원	-
		생활지도원	사회재활교사	장애인 활동지원사	
처우 관련 이슈	문제점	임금 격차 장시간 근로 노동강도	낮은 임금 임금체계 미비	고용불안, 단시간근로 낮은 임금 넓은 사회보장 사각지대	근로기준법, 사회보장 범위 밖
	개선 과제	임금체계 마련 인력배치기준 개선 및 재정지원	단일 임금체계 마련 및 의무 적용	고용안정성 제고 위한 조치 (예. 기본시간 제공, 월급제 등) 실업급여 등 노동시장정책 적용 위한 제도 개선	일자리 공식화

주: 장기요양 간호(조무)사, 간호간병 통합서비스를 제공하는 간호인력과 같은 의료인력은 제외하였음.

〈표 8-2〉는 돌봄서비스 종사자 처우에 대한 주요 문제점을 살펴보기 전에 공공과 민간 영역에 있는 모든 돌봄노동 종사자의 근로조건을 이해하기 위해 산업과 직업 소분류를 통해 돌봄종사자와 전체 취업

자의 처우를 비교했다. 돌봄종사자는 보건복지서비스업에서 '거주 복지시설 운영업'과 '비거주 복지시설 운영업' 2개의 산업 소분류 종사자와, 직업분류에서 사회복지사, 보육교사를 포함하는 '사회복지 관련 종사자', 요양보호사, 간병인, 노인 및 장애인 돌봄서비스 종사원을 포함하는 '돌봄 및 보건서비스 종사자', '가사 및 육아 도우미' 3개의 직업 소분류 종사자에 해당한다.

〈표 8-2〉 돌봄서비스 종사자 근로 실태(2020년)

구분	임금근로자 전체	산업		직업		
		거주 복지시설 운영업	비거주 복지시설 운영업	사회복지 관련 종사자	돌봄 및 보건 서비스 종 사자	가사 및 육아 도우미
임금근로자 종사상지위 분포						
상용근로자	70.7	78.7	48.0	89.3	54.0	3.5
임시근로자	22.6	20.3	50.5	10.7	42.3	68.5
일용근로자	6.7	1.0	1.6	0.0	3.7	28.0
임금근로자	100.0	100.0	100.0	100.0	100.0	100.0
주 평균 근로시간과 분포						
평균	38.8	38.3	26.4	38.5	30.4	26.8
(표준편차)	(11.4)	(10.7)	(13.9)	(8.1)	(13.8)	(13.7)
15시간 이하	6.7	6.4	34.5	2.9	20.5	24.1
16~35시간	14.0	14.4	25.0	11.9	36.4	46.3
36~48시간	67.0	71.8	37.1	80.9	36.9	23.0
48시간 초과	12.4	7.4	2.4	4.3	6.2	6.7
전체	100.0	100.0	100.0	100.0	100.0	100.0
월 평균 임금과 분포						
평균	266.7	191.4	120.1	210.0	129.4	95.0
(표준편차)	(175.4)	(75.6)	(87.6)	(70.3)	(62.2)	(54.1)
100만 원 미만	10.6	12.2	46.4	4.5	33.9	54.0
100~199만 원	22.0	40.2	30.0	31.4	48.8	38.2
200~299만 원	32.4	38.3	20.3	53.1	16.6	7.7

| 300만 원 이상 | 35.1 | 9.3 | 3.3 | 11.0 | 0.7 | 0.1 |
| 전체 | 100.0 | 100.0 | 100.0 | 100.0 | 100.0 | 100.0 |

출처: 통계청, 지역별고용조사, 2020년 하반기.

가. 고용불안과 단시간 근로

돌봄서비스 종사자는 다른 업종이나 직종에 비해 고용이 불안정한 임시·일용직 비율이 높고 시간제, 간접고용, 특수형태근로종사자와 같은 비정규직 비율이 높다. 〈표 8-2〉에서 종사상지위 분포를 보면 이용시설 및 방문서비스 종사자인 비거주 복지시설 운영업 종사자, 돌봄 및 보건 서비스 종사자의 임시·일용직 비율이 46~52.1%로 임금근로자 전체 평균 29.3%보다 훨씬 높고, 가사 및 육아 도우미는 일용근로자 비율이 28%로 불안정한 일자리의 비율이 매우 높음을 확인할 수 있다.

방문서비스를 제공하는 아이돌보미와 요양보호사는 이용자에게 돌봄을 제공하는 동안에만 일자리를 보장받고 돌봄서비스 선택권을 지닌 이용자가 서비스 이용을 중단하면 일자리를 잃게 된다. 아이돌보미의 근로계약서에는 소정의 근로시간을 정하지 않고 '이용자 요청에 따라 서비스 연계된 시간'으로 하고 있다. 제공 기관-이용자-종사자 관계에서 제공 기관이 연이어 서비스 이용자와 종사자를 연계해야 중단 없이 근로가 가능하지만 이를 보장받기 어렵다. 요양보호사는 이용자가 다른 요양보호사로 바꾸거나 사망할 경우 일자리가 없어지며, 아이돌보미는 지자체의 예산이 모두 소진되면 서비스를 원하는 가정이 있어도 서비스 이용료 보조가 안 돼 종사자가 일을 하지 못하는 경우도 있다(김현경 외, 2020). 서울시 요양보호사 조사에 따르면 응답자의 77.9%가 고용 상태가 불안정하다고 인식하였다(국미애·고현승, 2018).

방문서비스 종사자 근로의 불안정성은 높은 시간제 비율과 낮은 평균 근무시간에서도 드러난다. 2019년 장기요양 실태조사에 따르면 장기요양기관에서 일하는 사회복지사의 87.9%가 정규직, 10.9%가 전일제 계약직, 1.2%가 시간제이다. 반면 요양보호사의 33.6%가 정규직, 13.4%가 전일제 계약직, 53%가 시간제 계약직으로 시간제 일자리 비율이 매우 높다(강은나 외, 2019).

그리고 〈표 8-3〉의 2020년 요양보호사 근무시간 현황을 보면, 방문형 재가요양을 제공하는 요양보호사의 월평균 근무시간이 82.6시간에 불과하고 월 160시간 미만 근무자가 91.7%를 차지한다. 또한 아동에게 방문서비스를 제공하는 아이돌보미의 30%가 월 60시간 미만을 근무하고 있고, 요양보호사처럼 기본급이나 기본제공시간이 없기 때문에 일자리 불안이 심각하다(민주노총, 2020).

〈표 8-3〉 요양보호사 인력 및 근무시간 현황(2020년)

구분	월근무시간	계		재가			시설		
		근무인원 (명)	비율 (%)	근무인원 (명)	비율 (%)	평균 근로시간	근무인원 (명)	비율 (%)	평균 근로시간
계	계	330,059	100.0	252,824	100.0	82.6	77,235	100.0	178.4
	160시간 이상	94,121	28.5	20,974	8.3	192.6	73,147	94.7	183.7
	160시간 미만	235,938	71.5	231,850	91.7	72.6	4,088	5.3	82.6

주: OECD 기준 장기요양 근무인력 현황.
　　평균근로시간=근무시간÷근무인원.
출처: KOSIS, 국민건강보험공단, 「노인장기요양보험통계」(자료 인출: 2021.11.1).

이용자의 서비스 이용시간에 근거한 방문서비스와 다르게 고용계약 관계를 맺어온 관행이 고용불안을 낳는 경우도 있다. 〈영유아보육사업안내〉는 보육교사를 기간의 정함이 없는 고용 형태로 해야 한다는 원칙을 두고 있으나 사실상 원장은 연말에 재계약 여부를 결정하는 1년짜리 계약직으로 고용불안 상태를 만들고 있다. 노인맞춤돌봄서비스를 제공하는 노인생활지원사는 매년 수행기관과 근로계약서를 작성, 정부 사업비로 인건비가 지원되지만 1년 단위로 계약하는 기간제 근로자이며 「기간제보호법」의 대상이 아니다(김현경 외, 2020).

마지막으로 비용을 이용자가 부담하는 개인서비스 종사자인 간병인과 가사 및 육아도우미는 비정규직 비율이 높고 고용이 불안정하다. 장기요양보호 급여를 통해 일하는 요양보호사는 제도화된 일자리여서 4대 보험 가입을 통해 공식적인 근로관계에서 일하는 반면, 요양병원과 요양원에서 간병서비스를 제공하는 간병인은 직접고용보다는 간접고용, 특수형태근로종사자, 호출형, 비공식 가사사용인 경우가 많다(김현경 외, 2020). 간병인은 현재 「산재보험법」에서 포함하는 특수형태근로종사자 14개 직무에는 포함되어 있지 않지만 간병인 상당수가 특수형태근로종사자 유형을 띠고 있다(정흥준, 2019).

나. 장시간 근로와 노동강도

방문형 재가서비스 종사자가 주로 단시간 근로로 인한 불안정 문제를 겪는데 비해 시설 종사자는 주로 장시간 근로와 적정한 휴게시간을 보장받지 못하는 어려움이 있다. 특히 이용자가 거주하는 생활시설에서 장시간 근로하는 문제가 있는데, 생활시설의 교대제 근무 형태를 보면 노인·아동·장애인복지시설을 대상으로 했을 때 2조 격일제가 4.9~31.3%, 2조 2교대가 15~27.2%로 여전히 높아 장시간 근로의 문제를 보여준다(김유경 외, 2020). 그리고 이용시설의 경우 적절한 휴게시간 보장이라는 과제가 있다.

요양보호사의 근로시간은 양극화된 경향이 있는데 단시간 노동과 장시간 노동이 모두 많다. 〈표 8-3〉에서 시설요양기관과 재가요양기관을 나누었을 때, 재가기관 종사자는 월평균 82.6시간, 시설 종사자는 평균 178.4시간 근로해 단시간과 장시간 노동의 양극화를 보여준다.

현재 어린이집 운영시간은 하루 12시간으로 보육교사도 장시간 근로와 휴게시간을 보장받지 못하는 문제가 있다. 2018년 3월 개정된 「근로기준법」의 근로시간 특례제도(제59조)에 따라 사회복지서비스업이 특례업종 적용에서 제외되었기 때문에 사회복지서비스업에 속하는 보육교사의 법정 근로시간은 「근로기준법」 제50조(근로시간)에 따라 1주간 근로시간은 휴게시간을 제외하고 40시간을 초과할 수 없고, 1일 근로시간은 8시간을 초과할 수 없게 되었다. 보육교직원 휴게시간 보장을 위해 어린이집 보조교사 지원 제도를 도입하고 '근로시간 중 휴게시간 부여 명시'를 통해 초과근로수당과 조기퇴근과 대체를 허용하지 않는 지침을 발표했다. 하지만 초과근로, 연월차 15일, 보수 및 승급 교육 등의 문제를 해결하기에는 현재 보조교사 지원 인력으로는 부족하기 때문에 법적 근로시간과 현실과의 괴리가 있다(신규수 외, 2019; 김현경 외, 2020 재인용). 그리고 현장에서는 휴게시간 사용이 사실상 불가능한 노동의 특성을 이해하지 못하는 「근로기준법」 적용이라는 평가다(김현경 외, 2020).

어린이집 교사와 마찬가지로 종일 서비스를 제공하는 활동지원사도 근로시간 및 휴게시간 보장에 대한 논란이 있다. 장애인활동지원사는 장애인이 원하는 시간에 서비스를 제공하고 이용자의 가정이 아닌 야외에서 서비스를 제공하는 경우가 많기 때문에 사전에 미리 정한 소정 근로시간을 초과한 연장근로가 빈번하다(이현주 외, 2020). 특례업종 제외에 따른 휴게시간 부여를 명시한 지침으로 인해 거짓으로 활동지원사의 휴게시간을 보장했다는 기록을 남겨 쉬지 못하는 휴게시간을 기록하는 사례가 있는(김현경 외, 2020) 등 근로시간 및 휴게시간 보장의 실질적인 방안 마련이 공통적으로 요구된다.

다. 낮은 임금과 임금 격차

돌봄종사자의 열악한 처우는 임금 수준에서 가장 단적으로 드러난다. 〈표 8-2〉에서 돌봄서비스 종사자의 월 평균임금은 95~210만 원으로 전체 취업자 평균 266.7만 원보다 크게 낮다. 거주시설보다 이용시설 및 방문서비스 종사자 임금이 낮아 평균 120만 원으로, 100만 원 미만이 46.4%로 절반 가까이다. 사회복지사와 같은 사회복지 관련 종사자보다 돌봄 및 보건 서비스 종사자(요양보호사, 간병인, 노인 및 장애인 돌봄 종사자 등)의 임금이 낮아 평균 129.4만 원이며, 100만 원 미만 33.9%, 100~200만 원 미만 48.8%로 82.7%가 월 소득 200만 원 미만이다. 즉 단시간 근로와 저임금으로 인해 월 급여가 낮은 문제는 주로 방문서비스를 제공하는 요양보호사, 아이돌보미, 장애인활동지원사 등에게서 가장 심각하게 나타난다.

요양보호사는 단시간 근로 비율이 높고 근로일수가 안정적이지 않기 때문에 월 임금이 낮고 불안정하다. 2019년 장기요양실태조사 결과에 따르면 요양보호사의 월평균 임금은 114.3만 원, 월평균 근로시간은 108.5시간으로(강은나 외, 2019) 근로시간은 짧고 임금 수준은 낮다. 시간당 임금으로 계산하면 10,530원으로 2019년 최저시급 8,350원보다 약간 높다. 서울시의 경우 2018년 요양시설에 종사하는 요양보호사의 시급은 7,606원, 방문요양종사자는 8,382원으로 조사되었다(최혜지, 2020).

보육교사 임금은 낮은 임금 수준과 보육교사 간 격차 문제가 있다. 2018년 전국보육실태조사에 따르면, 보육교사의 월평균 급여는 기본급 평균 약 170만 원, 기관 제수당 평균 약 6만 원, 정부 및 지자체 지원 수당 38만 4천 원을 합친 213만 원으로 전일제 최저임금 월급보다 약간 높은 수준이다(유해미 외, 2018). 시설 유형별로 차이가 있는데 국공립, 법인, 직장어린이집 교사는 평균 240만 원 이상, 가정과 민간어린이집은 평균 190~200만 원대로 조사되어 국공립과 민간 간의 근로조건의 차이가 크다(유해미 외, 2018). 또한 표준보육비용 단가 기준으로 시설에 보육료를 지원하기 때문에 경력교사 인건비를 지급하면 어린이집 운영의 수익이 감소하는 구조라서 적정한 수익을 얻기 위해 경력직 보육교사 채용을 회피하게 되고 이는 고용불안정과 낮은 임금으로 이어진다(김현경 외, 2020).

아이돌보미 시급은 8,600원으로 최저임금 수준이며 단시간 근로비율이 높기 때문에 전체 평균 월 소득이 90만 원대에 불과하다. 2015년 교통비가 삭감되고, 노동자성 인정, 체불임금, 주휴수당, 연차 보장의 문제가 있은 후 이러한 문제를 해결하는 과정에서 노동조합이 조직되어 관련 소송을 제기한 결과 2019년부터 주휴수당과 연차수당을 적용하기 시작했지만 근로시간이 월 60시간이 되지 않을 경우 주휴수당과 연차수당을 받지 못한다(김현경 외, 2020).

장애인활동지원사의 임금도 시간 당 단가에 의해 결정된다. 2021년 바우처 단가는 14,020원으로 최저임금 8,720원보다 높은 수준이다. 하지만 시간당 바우처 단가에 주휴·연차수당을 포함하여 퇴직금, 사업비가 포함된 포괄임금제로 실제로는 최저임금보다 낮은 시간당 급여를 받는 문제가 발생한다.

시설 종사자 임금은 재가서비스 종사자보다 안정적이고 높지만 여전히 사회적으로 낮은 급여 수준을 보이며 동일 노동이지만 시설 유형에 따라 임금격차가 크다. 공무원과 유사한 임금 수준을 목표로 하는 복지시설 임금 가이드라인이 마련되어 있고 시설 대부분은 이 가이드라인을 준수하고 있다. 하지만 가이드라인의 임금 수준이 낮아 실제로는 공무원과의 임금격차가 크고 이용시설은 3개 시설만 가이드라인의 적용을 받기 때문에 적정한 수준의 안정적인 임금체계를 갖추지 못했다.

라. 사회권 사각지대

돌봄서비스 종사자의 열악한 처우는 사회적 보호 실태에서도 드러난다. 사회적 보호는 사회보험을 비롯한 사회보장, 안전과 인권보장의 권리를 포함한다.

방문서비스 종사자는 주당 근로시간이 15시간을 초과하지 않는 초단시간 근로자 비율이 높다. 초단시간 근로자는 「근로기준법」 그리고 사회보험 의무가입 대상에서 제외되기 때문에 사회안전망에서 배제되어있을 위험이 높다. 2019년 장기요양 실태조사에서 요양보호사의 4대 보험 가입 실태를 보면, 국민연금 36.3%, 건강보험 71.1%, 고용보험 84.2% 가입되어 있다. 하지만 고용보험에 가입되어 있어도 실업급여를 수급하기 쉽지 않고 코로나19와 같은 기업의 구조조정 또는 위기 상황에서 고용유지지원금 지원 대상이 되기 어렵다. 서비스 이용이 중단되는 상황은 비자발적이기는 하지만 동시에 두 명 이상의 돌봄 대상자를 돌보고 있을 때 한 명의 서비스 이용이 중단되는 것은 실업으로 인정되지 않기 때문이다. 장기요양보호 급여를 통해 일하는 요양보호사는 그래도 제도화된 일자리여서 4대 보험 가입을 통해 공식적인 근로관계에서 일하는 반면, 요양병원과 요양원에서 간병서비스를 제공하는 간병인은 비공식적 고용 관계에 놓여 법·제도적 보호의 밖에 있어 다른 해결 방안을 필요로 한다.

2013년 9월부터 월 60시간 근무하는 아이돌보미에 대한 4대 보험 가입, 4년 이상 계속근무자에 대한 퇴직급여 제도 도입 등 아이돌보미의 근로복지 개선 조치들이 이어졌다. 하지만 아이돌봄서비스 이용 보조금이 소진되어 이용자가 서비스 이용을 중단한 경우에도 실업급여를 받지 못한다. 실업급여를 받기 위해서는 비자발적 일자리 상실이며 이를 기관에서 인정해 주어야 하지만, 이용자의 서비스 이용 중단은 퇴직이 아니라 휴업에 가깝기 때문에 실업급여 적용이 되지 않는다. 사용자의 귀책 사유로 인해 이용자 연계를 해주지 못해 소득이 3달 정도 감소하면 휴업수당을 지급해야 하지만 이에 적용되는 경우는 많지 않다. 호출형 일자리 특성 상 언제라도 서비스 연계에 응해야 하기 때문이다(김현경 외, 2020). 이러한 근로계약 형태는 아이돌보미들이 「근로기준법」과 사회적 안전망 제도에 의한 근로자로서 온전한 보호를 받지 못하게 하는 이유가 되고 있다.

안전과 인권보장의 문제도 심각하다. 강은나 외(2019)에 따르면, 요양보호사를 대상으로 조사한 결과, 이용자나 가족으로부터 비난이나 고함, 욕설 등을 경험한 사례가 24.3%이며, 주 3회 이상이 31.3%로 나타났다. 성희롱이나 성적 신체접촉 등을 경험한 경우도 약 9%로 주 1~2회가 약 20%를 차지하고 있다. 업무과정에서 경험한 위기 상황이 심각한 수준임을 확인할 수 있다.

3. 돌봄서비스 종사자 처우 개선을 위한 과제

가. 공공 설립·운영시설 확대

돌봄서비스 종사자의 열악한 처우는 이용자에게 돌봄서비스 선택권을 제공하는 바우처 방식과 민간위탁 공급자 중심, 산업화라는 돌봄서비스 발전 과정의 산물이다. [그림 8-1]은 사회복지시설 영역별 설립 주체 비율을 보여주는데 대부분의 영역에서 지자체 설립 비율이 낮음을 확인할 수 있다. 전체 장기요양시설 가운데 지자체가 설립한 비율은 2019년 기준 1%에 불과하고 개인시설은 80%에 달한다. 재가 요양의 지자체 설립 비율은 0.7%로 더 낮고, 영세한 소규모 시설이 더 많다. 보육시설 역시 2020년 기준 국공립어린이집 비율은 시설 수 기준으로 14%, 이용 아동수 기준으로 20.3%에 불과하다(보건복지부, 2021).

돌봄서비스가 개인영리사업자 중심으로 제공됨에 따라 정부에서 지원하는 단가에서 일정한 수익을 창출하기 위해 인건비를 줄이려는 유인이 발생하고 이는 곧 돌봄종사자의 저임금 문제로 이어진다. 요양 보호사의 경우 비영리법인 종사자 임금이 개인시설보다 높고, 보육교사도 국공립어린이집 임금이 가정어린이집보다 더 높다는 것을 현황에서 확인하였다.

국공립어린이집 이용 아동 40% 확대 국정 과제는 돌봄서비스 제공에 있어서 국가의 역할을 확대해야 한다는 데 인식을 같이했다는 의미로 해석된다. 노인요양 및 돌봄서비스 제공에 있어서 공공의 설립·운영시설 확대로 영리 목적 운영시설의 비중을 줄이는 것은 종사자의 처우 개선과 공공서비스 질 개선에 있어서 가장 직접적인 해결책이 될 것이다.

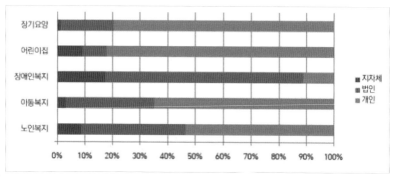

[그림 8-1] 사회복지시설 영역별 설립 주체 비중

주: 2019년 보건복지통계, 2019 보육통계, 2019 노인장기요양통계연보 통계를 이용하여 작성.
출처: 양난주(2020), "포용국가를 위한 사회서비스정책: 사회서비스 공공성 강화를 위한 과제", 노대명 외, 혁신적 포용국가 실현방안: 사회보장분야를 중심으로, 제6장, pp.145~188.

나. 정부의 민간공급자 관리·감독 기능 강화

우리나라는 각종 바우처 사업이나 노인요양서비스 등에서 정부 재정 투입 비율이 매우 높음에도 이에 부합하는 수준의 규제 기능 및 관리감독 기능을 수행하지 못했다. 중앙정부에서 서비스 품질관리와 종사자 임금체계, 노동법 적용 등 근로조건에 대한 매뉴얼 마련을 담당하고, 지자체에서 이에 대한 실질적인 관리가 가능할 수 있도록 하는 역할 분담과 제도 마련이 요구된다. 현재는 중앙정부에서 제도별 가이드라인을 마련하고 있지만 때로는 노동법에 위배되는 내용을 담고 있기도 하고, 기관이 이를 위반해도 지자체에서 이를 관리·감독할 수 있는 권한이 없어 실질적으로는 유명무실하기 때문이다(김현경 외, 2019).

따라서 민간 공급자가 최저임금과 인건비 지급기준 등 근로기준을 준수할 수 있도록 중앙정부 또는 광역자치단체의 실질적인 역할이 증대되어야 한다. 돌봄서비스 제공 기관 진입 자격조건 강화를 통해 제3섹터 등에서 건강한 민간공급자가 진입할 수 있는 제도적 기반을 마련하고, 인건비 지급기준 등 근로기준을 준수하지 않는 기관에 대해 감독 기능을 강화하는 내용이다.

「사회서비스원 설립·운영 및 지원에 관한 법률」(이하 '사회서비스원법')이 2021년 8월 31일 국회를 통과하면서 민간 기피 기관이 서비스 공급기관으로 선정될 가능성은 감소될 것으로 기대된다. 하지만 여전히 상당한 비중을 차지하는 민간 공급자에 대한 관리·감독의 필요성은 크다. 정부의 재정이 지원되는 돌봄서비스 제공 기관 선정과 퇴출에 있어서 지자체가 실질적 권한을 가지도록 하고, 중앙정부와 지자체가 건강한 제공 기관 진입을 위해 서비스 품질과 함께 근로기준 준수와 종사자 처우에 대한 기준과 자격기준을 마련할 것이 요구된다.

다. 임금체계 마련과 임금체계 마련을 위한 결정 구조 구축

보건복지부 인건비 가이드라인 임금과 바우처 사업의 단가 수준과 그 결정 절차에 대한 개선이 요구된다(박세경 외, 비발간 내부 자료; 김현경 외, 2019). 대부분의 생활시설과 일부 이용시설 종사자의 임금을 결정하는 보건복지부의 인건비 가이드라인 임금 수준과 돌봄서비스의 주된 제공 방식인 바우처 사업의 지원단가를 합리적으로 결정하고 이를 적용하는 것은 돌봄종사자가 최저임금 준수와 같은 최소한의 근로기준법 적용을 통해 노동자로서의 권리를 보장받도록 하고, 저평가된 돌봄노동의 가치를 제대로 평가하여 종사자의 삶의 질을 제고하기 위한 출발점이다.

보건복지부 인건비 가이드라인은 다양한 사회복지시설 종사자를 아우르는 단일한 급여체계로 기능할 수 있도록 마련되어야 하고, 사회복지시설 종사자의 기준월액이 법령에서 명시한 사회복지전담공무원

보수 수준에 실질적으로 도달하도록 가이드라인을 대폭 인상해야 한다. 이러한 사회복지시설 종사자 인건비 가이드라인 결정을 위해 중앙정부, 지방정부, 그리고 사용자단체와 노동자단체들 또는 이들을 대리하는 직능단체 등이 함께 참여하는 임금결정기구가 구성되어야 한다. 2015년 김성주 의원 발의의 「사회보장기본법」 개정안에는 사회복지시설 종사자 인건비 가이드라인을 국무총리실 산하 사회보장위원회에서 결정토록 하는 내용, 즉 노동자와 법인 등 직접이해관계자가 참여하는 임금심의위원회를 신설하여 보건복지부 장관이 심의하여 적정보수 수준 지침을 마련하는 내용이 포함되었다. 이러한 방안을 적극 검토할 필요가 있다(박세경 외, 비발간 내부 자료).

바우처 사업의 수가(단가) 결정에 있어서도 민주적 거버넌스 마련이 요구된다(김현경 외, 2019). 수가를 결정하는 과정에서 최저임금이나 근로시간 등에 관련된 「근로기준법」(휴게시간, 주휴 및 연차수당 등)의 내용이 근거로 사용되지 않고, 근거와 절차가 마련되지 않아 임의로 수가가 결정되는 문제점이 있다. 따라서 최저임금, 퇴직금, 기관운영비 등 근거가 반영된 적절한 수가가 결정될 수 있도록 절차를 마련할 필요가 있다.

라. 근로기준법 준수 가능한 인력배치 기준 개선과 재정지원

근로시간(휴게시간) 준수 가능한 인력배치 기준이 마련되어야 한다. 2018년 3월 개정된 「근로기준법」 근로시간 특례제도에 의해 사회복지서비스업이 특례업종에서 제외됨에 따라 그동안 장시간 노동하던 생활시설의 종사자와 보육교사에게 「근로기준법」 준수가 가능한 인력배치와 이에 필요한 재정지원이 확대되어야 한다. 보육교사 휴게시간

보장을 위해 어린이집 보조교사 지원 제도를 도입하고 '근로시간 중 휴게시간 부여 명시'를 통해 초과근로수당과 조기퇴근과 대체를 허용하지 않는 지침을 발표했지만 현재 보조교사의 노동시간과 이를 위한 재정지원 수준으로는 사실상 휴게시간을 보장하기 어렵다.

돌봄노동의 특성상 그 대상자와 분리된 휴게시간의 자유로운 이용이 현실적으로 불가한 상황에서 현행 「근로기준법」상 휴게제도의 획일적 적용은 부적절하다는 주장도 있어 돌봄노동의 특성을 반영한 논의는 여전히 필요하다. 하지만 변화하는 근로시간에 관한 「근로기준법」에 따라 근로시간과 휴게시간을 명확하게 구분하고 근로기준에 부합하는 근로시간을 책정함으로써 이에 따라 법률을 위반하지 않는 적정한 수준의 시간당 임금을 산정하는 것도 중요하다. 특례적용 제외 이후 근로시간과 휴게시간에 대한 노사간 대화를 통해 시간 산정에 대한 공통된 원칙을 수립하고 기관 재량이 아닌 매뉴얼에 따라 근로시간 및 휴게시간 준수, 그에 따른 적정한 수준의 임금을 지급하기 위한 논의가 지속되어야 한다(김현경 외, 2019).

마. 개인 돌봄서비스 일자리 공식화

공공이 공급 또는 재정지원하는 서비스 영역이 아니라도 전체 돌봄서비스 사적 영역에서 일자리 수는 지속적으로 증가하고 이와 관련된 이슈가 제기되고 있다. 사적인 고용계약 관계를 맺는 데서 오는 고용의 불안정성과 저임금과 같은 핵심적인 처우 문제 해결을 통해 돌봄종사자의 소득과 삶의 질을 향상시키기 위해 개인 돌봄서비스 일자리를 공식화할 필요가 있다.

비공식적 가사서비스가 일반화되면서 이용자는 신원보증·분쟁 사후처리 등에 불만을 가졌고, 근로자들은 노동관계법 적용을 받지 못해 사회보험 등 각종 근로조건 보호가 이뤄지지 않는 문제가 있었다. 「근로기준법」 제11조에 따르면 가사서비스 분야 근로자는 '가사 사용인'에 해당돼 노동관계법의 적용을 받지 않기 때문이다. 이를 해결하고 가사서비스를 공식화하기 위해 「가사근로자 고용개선 등에 대한 법률」이 2021년 6월 15일 공포, 2022년 6월 16일 시행 예정이다.[1]

정부는 새 법률을 통해 가사서비스 제공 기관이 근로자를 직접 고용하고, 근로자에 대해 사용자로서의 책임을 부담토록 했다. 이용자는 근로자와 직접 1:1 계약을 체결하는 대신 서비스 제공 기관과 이용계약을 체결해 계약에 따라 서비스를 제공받게 된다. 그리고 가사서비스 제공 기관에서 일하는 가사근로자에게는 「근로기준법」 등 노동관계법을 적용하고, 사회보험 가입을 의무화하는 등 근로자로서의 권리를 보장한다. 법률의 통과는 개인 돌봄서비스 일자리를 공식화하는 데 중요한 출발점이 될 것으로 기대된다. 시행 과정에서 나타나는 문제를 해소하고 광범위한 비공식적 돌봄서비스 일자리를 공식화하는 데 지속적인 관심과 정책적 노력이 요구된다.

4. 소결

이 절에서는 돌봄서비스 종사자의 처우 현실을 진단하고 이를 개선하기 위한 방안을 제시하였다. 돌봄서비스 종사자의 저임금, 고용불안정, 인권보장의 문제는 코로나19 위기를 지나면서 더욱 급속도로 사

---

1 https://m.lawtimes.co.kr/Content/Info?serial=175482 (접속: 2022.1.6).

회적 관심이 높아지고 있다. 이에 대한 정책적 대응이 공공 및 민간 영역의 돌봄서비스 제공자의 근로조건과 삶의 질을 높일 뿐 아니라 서비스 품질과 이용자 삶의 질 향상에도 영향을 미치기 때문이다. 방문서비스를 제공하는 경우에는 불안정한 단시간 일자리와 이로 인한 낮고 불안정한 임금의 문제, 시설 종사자의 경우 장시간 근로와 노동강도, 또 그에 합당한 대가를 받지 못하는 저임금 문제가 동시에 있다. 이를 해소하는 열쇠는 공공성 강화에 있다. 공공이 직접 서비스를 제공 및 전달하는 비중을 강화하고, 민간 제공자가 제공하는 경우 서비스 품질과 일자리 질에 대한 실질적인 관리감독 기능을 수행해야 한다.

현재 임금에 서비스 단가가 큰 영향을 미치는 만큼 최저임금을 준수하고 생활이 안정될 수 있도록 근거 있게 책정하고, 이를 위한 절차와 기구를 마련하는 것 또한 현재 공공이 해야 하는 역할이다. 장시간 근로가 많은 직업이기 때문에 적정한 근로시간 준수와 휴게시간 보장을 위한 인력 및 재정지원도 간과할 수 없다. 사회서비스는 아니지만 개인 간 고용계약 관계를 맺는 비공식 돌봄종사자 역시 전체 소득주도 성장의 관점에서 간과할 수 없는 만큼 큰 비중과 이슈를 가지고 있다. 서비스를 제공하는 책임을 지는 보건복지부와 종사자에 대한 근로감독 의무가 있는 고용노동부와 같은 핵심적인 관련 부처가 주체가 되어 돌봄서비스 종사자 처우 개선에 노력해야 할 것이다.

| 참고문헌 |

강은나·이윤경·임정미·주보혜·배혜원. 2019.『2019년도 장기요양 실태조사』. 세종: 보건복지부·한국보건사회연구원.

국미애·고현승. 2018.『서울시 사회서비스 종사자 근로조건 개선 방안-재가 요양보호사를 중심으로』. 서울시여성가족재단.

김유경·조성호·박경수·윤덕찬·임성은·김유휘·정희선. 2020.『사회복지 종사자의 보수수준 및 근로여건 실태조사』. 세종: 보건복지부·한국 보건사회연구원.

김현경·박세경·안수란·어유경·윤자영·김현진. 2020.『코로나19에 따른 사회서비스일자리 정책분석과 일자리 창출방안 연구』. 세종: 보건복 지부·한국보건사회연구원.

김현경·노대명·송지원·양정승·엄형식·정성미·최요한. 2019.『사회서비스 분야 양질의 일자리 창출 방안』. 세종: 한국보건사회연구원.

민주노총. 2020.『민주노동 위원장과 함께하는 돌봄노동자 코로나19 증언 대회 자료집』. 2020.5.14.(목) 공공연대노동조합 3층 교육실.

박세경·김유휘·안수란·어유경·이한나·이정은·양난주 외. (비발간 내부 자료).『사회서비스 의제 발굴 및 정책전략의 재구조화 방안』. 세종: 한국보건사회연구원·한국보건사회연구원.

보건복지부. 2021.『보육통계』2020년.

양난주. 2020. "포용국가를 위한 사회서비스정책: 사회서비스 공공성 강화 를 위한 과제". 노대명 외.『혁신적 포용국가 실현방안: 사회보장분 야를 중심으로』제6장. pp.145~188.

유해미 외. 2018.『전국 보육실태조사 – 어린이집 조사』. 보건복지부.

이현주 외. 2020.『사회서비스 확대를 통한 가계지출 경감방안 연구』. 세종:

경제·인문사회연구회.

정흥준. 2019. "특수형태근로종사자의 규모 추정에 대한 새로운 접근". 『고용·노동브리프』제33호(2019. 3).

최혜지. 2020. 『코로나19 감염병 상황에서 노인돌봄 정책 분석 및 대안 모색, 코로나, 노인돌봄의 대안은?』. 노인돌봄서비스 공공성 강화를 위한 토론회.

KOSIS. 국민건강보험공단. 『노인장기요양보험통계』.

제9장

사회서비스원 도입 평가 및 과제[1]

이승호 한국노동연구원 부연구위원

사회서비스원은 사회서비스의 공공성을 강화하고, 서비스를 제공하는 종사자의 처우 개선을 통해 이용자에게 더 나은 서비스를 제공할 목적으로 설립된 공공법인이다. 이 절에서는 공공 부문이 직접 종사자를 고용하여 이용자에게 서비스를 공급하는 공영화 모형의 추진 배경을 정리하고, 사회서비스원을 도입한 목표와 주요 사업 및 운영 현황을 살펴본다. 2019년에 시작된 4개 시범사업 지역을 중심으로 현재까지의 성과와 한계를 진단하고, 그에 기초하여 사회서비스원의 개선 방향을 논의한다.

1. 사회서비스원 도입 배경

가. 사회서비스 공공성 확대 필요성

한국의 사회서비스는 1950년대 외국 원조기관의 지원으로 설립한

---

[1] 이 글은 양난주 외(2020), 『사회서비스 공급체계 개선을 위한 사회서비스원의 중장기 역할과 과제』, 이승호 외(2019), 『사회서비스 활성화가 고용에 미치는 영향』의 두 보고서를 주로 참고하여 요약·정리한 것임.

생활시설 보호에서 시작되었고, 1970년대까지 민간자원에 의존한 잔여적 성격의 서비스가 공급되었다. 1980년대 이후에는 사회복지기관을 중심으로 이용시설을 확대했으며, 2000년대부터는 사회서비스 시장에서 이용자가 제공 기관을 선택하는 방식으로 변화하였다. 이 과정에서 사회서비스가 양적, 질적으로 확대되었으나 가용 자원의 제약 등으로 인해 주로 저소득층과 취약집단을 대상으로 최소한의 사회적 지원을 제공하는 것에 초점을 두었다.

최근 들어 인구고령화의 진전, 여성 노동시장 참여 증가, 1인가구 증가와 같은 사회구조적 변화들로 인해 취약집단에 대한 사회적 돌봄 수요가 과거에 비해 더욱 증가했으며, 경제가 성장하고 소득 수준이 향상되면서 사회서비스에 대한 국민적 요구도 이전보다 다양해졌다. 또한 돌봄서비스 이용자들의 '삶의 질'에 대한 관심이 커지면서 이를 위해 사회서비스의 양적 확대와 함께 질적 개선이 필요하다는 사회적 목소리가 높아졌다.

그러나 지난 경험은 민간자원에 의존한 생활시설, 이용시설 중심의 사회서비스와 사회서비스 시장을 통한 기존의 서비스 공급방식으로 신뢰할 수 있는 품질의 사회서비스를 충분히 공급할 수 없음을 분명히 보여주었다. 민간자원의 생활시설과 이용시설에서는 서비스의 양과 질을 확대하기에 제도적인 제약이 있고, 재정이 충분하지 않다. 사회서비스 시장을 활용하는 방식은 영세한 공급기관, 불안정한 일자리를 대거 양산했다는 비판을 받고 있으며, 제공되는 서비스의 질적 향상을 담보하기 어렵다. 이에 대한 대안으로, 공적 재원을 통해 사회서비스 공급의 안정성을 확보하고, 국가가 직접 종사자를 고용하여 서비스의 질적 향상을 도모해야 한다는 주장이 지속해서 제기되어 왔다.

나. 사회서비스 확대를 통한 양질의 신규 일자리 창출

2000년대 들어 고용 없는 성장이 지속되고 고용 창출에 대한 정책적 요구가 증가하는 배경에서, 다른 산업에 비해 종사자 규모가 빠르게 증가하고 있는 사회서비스 산업에 주목하는 시선이 많아졌다. 더욱이 사회서비스 산업은 다른 산업에 비해 정부 정책의 영향이 큰 분야이다. 공공 부문에서 사회서비스 공급을 늘리면 민간 시장의 열악한 일자리에 비해 상대적으로 근로조건이 개선된 신규 일자리를 빠르게 창출할 수 있을 것으로 기대되었다. 실제로도 최근의 고용 추이에서 사회서비스 산업의 종사자 규모는 빠르게 증가하는 경향이 확인되었다.

문재인 정부는 2017년 출범 당시부터 일자리 정부를 자임하였고, 2022년까지 공공 부문에 81만 명의 일자리를 창출하겠다는 로드맵을 제시하였다. 사회서비스 활성화를 통한 신규 일자리 창출 목표는 34만 명으로, 공공 부문 일자리 목표에서 가장 큰 비중을 차지하였다. 일자리를 창출할 분야는 「사회보장기본법」에 명시된 복지, 보건의료, 교육, 고용, 주거, 문화, 환경을 포함한 광범위한 사회서비스 분야를 망라하고 있지만, 상대적으로 서비스 확대 필요성이 더 높은 보육과 요양 등의 돌봄 관련 분야가 더 우선되었다.

다. 종사자 처우 개선을 통한 사회서비스의 질적 제고

사회서비스 공공성 확대의 이면에는 서비스 종사자의 열악한 처우도 작용하였다. 특히 2000년대 중반 이후 돌봄서비스 영역에서 새롭게 제도화된 요양보호사와 장애인 활동지원사 직업군에서는 호출근로 방식의 시간제 고용이 크게 확대되었다. 2020년 하반기를 기준으로 돌봄서비스 종사자의 44.2%는 임시직 근로자로 일하고 있다.[2] 여성

비율이 94.5%, 평균 연령이 57.0세로, 고령의 여성 근로자가 대부분이고, 월평균 임금은 125.3만 원으로 전체 근로자 평균 임금의 47.0% 수준이며, 주당 근로시간도 29.2시간으로 전체 근로자의 73.6% 수준이다. 요컨대 돌봄서비스를 공급하는 근로자의 대부분은 고용이 불안정한 일자리에 종사하고 있으며, 근로시간이 짧지만 그보다 더 낮은 임금을 받고 있다.

종사자의 낮은 처우는 높은 이직률로 이어지고, 제공되는 서비스의 질을 높이거나 유지하는 데 부정적 영향을 미친다. 공공 부문에서 먼저 사회서비스 종사자의 처우를 개선하면, 내부에서는 숙련이 형성되고, 외부에서는 우수한 인력이 유입되어 더 나은 사회서비스를 제공할 수 있으며, 민간 제공 기관에서도 점차 공공 부문에 준하는 수준으로 종사자 처우와 서비스 품질을 개선할 것으로 기대되었다.

라. 사회서비스원 시범사업의 시작

문재인 정부는 사회서비스 공공성 강화를 위한 국공립 인프라를 확충하고, 질 좋은 일자리를 창출하기 위해 사회서비스공단을 설립하겠다는 계획을 100대 국정과제의 하나로 채택하였다. 사회서비스공단의 핵심은 정부와 지자체가 공공복지시설을 확충하고, 시설을 직영하며, 종사자를 직접 고용하는 데 있었다(김연명, 2017). 그러나 제도화되는 과정에서 기존의 인력공단 설립 계획이 사회서비스원 사업으로 조

---

2 여기서 돌봄서비스 종사자는 지역별 고용조사 기준으로 산업분류가 사회복지서비스업(87)이면서, 직업분류가 돌봄 및 보건서비스 종사자(421)에 해당하는 집단을 의미한다.

정되었고, 국민연금 기금을 활용하는 대대적인 국공립시설 확충은 민간 사회서비스 시장을 위축시킬 수 있다는 우려로 논의에서 사라졌다. 공공 부문이 직접 공급하는 통합적 재가서비스는 독립채산제의 벽을 넘지 못했다.

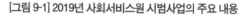

[그림 9-1] 2019년 사회서비스원 시범사업의 주요 내용

출처: 보건복지부 내부 자료. 이승호 외(2019: 25)에서 재인용.

그러나 우여곡절을 거쳐 2019년 1월, 사회서비스에서 국가의 책임을 높이고, 공공 부문이 종사자를 직접 고용하는 방식으로 사회서비스를 제공하는 사회서비스원 시범사업이 시작되었다([그림 9-1] 참조). 지자체 공모를 거쳐 서울과 대구, 경남, 경기 등 4개 지역이 선정되었고, 지역별로 평균 12.4억 원의 예산이 책정되었다. 5.0억 원은 사회서비스원 설치를 위한 예산이고, 7.4억 원은 사회서비스원 6개월 운영 예산의 절반에 해당하는 금액이다. 사회서비스원의 도입은 민간자원과 시장에 의존해 온 과거의 사회서비스 공급과 구별되는, 타인의 도움을 필요로 하는 구성원에 대한 사회서비스 제공에 있어서 국가의 책임과 역할을 강화하는 새로운 변화의 시작을 의미한다.

2. 사회서비스원 현황

가. 사회서비스원 도입 목표와 주요 사업

사회서비스원은 사회서비스 제공 기관의 공공성·투명성 제고, 종사자 처우 개선 및 전문성 향상을 바탕으로 사회서비스 제공 체계를 개선하고, 궁극적으로는 국민에게 더 나은 사회서비스를 제공하는 것을 목적으로 한다.

사회서비스원의 주요 사업은 크게 다음의 네 가지로 구분되었다. 첫째, 국공립 서비스 제공 기관을 지자체로부터 위탁받아 직접 운영한다. 2022년까지 보육시설 510개소, 치매전담 요양시설 344개소 등을 운영할 계획이다. 둘째, 종합재가센터를 설립하여 각종 재가서비스를 통합·연계 제공한다. 2019년 10개소를 시작으로 2022년에는 135개소까지 확대 계획이다. 셋째, 민간 제공 기관을 지원하여 행정 부담을 줄이고 서비스 품질 향상에 기여한다. 재무·회계·노무 등의 상담과 자문을 제공하고, 대체인력과 시설 안전점검 등을 지원할 계획이다. 넷째, 지역사회의 사회서비스 질 제고를 위한 관련 정책을 지원한다.

민간 제공 기관 지원과 지역사회 사회서비스 제반 정책 지원은 사회서비스원이 자리를 잡은 이후의 상시적인 업무이므로, 사회서비스원의 설립 초기에는 종합재가센터 설립과 국공립시설 위탁이 주된 업무라고 할 수 있다.

종합재가센터는 장기요양보험 및 바우처 등을 통해 재가 돌봄서비스 제공 기관을 사회서비스원이 직접 운영하는 사업이다. 이전까지 없던 기관을 설립하는 것으로, 설립하는 종합재가센터 수와 센터별 종사자 규모는 사회서비스원이 창출하는 신규 일자리의 대부분을 차지한다. 시범사업 계획에서는 방문요양사업, 노인종합돌봄사업, 가사간병지원사업의 서비스를 통합 제공하는 기본형과 여기에 장애인 활동지원서비스를 추가로 담당하는 확대형의 두 가지 모델이 제시되었다.

사회서비스원의 종합재가센터는 요양보호사와 장애인 활동지원사 등의 서비스 종사자 가운데 50%를 월급제로 고용하도록 권고되었고, 최저임금을 기본 급여 수준으로 하되 이동시간을 근로시간으로 인정하고, 연차 사용 시에 대체인력을 파견하는 등의 근로조건 개선안이 제시되었다.

국공립시설의 위탁 운영은 국가 또는 지자체가 설치·운영하는 사회복지시설을 사회서비스원이 수탁받아 운영하는 사업이다. 2019년 시범사업에서는 서비스에 대한 욕구와 국민의 체감도를 고려하여 어린이집과 요양시설을 반드시 포함하는 것으로 계획되었다. 종합재가센터와 달리 국공립시설의 위탁 운영을 통한 일자리 창출은 신규 시설을 설립하는 경우로 제한되고, 사회서비스원이 운영하는 시설에서도 기존의 사업 지침에 따라 임금 수준을 결정한다는 점에서 종사자의 처우가 이전보다 크게 달라지기 어렵다. 다만 사회서비스원이 위탁 운영하는 국공립시설은 기존의 민간위탁 방식과 다른 공공위탁에 해당하며, 종사자들이 누려야 할 기본적인 근로조건을 보장하고, 종사자의 처우개선에 더 적극적인 모습을 보일 것으로 기대할 수 있다.

나. 사회서비스원의 사업 및 고용 현황

2019년과 2020년에 설립된 11개 사회서비스원의 사업 현황을 정리하면 〈표 9-1〉과 같다. 사회서비스원이 수행하고 있는 사업은 크게 종합재가센터, 국공립시설 및 정부 위탁사업의 세 가지로 구분된다. 2021년 11월 현재 11개의 광역 시·도에서 종합재가센터 29개, 국공립시설 70개, 정부 위탁사업 85개 등을 합쳐 총 184개 사업(기관)을 운영하고 있다.

2019년에 지정된 사회서비스원은 대략 17~38개 사업을 운영 중이다. 사회서비스원이 운영하는 사업 구성은 지역에 따라 차이를 보였다. 서울시 사회서비스원은 종합재가센터를 다른 지역보다 많이 설립했고, 대구시 사회서비스원은 정부 위탁사업의 비중이 높으며, 경기도 사회서비스원은 국공립시설을 더 많이 운영하고 있다.

2020년에 추가로 지정된 사회서비스원은 2021년 6월에 개원한 전라남도 사회서비스원을 제외하면 9~15개의 사업을 운영하고 있다. 2019년 지정된 사회서비스원에 비해 사업의 수가 적은 것은 아직 본격적인 사업 진행을 위한 준비 단계에 있기 때문이다. 구성 측면에서는 대부분의 사회서비스원이 종합재가센터 설립보다 국공립시설이나 정부 위탁사업 운영에 초점을 두는 것으로 보인다.

〈표 9-1〉 지역별 사회서비스원 사업 현황(2021.11 기준)

(단위: 개소)

지정 시기	지역	계	종합재가센터	국공립시설	정부 위탁사업
2019	서울	21	12	9	-
	대구	30	2	6	22
	경기	38	2	16	20
	경남	17	2	7	8

	인천	15	2	5	8
	광주	12	2	5	5
	대전	15	2	7	6
2020	세종	12	1	6	5
	강원	9	2	4	3
	충남	13	2	5	6
	전남	2	-	-	2

출처: 보건복지부 내부 자료.

　〈표 9-2〉는 11개 지역 사회서비스원의 고용 현황을 보여준다. 2021년 11월 기준, 사회서비스원의 소속 시설에 고용된 종사자 규모는 3,364명이다. 2019년에 지정된 4개 지역의 사회서비스원은 394~519명의 인력을 고용하였다. 서울시 사회서비스원은 종합재가센터에서, 경상남도 사회서비스원은 정부 위탁사업의 종사자 규모가 많은 편이었다. 2020년에 지정된 사회서비스원에서는 개원 시점에 따라 고용 규모에 상당한 차이가 관측되었다.

　직종별로는 장기요양보험의 재가서비스를 제공하는 요양보호사와 어린이집 보육교사의 비중이 높았고, 사회복지사와 생활지원사도 다른 직종에 비해 종사자 규모가 큰 편이었다(양난주 외, 2020). 지역별 종사자 직종은 운영하는 사업에 따라 차이를 보였다. 서울시 사회서비스원은 요양보호사, 대구시와 경기도 사회서비스원은 보육교사, 경기도와 경상남도 사회서비스원은 생활지원사를 다른 지역보다 더 많이 고용하였다.

〈표 9-2〉 지역별 사회서비스원 고용 현황(2021.11 기준)

(단위: 명)

지정 시기	지역	계	종합재가센터	국공립시설	정부 위탁사업
2019	서울	464	331	133	-
	대구	394	31	186	177
	경기	417	32	181	204
	경남	519	47	124	348
2020	인천	122	20	41	61
	광주	278	40	116	122
	대전	428	46	110	272
	세종	474	15	70	389
	강원	94	46	18	30
	충남	152	34	18	100
	전남	22	-	-	22

주: 본부 인력을 제외한 수치임.
출처: 보건복지부 내부 자료.

사회서비스원의 운영 현황을 정리하면 다음과 같다. 첫째, 사회서비스원이 설립된 시점에 따라 운영하는 사업과 고용 규모에 있어서 상당한 차이가 관측되었다. 사회서비스원이 설립된 이후에도 자리를 잡기까지는 일정한 시간이 필요함을 보여주는 결과이다. 둘째, 지역에 따라 사회서비스원이 운영하는 사업, 고용한 종사자 규모 및 직종이 큰 차이를 보였다. 지역별로 사회서비스원에 기대하는 역할에 차이가 있고, 기존 수행기관이 처해 있는 여건도 다르기 때문이다.

3. 사회서비스원 시범사업의 성과 진단

여기서는 2019년에 시범사업을 시작한 4개 지역의 사회서비스원을 대상으로, 2021년 11월 현재까지의 성과와 한계를 진단한다. 사회서비스원이 도입되며 제시한 여러 가지 목표 가운데, 민간 제공 기관에 비해 개선된 근로조건의 일자리가 충분히 창출되었는지, 공공 부문이 더 나은 품질의 사회서비스를 제공하고 있는지에 초점을 두고 살펴본다.

가. 공공 부문의 사회서비스 일자리 창출

먼저, 사회서비스원 시범사업이 시작되던 당시에 제시된 4개 지역 사회서비스원의 목표를 정리하면 〈표 9-3〉과 같다. 2019년 보건복지부는 4개 시범사업 지역에서 연내에 10개의 종합재가센터를 설립하고, 31개의 국공립시설을 운영하면서 1,740명의 종사자를 고용하고, 2022년까지는 종합재가센터를 70개, 국공립시설을 170개로 확대하여 11,200명의 종사자를 고용하겠다는 계획을 발표하였다. 국공립시설 유형에는 어린이집, 요양시설, 노숙인시설, 장애인시설 및 기타 공공센터와 다함께 돌봄, 커뮤니티케어센터 등을 포함하되,[3] 일부 시설은 특정 지역에서만 운영하는 것으로 계획되었다.

그러나 앞서 현황 자료에서 살펴봤듯이, 2021년 11월 현재 사회서비스원 시범사업의 주요 목표들이 충분한 수준으로 달성되었다고 보기 어렵다. 시범사업을 시작한 4개 지역의 사회서비스원은 2021년까지 18개의 종합재가센터, 88개의 국공립시설 및 정부 위탁사업을 운영하고 있다. 대체로 2019년까지의 단기적인 목표는 넘어섰지만 2022년까지 달성하려는 목표치와는 상당한 차이가 있다.

---

3   사회서비스원 현황에서 종합재가센터, 국공립시설과 구분해서 별도로 제시한 정부 위탁사업이 사업 초기에는 별도 구분없이 국공립시설에 포함되었던 것으로 보인다.

〈표 9-3〉 사회서비스원 시범사업 4개 지역의 2019·2022년 사업 및 고용 목표

구분		국공립시설 등 운영				민간시설 지원사업
		국공립 시설	종합 재가센터	종사자 수	시설유형	
서울	'19	5	4	550여 명	어린이집, 요양시설 ('20년 이후)	① 경영 컨설팅
	(~'22 목표)	20	25	3,900여 명		
대구	'19	9	2	470여 명	어린이집, 노인시설, 노숙인시설, 장애인시설, 기타 공공센터 등	① 시설 안전점검 지원 ② 경영 컨설팅 ③ 대체인력지원 ④ 민관협력지원사업
	(~'22 목표)	28	8	1,500여 명		
경기	'19	10	2	330여 명	어린이집, 요양시설, 다함께 돌봄, 기타 공공센터 등	① 시설 안전점검 지원 ② 경영 컨설팅 ③ 대체인력 지원 ④ 인력수급지원
	(~'22 목표)	97	29	4,300여 명		
경남	'19	7	2	390여 명	어린이집, 요양시설, 커뮤니티 케어센터 등	① 시설 안전점검 지원 ② 경영 컨설팅 ③ 대체인력 지원 ④ 교육훈련지원
	(~'22 목표)	25	8	1,500여 명		
계	'19	31	10	1,740명	-	-
	(~'22 목표)	170	70	11,200명		

주: 각 시·도별 사업 규모 목표는 정책 환경 변화 등에 따라 변경될 수 있음.
출처: 보건복지부 내부 자료, 양난주 외(2020: 46)에서 재인용.

〈표 9-4〉는 4개 지역 사회서비스원 종합재가센터의 2022년 고용 목표와 현황을 정리한 것이다. 2021년 11월을 기준으로, 4개 지역 사회서비스원의 18개 종합재가센터에서는 441명의 종사자가 일하고 있다. 2022년까지의 목표치와 비교하면, 종합재가센터 수 기준으로 25.7%, 종사자 수 기준으로는 5.9%의 달성률로 평가할 수 있다. 2019년에 시작된 사업이 2022년까지 순차적으로 확대되는 것으로 가정하면, 2021년 11월은 전체 기간의 절반을 훌쩍 넘은 시점에 해당한다. 설립 초기에 사업 확대가 더디다는 점을 고려하더라도 시범사업에서

제시한 당초 목표가 순탄하게 달성되고 있다고 보기 어렵다.

서울시 사회서비스원에서는 12개의 종합재가센터를 설립하여 다른 지역에 비해 무난한 수준의 목표 달성률을 보였지만 고용한 종사자 규모로는 목표한 바에 크게 미치지 못하였다. 또한 시기적으로는 2021년의 목표 달성률이 2020년에 비해 오히려 낮아지는 변화가 관측된다. 4개 지역 모두에서 지난 1년 동안 종합재가센터를 추가로 설립하지 않았고, 대부분의 지역에서 종사자 규모가 감소하였다.

〈표 9-4〉 4개 시범사업 지역 종합재가센터의 2022년 고용 목표와 2020~2021년 현황 비교

(단위: 개소, 명, %)

지역	2022년 목표		시설 목표 달성		종사자 목표 달성	
	시설 수	종사자 수[1]	2020. 12.	2021. 11.	2020. 12.	2021. 11.
서울	25	2,650	48.0	48.0	12.8	12.5
대구	8	848	25.0	25.0	4.5	3.7
경기	29	3,074	6.9	6.9	1.6	1.0
경남	8	848	25.0	25.0	5.5	5.5
계	70	7,420	25.7	25.7	6.4	5.9

주: 종합재가센터 수에 기본형 종사자 규모(106명)를 단순 곱하여 계산한 값을 최소 고용 목표로 간주함.
출처: 보건복지부 내부 자료.

종합재가센터에서 종사자를 채용하지 못한 가장 큰 이유는 서비스 이용자를 충분히 확보하지 못했기 때문이다. 사회서비스 수요를 다룬 기존 연구들은 한국 사회의 사회서비스 공급이 수요에 비해 크게 부족한 점을 지적했다. 그러나 사회서비스원의 지난 경험은 시장에 서비스 수요가 존재한다는 점이 곧 서비스 공급자와 수요자의 연결을 보장하는 것은 아니라는 점을 보여주었다. 설립 초기에 이용자를 확보하기 위한 구체적 계획이 부재하였고, 공공 부문의 사회서비스 공급을 홍보하

기 위한 추가적 재원을 지원하지 못한 점 등이 원인으로 지목된다.

다수의 종합재가센터에서는 종사자를 채용하고도 서비스 이용자를 확보하지 못하는 일이 발생하였다. 공적 재원이 투입된 사업에서 종사자에게 적정 수준의 업무를 부여하지 못하면서, 사회서비스원에 대한 비판의 원인을 제공하였고, 추가적인 종합재가센터 설립을 어렵게 하는 요인으로 작용하였다. 다른 지역에 비해 서울시에서는 종합재가센터를 더 많이 설립하였고, 종사자 충원율도 비교적 높은 편이었는데, 종합재가센터가 지자체의 추가 재정지원으로 긴급돌봄서비스 제공을 병행하면서 최소한의 서비스 이용자를 확보할 수 있었기 때문이다.

〈표 9-5〉는 2019년 지정된 사회서비스원의 국공립시설 운영 목표와 2020~2021년 현황을 정리한 것이다. 4개 지역의 사회서비스원은 2021년 11월을 기준으로, 2022년까지 설립하기로 한 목표 대비 시설 수 55.3%, 종사자 수 48.7%를 달성하였다. 지역별로는 대구시의 시설 목표 달성률이 높고, 경기도의 달성률이 낮았지만 실질적인 성과 차이라기보다는 초기에 설정한 목표치의 차이 때문이다. 전체적으로는 시설과 종사자 모두 종합재가센터보다 나은 수준이라고 볼 수 있다.

다만, 국공립시설의 구성에 있어서는 초기 목표를 적절히 달성하고 있다고 보기 어렵다. 사회서비스원 시범사업 계획에서는 운영하는 국공립시설에 어린이집과 노인요양시설을 반드시 포함하도록 권고한 바 있지만 두 시설을 모두 운영하는 지역은 서울시와 경상남도 사회서비스원뿐이었다. 또한 신규로 설립된 일부 시설을 제외하면 사회서비스원이 신규 일자리를 창출했다고 보기 어렵다. 다수의 국공립시설과 정부 위탁사업 수행기관은 기존의 종사자를 그대로 고용 승계하였고, 소속만 사회서비스원으로 전환하는 형태를 취하였기 때문이다.

〈표 9-5〉 4개 시범사업 지역 국공립시설의 2022년 고용 목표와 2020~2021년 현황 비교

(단위: 개소, 명, %)

지역	2022년 목표		시설 목표 달성		종사자 목표 달성	
	시설 수	종사자 수[1]	2020.12	2021.11	2020.12	2021.11
서울	20	250	40.0	45.0	40.0	53.2
대구	28	652	78.6	121.4	48.0	55.7
경기	97	1,226	18.6	37.1	27.7	31.4
경남	25	652	52.0	60.0	66.9	72.4
계	170	2,780	35.9	55.3	42.8	48.7

주: 종사자 수는 2022년 채용 목표에서 앞서 추정한 종합재가센터 종사자 수를 차감한 수치임.
출처: 보건복지부 내부 자료.

일자리 창출 측면에서 사회서비스원 시범사업의 성과를 정리하면 다음과 같다. 첫째, 사회서비스원 시범사업에서는 종합재가센터를 당초 목표한 규모만큼 설립하지 못하였고, 개별 종합재가센터에서도 계획된 모형 수준으로 종사자를 채용하지 못하였다. 둘째, 사회서비스원은 다수의 정부 위탁사업 수행기관을 운영하는 등 국공립시설 운영 목표를 비교적 무난하게 달성하고 있지만, 새로 설립된 일부 시설을 제외하면 공공부문에 사회서비스 신규 일자리를 창출한 것으로 보기는 어렵다.

나. 사회서비스 종사자의 처우 개선과 서비스 품질 개선

다음으로, 사회서비스원에 고용된 종사자의 처우를 종합재가센터와 국공립시설로 구분하여 살펴본다.

종합재가센터의 경우, 2019년 시범사업을 시작한 4개 지역 가운데 어느 곳에서도 사회서비스원 시범사업 추진계획에서 권고한 모형(기본형, 확대형)을 준수하지 않았다. 지역별로는 상당한 차이가 관측되었는

데, 대체로 서울시와 기타 지역으로 구분할 수 있다.

서울시 사회서비스원은 전일제와 시간제로 계약한 모든 종사자들에게 월급제를 보장하는 고용계약을 체결하였고, 서울시의 생활임금에 기초하여 임금을 지급하였다. 서울시 종합재가센터 종사자들은 시범사업 모형 이상의 처우를 보장받았는데, 이는 서울시가 사회서비스원에 막대한 추가재정을 지원했기 때문에 가능했다.

그러나 다른 지역에서는 사회서비스원 시범사업 계획에서 제시한 독립채산제 원칙을 적용하였고, 지자체의 추가적인 재정 없이 서비스 공급의 수가만으로 종합재가센터를 운영하였다. 이용자가 충분히 확보되지 않은 초기 조건에서 종사자를 월급제로 채용하는 결정은 재정적으로 쉽지 않다. 결과적으로 기존의 민간 제공 기관과 동일하게 호출형 시급제 방식으로 종사자를 고용하였다.

정년까지의 고용보장은 4개 지역 모두에서 적용되었지만 호출형 시급제 고용에서의 정년 보장은 안정적인 소득 수준을 보장하지 못한다는 점에서 고용보장이 가지는 의미가 제한적일 수밖에 없다. 이용자의 서비스 중단에 따라 언제든 소득 단절이 발생하는 구조이기 때문이다. 게다가 고령의 종사자에게 있어서 60세까지의 정년 보장은 그다지 매력적인 조건으로 보기 어렵다. 이에 사회서비스원은 60세 이후에도 종사자들이 1년 재계약 방식으로 최대 65세까지 일할 수 있도록 조치하였고, 대구시 사회서비스원에서는 요양보호사 모집 과정에서 정년을 65세로 조정하였다.

근로조건에서는 일정 부문 종사자 처우 개선이 관측되었다. 사회서비스원 종합재가센터는 민간 제공 기관에 비해 기관장의 재량이 제한되었고, 종사자들은 근로계약서에 명시된 근로조건을 누릴 수 있는 권리를 보장받았다. 노사관계의 기본이지만 기존의 민간 제공 기관에서는 충분히 준수되지 않았던 부분이다.

국공립시설의 경우, 기존의 임금 가이드라인과 정부 지침이 그대로 적용되었다는 점에서 사회서비스원이 운영하더라도 명시적인 고용 조건이 크게 달라지기 어렵다. 다만 일부 지자체에서는 사회서비스원 종사자에게 생활임금을 적용하면서 다른 민간위탁 기관에 비해 종사자의 임금이 상승하는 효과가 나타났다. 또한 민간위탁에서 공공위탁으로의 전환은 노동법 등 관련 사업 지침의 준수 및 공공 부문에 부과되는 각종 의무의 이행으로 이어져 종사자의 처우 개선에 도움이 되었다.

한편, 사회서비스원 시범사업은 종사자의 처우 개선 목표를 전면에 내세웠지만 4개 지역 모두에서 시범사업 계획이 준수되지 않았고, 그에 따른 서비스의 질적 개선도 기대하기 어려웠다. 예외적으로 서울시 종합재가센터의 월급제 도입 실험에서는 종사자의 처우 개선이 사회서비스의 질적 향상으로 이어질 가능성이 엿보였다. 기존의 1:1 서비스 제공방식을 벗어나 팀제 운영, 다회 방문 등의 새로운 서비스 제공, 돌봄과 의료의 통합서비스 제공 등이 시도되었고, 교육과 토론을 통한 전문성 강화, 종사자가 연차를 사용하는 모습 등이 관측되었다. 안정된 일자리에서 사회서비스 공공성 강화에 기여하고 있다는 인식은 종사자의 자부심 향상으로 이어졌다.

또한 대구시 사회서비스원에서는 코로나19 확산에 따른 돌봄서비스 중단과 공백 등에 대응하기 위해 긴급돌봄서비스를 주도적으로 제공하는 등 방역 위기 상황에서 긍정적 역할을 수행하였다. 다만 이러한 가능성에도 불구하고 사회서비스원 전체적으로는 종사자의 처우 개선과 이를 통한 서비스의 품질 개선이 충분히 달성되었다고 보기는 어렵다고 판단한다.

4. 소결: 사회서비스원 개선 방향

2021년 8월 31일 「사회서비스 지원 및 사회서비스원 설립·운영에 관한 법률」(사회서비스원법)이 국회 본회의를 통과했다. 국가와 지자체는 사회서비스 확충 및 품질향상을 위해 5년마다 사회서비스 기본계획과 지역계획을 수립하도록 규정되었고, 광역 시·도가 사회서비스원을 설립·운영할 수 있는 법적 기반이 마련되었다.

2019년 시작된 사회서비스원 시범사업은 공공 부문에서 직접 종사자를 고용하여 사회서비스를 공급하는 새로운 전달 체계를 도입하였다. 일부 지역에서는 종사자의 처우 개선이 서비스의 질을 높이고, 위기 상황에 사회서비스원이 적극적으로 대처하는 등 긍정적 모습이 관측되기도 했지만, 여전히 사회서비스 영역에서 공공성이 획기적으로 강화되었다고 보기는 무리가 있다. 사회서비스원이 단순히 신규 기관 설립에 그치지 않으려면 다음 단계로의 도약이 필요하다.

종합재가센터는 설립 이후 이용자 확보부터 지역사회 정착까지의 단계를 구체적으로 설정하고, 단계별로 필요한 인력과 재원을 설정하는 작업이 시급하다. 시범사업의 경험은 독립채산제와 규모의 경제만으로 공공성을 확대할 수 없음을 보여주었다. 종사자의 처우는 월급제 종사자 비중을 점진적으로 확대하되, 처우 개선이 숙련 향상을 거쳐 제공하는 서비스의 품질 개선으로 이어질 수 있도록 세심한 설계가 필요하다. 단기적으로는 지자체가 수행하는 긴급돌봄이나 지역사회통합돌봄, 노인맞춤돌봄 등의 사업을 병행하는 것이 이용자 확보에 도움이 될 수 있고, 중장기적으로는 종사자의 전문성 강화를 통해 민간 제공 기관과 구별되는 통합적인 서비스를 제공할 수 있어야 한다.

국공립시설은 현실적으로 가능한 목표를 구체화하는 작업이 요구된다. 기존의 사업 지침을 그대로 따르는 조건에서는 종사자의 처우 개선과 서비스의 질적 향상 모두 쉽지 않은 과제이다. 법안 심의 과정에서 국공립시설의 우선위탁 조건이 민간에서 기피하는 기관으로 제한된 점을 고려하면, 지역사회에 필요한 사회서비스를 충분히 공급하기 위해 공공 부문과 민간 제공 기관이 책임과 역할 분담을 논의하기 위한 거버넌스 구축도 필요하다. 또한 사회서비스원이 운영하는 시설 유형별 고용조건의 격차를 완화하고, 모든 기관에서 종사자들이 적절한 처우를 보장받을 수 있도록 중장기적 계획을 마련해야 한다.

사회서비스원은 사회적 돌봄에 대한 수요의 급격한 증가에 대응하여 지역사회에 충분한 사회서비스를 공급하면서 종사자의 처우 개선을 위해 서비스 단가를 높여야 하는 어려운 과제 앞에 서 있다. 도입 초기에는 신규 기관 설립 자체에 초점을 두었다면 이제는 설립된 기관에서의 내실을 다지기 위한 노력이 절실한 시점이다.

| 참고문헌 |

김연명. 2017. "사회서비스 질 향상을 위한 사회서비스공단 설립 및 운영 방안". 『남인순 의원실·더불어민주당 정책위원회 공청회 발표문』. 2017.3.6.

양난주·남찬섭·문혜진·이승호·신유미·유경숙. 2020. 『사회서비스 공급체계 개선을 위한 사회서비스원의 중장기 역할과 과제』. 보건복지부·대구대학교 산학협력단.

이승호·박찬임·양난주. 2019. 『사회서비스 활성화가 고용에 미치는 영향』. 고용노동부·한국노동연구원.

제10장

의료양극화 해소를 위한
지역완결형 의료체계 구축 방안

김 윤 서울대학교 의과대학 의료관리학 교수

1. 건강보장의 개념

가. 보편적 건강보장

건강은 인간다운 삶을 살기 위한 필수적인 조건이다. 따라서 건강해지기 위해 아플 때 의료서비스를 이용하는 것은 혜택이 아니라 사회적으로 보장되어야 할 권리이다. 세계보건기구가 주창하는 보편적 건강보장(universal health coverage: UHC)은 모든 사람에게 필요한 의료서비스를 이용할 권리를 보장하기 위한 노력이다.

세계보건기구는 보편적 건강보장을 "모든 사람이 의료비 부담에 대한 어려움 없이 좋은 질의 의료서비스를 이용할 수 있도록 하는 것 (UHC means everyone can access quality health services without financial hardship.)"이라고 정의하고 있다(WHO, 2010). 이는 단순히 아플 때 의료서비스를 이용하는 것을 보장하는 것에 그치는 것이 아니라 실질적인 건강 수준 개선으로 이어질 수 있는 좋은 질의 의료서비스를 이용할 수 있어야 한다는 것이다([그림 10-1]).[1]

[그림 10-1] 보편적 건강보장의 개념 틀

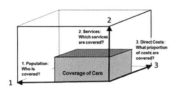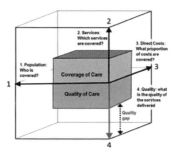

출처: Barker P. Making Universal Health Coverage Whole: Adding Quality as the Fourth Dimension. 2016.

나. 건강보장과 의료보장

건강 수준을 결정하는 데는 의료 외에도 생활습관과 환경, 유전적 요인이 영향을 미친다. 아플 때 의료서비스를 이용할 수 있도록 보장하는 의료보장은 건강을 보장하는 중요한 수단 중 하나인 셈이다. 의료서비스가 건강 수준을 개선하는데 얼마나 큰 영향을 미치는가를 알기 위해 사망률을 공중보건을 통해 예방할 수 있는 부분을 예방가능사망률(preventable mortality)과 의료를 통해 줄일 수 있는 치료 가능한 사망(treatable mortality)으로 나누어 평가한다.[2] 예방가능사망률은 전체 사망 중에서 질병 예방과 조기 발견을 통해 줄일 수 있는 사망을 의미하며, 치료가능사망률은 질병 발생 이후에 의료서비스 제공을 통해 줄일 수 있는 사망을 의미한다.

1 https://www.who.int/news-room/fact-sheets/detail/universal-health-coverage-(uhc).

2 OECD. Avoidable mortality: OECD/Eurostat lists of preventable and treatable causes of death. 2019.

우리나라와 OECD 국가 모두에서 치료가능사망률에 비해 예방가능사망률의 비중이 높았고, 지난 약 20년 동안 예방가능사망률이 더 큰 폭으로 감소했다([그림 10-2]). 이는 공중보건적인 중재가 의료체계 개선에 비해 사망률을 감소시키는데 더 효과적인 수단임을 의미한다. 하지만 의료체계 개선 효과가 사망률 감소에 미친 효과도 적지 않다. 전체 사망률 감소 중 의료체계 개선을 통한 사망률 개선 효과가 약 30~40%를 차지하였다(OECD, 2021).[3]

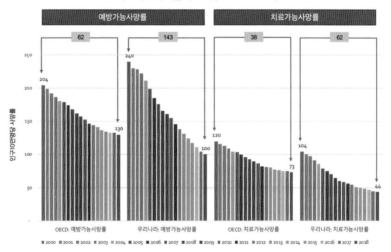

[그림 10-2] 우리나라와 OECD 국가의 예방가능사망률과
치료가능사망률의 변화(2000~2018년)

출처: OECD. Heatlh at a glance. 2021.

3   OECD. Heatlh at a glance. 2021.

다. 의료불평등의 원인

흔히 건강보험의 보장성을 강화하면 의료서비스에 대한 접근성을 보장할 수 있다고 생각한다. 하지만 보장성 강화만으로 필요한 의료서비스를 이용할 수 있게 보장하기는 어렵다. 미국 의학원은 의료이용의 불평등이 발생하는 요인을 [그림 10-3]과 같이 ① 의료체계 요인, ② 진료과정 요인, ③ 환자 의사결정 요인으로 구분하였다(IOM, 2003).[4] 이들 중 정책적 개입의 우선순위가 높은 영역은 의료체계 영역이다. 환자 요인은 개인의 의사결정에 관련된 것으로 개인과 사회의 책임을 구분하기 쉽지 않고, 진료과정에서의 차별은 인식과 태도 같은 문화적 요소의 영향을 많이 받기 때문에 개선하기 쉽지 않은 영역이기 때문이다.

[그림 10-3] 의료이용의 불평등의 원인

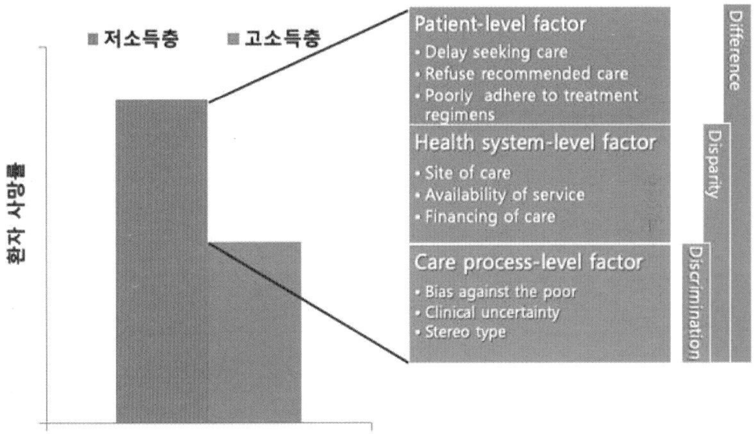

출처: Gomes and McGuire (2001): Differences, disparities, and discrimination: Populations with equal access to healthcare.

4 Institute of Medicine Committee on Understanding and Eliminating Racial and Ethnic Disparities in Health Care. Unequal Treatment: Confronting Racial and Ethnic Disparities in Health Care. 2003.

의료체계 영역에서 의료불평등을 해소하기 위해서는 ① 건강보험의 보장성을 강화해 재정적 접근성을 높이고, ② 의료서비스에 대한 지리적 접근성을 개선하며, ③ 환자가 좋은 의료기관을 선택할 수 있도록 보장해야 한다. 즉 건강보험의 보장성 강화만으로 의료이용의 격차(disparity)를 해소하기는 충분하지 않다.

라. 의료이용의 지리적 접근성 개선

의료불평등을 해소하기 위해서는 건강보험의 보장성 강화로 의료이용의 재정적 접근성을 보장하는 것과 함께 의료공급체계 개편을 통해 좋은 의료기관에 대한 지리적 접근성을 동시에 개선해야 한다. 보편적 의료보장에서 정의하고 있듯이 '좋은 질의 의료서비스'를 이용할 수 있도록 보장하려면 좋은 병의원이 지리적으로 균등하게 분포되어 있어야 한다. 그래야 건강보험의 보장성 강화가 의료불평등과 건강수준의 불평등을 해소하는 효과를 낼 수 있다([그림 10-4]).

우리나라에서 의료자원은 지리적으로 매우 불균등하게 분포해 있다. 대도시에는 응급질환이나 중증질환이 생겼을 때 갈 수 있는 큰 병원이 많지만 지방과 시골에는 큰 병원이 별로 없다. 병원뿐 아니라 의사와 간호사를 포함한 의료인력도 수도권과 대도시에 몰려 있다. 암처럼 시간을 들여 수도권 대형병원을 찾아갈 수 있는 병도 있지만, 급성심근경색이나 뇌졸중처럼 골든타임을 다투는 경우에는 사는 곳 근처에 중증응급질환자를 치료할 수 있는 큰 병원이 있어야 한다. 보편적 의료보장을 위해서는 건강보험의 보장성 강화와 의료자원의 지리적 접근성을 개선하는 정책이 함께 이뤄져야 건강 수준의 지역 간 격차를 해소할 수 있다.

[그림 10-4] 건강보험 보장성 강화와 의료이용, 건강 수준 강화의 관계

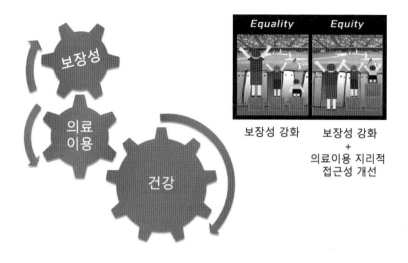

Equality   Equity

보장성 강화   보장성 강화
+
의료이용 지리적
접근성 개선

2. 우리나라 건강보장정책 평가

가. 지역 간 의료불평등 현황

건강보장정책의 목표는 사람들을 더 건강하게 하는 것(건강 수준의 향상)과 사회경제적인 위치나 사회적 환경에 따라 건강 수준에 격차가 없도록 하는 것이다(Marmot·Bell, 2018).[5] 우리나라 국민의 기대수명은 최근 빠르게 증가했지만 사회경제적 계층 간 격차는 개선되지 않고 있다(강영호, 2019).[6] 소득 상위 20%와 하위 20% 간 기대수명의 격차는 2004년 6.24세에서 2017년 6.48세로 오히려 격차가 확대되었다. 지

---

5   Marmot M, Bell R. The Sustainable Development Goals and Health Equity, Epidemiology:29(1);5-7.
6   강영호. 건강불평등. 통계청 통계개발원. 한국의 사회동향 2019. 2019. pp.101~110.

역 간 건강 수준의 격차도 마찬가지로 개선되지 않고 있다. 치료가능한 사망률이 가장 높은 지역과 낮은 시도 간 격차도 2016년 0.89명에서 2019년 0.83명으로 큰 변화가 없다(백세종 등, 2021).[7]

이 같은 계층 간 및 지역 간 건강불평등의 일정 부분은 의료불평등에 기인한다. 우리나라 사망률에 큰 영향을 미치는 필수적인 의료서비스 영역별로 시군구 간 환자의 사망비(mortality ratio)를 비교한 결과는 [그림 10-5]와 같다. 입원과 응급, 뇌혈관질환 진료와 같은 필수적 의료 영역에서 서울 동남권과 강원도 영월군의 사망비 격차는 2배가 넘는다. 강원도 영월 지역에는 서울의 동남권과 같이 응급환자와 뇌혈관질환자에게 좋은 의료서비스를 제공할 수 있는 좋은 병원이 없기 때문이다.

[그림 10-5] 지역 간 기대수명과 의료이용 결과의 격차

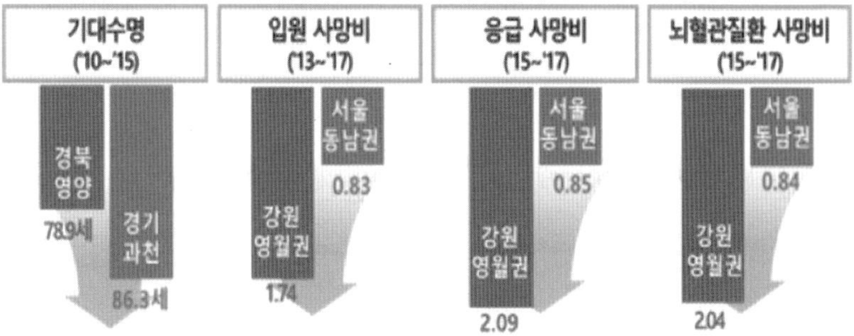

출처: 보건복지부, 2018, 공공보건의료 발전 종합대책.

이 같은 지역 간 의료불평등은 건강보험의 보장성 강화에 따라 어

---

7   백세종 등. 치료 가능한 사망으로 측정한 우리나라 지역 간 건강수준의 격차. 보건행정학회지 2021;31(1):100-113.

떻게 변화해왔을까? 지역 간 의료불평등이 병원비 부담 능력에 기인한 것이었다면 보장성 강화에 따라 개선되었을 가능성이 높지만, 의료서비스에 대한 지리적 접근성에 기인한 것이라면 변화가 없을 가능성이 높다. 2011년에서 2015년 사이에 중진료권 간 건강 수준의 격차를 측정하는 주요 지표는 거의 변화하지 않은 것으로 나타났다. 56개 중진료권 중 지표값 기준 상위 5%와 하위 5% 지역 간 입원환자의 중증도 보정 사망비, 치료가능사망률(treatable mortality), 중증도 보정 재입원비 모두 큰 변화가 없었다. 건강보험의 보장성 강화만으로는 지역 간 의료불평등을 해소하기 어렵다는 것과 함께 의료서비스에 대한 지리적 접근성을 개선해야 할 필요성을 보여주고 있다.

[그림 10-6] 우리나라 중진료권 간 건강 수준의 격차(EQ95)*

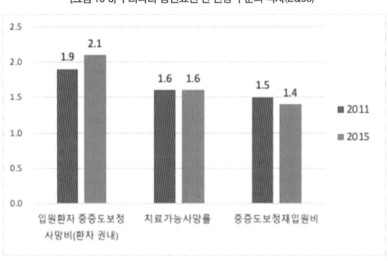

주: EQ95(external quotient 95)는 우리나라 56개 중진료권 상위 5%와 하위 5% 상대비 값임.
출처: 2017 국민보건의료실태조사.

나. 지역 간 의료불평등의 원인

지역 간 의료불평등은 왜 발생하며, 이를 개선하기 위해 우리는 무엇을 해야 할까? 지역 간 사망률의 격차가 발생하는 중요한 원인은 중증환자와 응급환자에게 좋은 의료서비스를 제공하는 큰 종합병원이 해당 지역에 있는지 여부이다. 우리나라를 56개 중진료권으로 구분한 후 입원환자의 중증도 보정 사망비를 비교한 결과를 보면 300병상급 종합병원이 없는 지역에서 사망률이 높은 것을 볼 수 있다([그림 10-7]). 중진료권은 2차병원 진료가 자체충족적으로 이뤄져야 하는 지역적 단위이다.[8] 입원환자 사망비가 가장 낮은 지역이 강원도 강릉진료권이고 가장 높은 지역이 경기도 이천인 점을 고려하면 수도권 지역이라도 큰 종합병원이 없으면 사망률이 높아진다는 것을 보여준다.

지역 간 의료불평등은 중진료권 수준에서 뿐 아니라 대진료권 수준에서도 나타난다. 우리나라를 22개 대진료권으로 구분한 후 3차급 병원에서 진료받아야 할 중증질환의 사망률과 대진료권별 3차급 병원의 병상공급 간 상관관계를 비교해보면 3차급 병원의 병상공급이 부족한 지역에서 입원환자 사망률이 1.3~1.5배 높은 것을 알 수 있다([그림 10-8]).

이처럼 적정 규모의 병원이 없는 지역에서 사망률이 높아지는 현상은 중증 응급의료, 심뇌혈관질환 진료를 포함한 대부분의 중증질환에서 일관되게 나타나고 있다(김윤 등, 2019). 결국 지역 간 의료 격차를 해

---

8 중진료권은 최소 인구 15만 명, 2차병원까지 교통 시간 1시간 이내, 입원의료이용의 자체충족률 40% 이상의 3가지 조건을 충족하는 지역으로 설정한다. 중소도시와 군 지역은 대개 2~4시군이 1개 중진료권으로 설정된다.

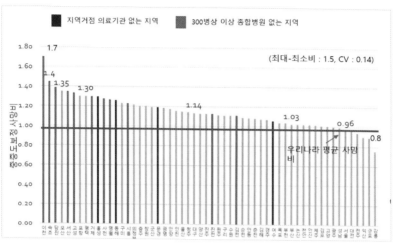

[그림 10-7] 300병상급 종합병원 유무에 따른 중진료권별 입원환자 중증도 보정 사망비 (해당 진료권 내 의료기관을 이용한 경우)

주: 지역거점의료기관이 없는 지역은 300병상 이상 규모의 종합병원은 있으나, 요양병원처럼 운영되는 병상의 비중이 높아 급성기 진료 기능이 취약한 종합병원만 있는 중진료권을 의미함.
출처: 김윤 등, 2018, 「건강보험 의료이용지도 구축 3차 연구」, 국민건강보험공단.

[그림 10-8] 대진료권별 3차병원 공급과 중증질환 입원환자 사망비의 상관관계 (해당 진료권 내 의료기관을 이용한 경우)

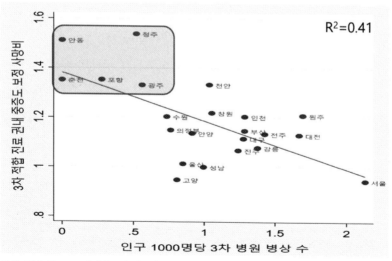

출처: 김윤 등, 2018, 「건강보험 의료이용지도 구축 3차 연구」, 국민건강보험공단.

소하기 위해서는 건강보험의 보장성 강화와 함께 좋은 질의 의료서비스 이용을 보장하는 의료자원의 공급정책이 병행되어야 한다는 것을 시사하고 있다.

다. 병상공급과 의료이용 자체충족률의 지역 간 격차

지역 간 의료불평등을 해소하기 위해서는 좋은 의료서비스를 제공할 수 있는 적정 규모의 병원을 지리적으로 균등하게 배치해야 한다. 그런데 많은 사람들이 적정 규모의 종합병원을 지리적으로 균등하게 배치하는 것은 불가능하다고 생각한다. 큰 종합병원이 없는 지역은 인구가 적고 그에 따라 의료수요가 적어 큰 종합병원을 운영하기 어렵다고 생각한다.

하지만 지역별 큰 종합병원의 공급과 병상 수의 상관관계를 살펴보면 이 같은 생각은 사실과 다르다는 것을 알 수 있다. 먼저 중진료권별로 2차병원과 3차병원이 존재하는지 여부에 따라 중진료권 병상공급 구조를 유형화하면 ① 공급취약형(2차병원이 없는 지역), ② 2차 중심형(2차병원이 있는 지역), ③ 3차 중심형(2차병원은 없으나 3차병원이 있는 지역), ④ 자체충족형(2차병원과 3차병원이 모두 있는 지역)으로 구분할 수 있다([그림 10-9]). 병상공급 구조에 따른 중진료권 유형 사이에는 인구 1천 명 당 병상 수에는 별다른 차이가 없다. 즉 큰 병원이 없는 지역은 의료수요가 부족해서 큰 병원이 없는 것이 아니라 정부가 큰 병원을 공급하는 정책 없이 시장에 병상의 공급을 맡겼기 때문임을 시사하고 있다.[9]

---

9 중진료권 최소 인구 15만 명을 기준으로 하면 우리나라 인구 1천 명 급성기 병원 병상수의 절반에 해당하는 3.3병상을 기준으로 해도 300병상 규모의 종합병원을 배치

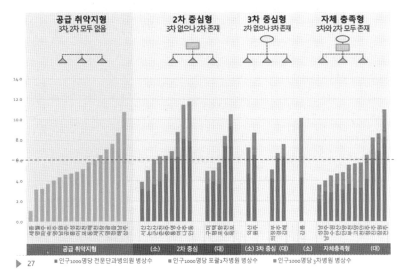

[그림 10-9] 70개 중진료권의 공급구조 유형별 인구 1천 명 당 병상 수

출처: 김윤 등, 2018, 「건강보험 의료이용지도 구축 3차 연구」, 국민건강보험공단.

　　중진료권 유형별로 공급되어 있는 병상 수에는 큰 차이가 없지만 의료이용의 자체충족률에는 큰 차이가 있다. 2차병원에서 진료받아야 할 입원환자 중 실제 해당 진료권 내에서 진료받은 비율을 의미하는 자체충족률을 중진료권 유형별로 비교해보면 공급취약지형은 44.1%에 불과한 반면 자체충족형은 74.9%로 큰 차이가 있다([그림 10-10]).

　　이는 큰 종합병원이 없는 의료취약지의 병상공급을 늘리지 않고도 병상공급 구조를 개선하면 좋은 질의 의료서비스에 대한 접근성을 높일 수 있고, 그에 따라 지역 간 의료불평등을 해소할 수 있음을 의미한다. 반대로 병상 수는 많지만 큰 종합병원이 없거나 부족한 지역에서

　할 수 있다.

는 2차병원에 입원해야 할 환자들이 작은 병원에서 제대로 된 진료를 못 받거나 병상을 채우기 위해 의학적으로 반드시 입원할 필요가 없는 환자를 입원시켜 진료하는 것으로 나타났다(김윤 등, 2018).[10]

[그림 10-10] 70개 중진료권 유형별 2차병원에서 진료받아야 할 질환의 자체충족률

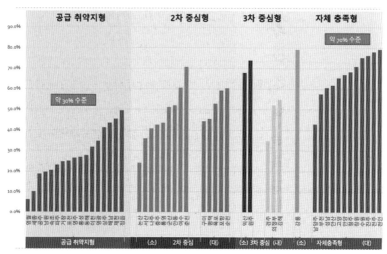

출처: 김윤 등, 2018, 「건강보험 의료이용지도 구축 3차 연구」, 국민건강보험공단.

라. 건강보험 보장성 강화와 의료불평등

건강보험 보장성 강화는 국민들의 병원비 부담을 줄여주어 의료이용에 대한 접근성을 높여주었고, 그 결과 평균적인 건강 수준이 개선되었다. 하지만 건강보험의 보장성 강화는 의료의 지역 간 격차를 해소해주지 못했다. 지난 10여 년 간 지역별 병상의 공급과 의료이용의 자체충족률, 의료이용의 결과인 입원환자 사망률을 비교한 연구결과

10   김윤 등, 2018, 건강보험 의료이용지도 구축 3차 연구, 국민건강보험공단.

를 통해 생명에 영향을 미치는 필수적인 의료 영역에서 좋은 질의 의료서비스를 지역 내에서 이용할 수 있도록 보장해주지 못하면 의료불평등을 해소하기 어렵다는 것을 알 수 있다.

더 나아가 건강보험의 보장성 강화는 계층 간 의료불평등을 악화시켰을 가능성도 있다. 건강보험 보장성 강화로 대도시 주민과 지방에 살아도 대도시 병원을 이용할 수 있는 사회경제적 수준이 높은 사람은 좋은 의료서비스를 이용할 기회가 늘어나는 반면 자기가 사는 지역에 병원을 주로 이용하는 사회경제적 수준이 낮은 지방 주민들은 건강보험 보장성 강화만으로는 좋은 의료서비스를 이용하기 어렵기 때문이다.

이제는 건강보험 보장성 강화와 필수적인 의료서비스를 제공하는 병원과 의료인력을 지방과 시골에도 배치하려는 의료자원 공급정책이 함께 이뤄져야 한다. 지역 간 의료불평등을 해소하기 위해서는 의료이용에 대한 재정적 접근성과 함께 지리적 접근성을 높이는 정책을 유기적으로 연계하는 접근 전략이 필요하다.

3. 지역완결형 의료체계 구축 방안

지역 간 의료불평등을 해소하기 위해서는 진료권 단위로 해당 지역 내에서 좋은 질의 의료서비스 이용이 자체충족적으로 이뤄지는 지역완결형 의료체계를 구축해야 한다. 이를 위해서는 병상의 공급과 의료인력의 확충, 지역의료체계를 위한 거버넌스와 재정을 포함하는 포괄적 정책이 함께 추진되어야 한다([그림 10-11]). 구체적으로는 ① 적정 규모의 3차병원과 2차병원을 진료권별 의료수요에 맞게 공급하는 것과 ② 의사와 간호사 등 의료인력을 수요에 맞게 확충하는 것, ③ 진료권별로 지역완결형 의료체계를 구축하고, 이를 운영하기 위한 중앙과 시도의 거버넌스를 강화하고 안정적인 재원을 확보하는 것이다.

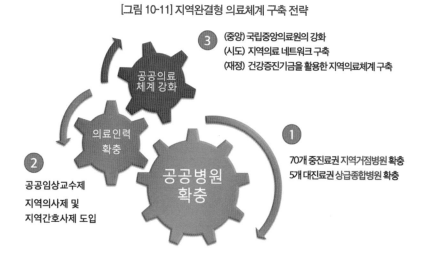

[그림 10-11] 지역완결형 의료체계 구축 전략

가. 지역 병원의 확충

지역완결형 의료체계를 구축해 지역 간 의료불평등을 해소하기 위해서는 지역의 의료수요에 상응하는 적정 규모의 병원이 배치되어야 한다. 대진료권 단위에서는 암, 심뇌혈관질환 수술, 중증외상 진료와 같은 3차병원에서 진료받아야 할 중증질환의 수요에 상응하는 상급종합병원이 지정 및 육성되어야 한다. 마찬가지로 중진료권 단위에서는 중등증 환자의 입원과 응급, 분만 등을 위한 2차병원에서 진료받아야 할 중증질환의 수요에 상응하는 상급종합병원이 지정 및 육성되어야 한다. 환자의 중증도에 따라 병상 수요를 추정해보면 3차병원은 인구 1천 명 당 1병상, 2차병원은 인구 1천 명 당 2병상 정도가 수요에 상응하는 적정 공급량이다(김윤 등, 2018).

3차병원이 없거나 부족한 대진료권에는 인구 1천 명 당 상급종합병원 병상 수가 최소 0.7병상이 되도록 상급종합병원을 지정 육성해야 한다. 춘천, 청주, 안동, 포항, 광주의 5개 대진료권이 상급종합병원이 없거나 수요에 비해 공급이 부족한 지역이다. 상급종합병원이 없는 춘천 대진료권에는 강원대병원을 상급종합병원으로 지정 육성하고, 상급종합병원이 있지만 병상 수가 부족한 충북 청주에서는 충북대병원을 확충하며, 경북 안동, 경북 포항에서는 해당 지역 민간종합병원을 상급종합병원으로 지정 육성하는 방안을 우선 검토한다.

[그림 10-12] 대진료권별 인구 1천 명 당 3차급 병원 병상 수

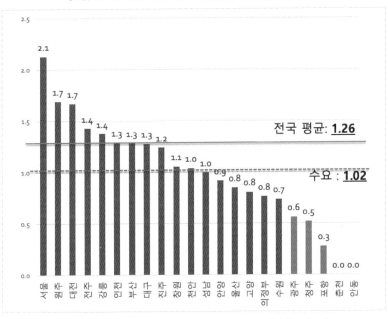

출처: 김윤 등, 2018, 「건강보험 의료이용지도 구축 3차 연구」, 국민건강보험공단.

중진료권에 2차급 병원이 없거나 부족한 지역을 대상으로 지역거점병원을 확충해야 하는데,[11] 어떤 중진료권에서 어떻게 지역거점병원을 확충할 것인가는 해당 중진료권의 의료공급체계의 특성을 고려한 원칙이 필요하다.

첫째, 병상공급이 부족하고 공공병원이 없는 지역은 공공병원을 신축한다. 신축되는 해당 진료권 병상 수요를 고려하되 자체충족률을 높이고 사망률을 낮출 수 있도록 최소 300~500병상 규모로 짓는다.

둘째, 병상공급이 부족하고 공공병원이 있으나 300병상 미만인 지역은 공공병원을 300병상 이상 규모로 확충한다.

셋째, 병상공급이 과잉인 지역은 기존 민간병원을 지역거점병원으로 지정하는 방안을 우선적으로 검토하고, 적절한 병원이 없을 경우 공공병원을 확충하거나 신축한다. 민간병원이 지역거점병원으로서 역할을 하기 위해 '공익적 민간병원'의 지위를 설정하고, 이 같은 기능을 보장하기 위해 지역의료제공 책임, 이사회 운영에 공익대표 참여, 회계 투명성 등 법적 기준을 정비할 필요가 있다.

이 같은 원칙에 따른 중진료권별 지역거점병원을 확충하는 방안의 예는 [그림 10-13]과 같다. 급성기 병상공급의 과부족을 판단하는 기준은 우리나라 인구 1천 명 당 급성기 병상 평균값인 6.3병상을 기준으로 하였다.

---

11 지역거점병원의 규모와 진료기능, 지정기준 등 구체적인 내용에 대해서는 김윤 등 (2020) 수도권 대형병원 환자 집중 개선을 위한 지역 중심의료체계 구축 방안 연구를 참고할 수 있다.

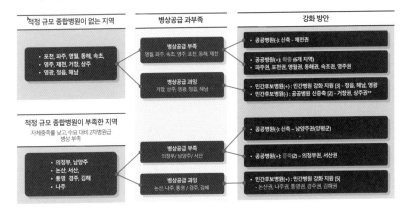

[그림 10-13] 중진료권 의료공급체계 유형과 그에 따른 지역거점병원 강화 방안

나. 지역 의료인력 확충 방안

의료취약지 주민들도 좋은 질의 의료서비스를 이용할 수 있도록 보장하기 위해서는 상급종합병원과 지역거점병원을 확충하는 것과 함께 그곳에서 진료할 좋은 의료인력을 확보해야 한다. 병상과 마찬가지로 의료인력도 지역적으로 매우 불균등하게 분포하고 있고 지역 간 격차는 오히려 확대되고 있기 때문이다(김윤, 2020).[12] 의사 수가 많은 상위 25%와 적은 하위 25% 대진료권 간 인구 10만 명 당 의사 수 격차는 44명에서 51명으로 확대되었고 중진료권 간 격차는 93명에서 109명으로 확대되었다.

1) 지역의사제 도입

지역의료체계 강화 정책과 연계하여 지역거점병원에 근무할 의사

---

12 김윤, 2020, 의사 인력 정책의 방향(신영석 등, 2020, 보건의료인력 종합계획 및 중장기 수급추계 연구).

인력을 확보하기 위해 (가칭)지역의사제를 도입해야 한다. 지역의사제는 지역에서 일정 기간 의무적으로 근무할 의사를 별도의 정원으로 선발하여 교육하는 제도이다. 중진료권 단위로 2차진료 수준에서 필수의료를 제공하는 지역거점병원에 필요한 의사인력은 약 3,700명 정도로 추정된다. 300~500병상 규모 민간병원의 평균 수준인 100병상 당 의사 수 57.4명을 적정 수준으로 설정하면, 공공병원 약 1,522명, 민간병원 2,204명이 필요한 것으로 추정된다.

이와 같이 시도별로 부족한 의사인력을 향후 5~10년 동안 확충하는 것을 전제로 지역의사제로 선발한 정원을 책정하여 배정한다. 국립대학병원을 중심으로 한 지역의료 네트워크를 구축하기 위해서는 지역의사제 정원을 국립대병원에 배정하는 것이 바람직할 것으로 판단된다. 지역의사제로 선발된 의과대학생이 졸업 후 해당 지역에서 전공의 수련을 받을 수 있도록 전공의 정원을 해당 지역의료 네트워크에 배정한다. 이렇게 배정된 정원은 국립대학병원과 지역거점병원이 공동으로 수련하는 체계로 운영되도록 한다. 지역거점병원과의 공동수련은 전문의 수련과정에서 2차의료에 대한 수련을 강화하기 위해서 그리고 지역거점병원의 진료 기능을 강화하기 위해 반드시 필요하다.

지역의사제가 원래의 지역의료체계 강화라는 목적을 성공적으로 달성하기 위해서는 지역의사제 정원을 배정받은 의과대학과 추가 전공의 정원을 배정받은 수련 병원이 지역의료체계 구축에 실질적으로 기여하는가를 평가해야 한다. 이를 바탕으로 지역의사제 정원을 포함한 지역의료체계 관련 재정적 및 비재정적 인센티브가 함께 연계되도록 해야 한다.

2) 공공임상교수제 기반 도입

지역의사제를 통해 지역에서 일할 전문의 인력이 배출되기까지는 10~14년이 소요된다. 단기적으로 지역거점병원에서 진료할 우수한 의사를 확보하는 방안이 필요하다. 이를 위해 공공임상교수제와 같은 제도를 도입할 필요가 있다. 공공임상교수제도는 지역거점병원에서 진료할 우수한 의사인력에게 국립대학병원의 교수 자격을 부여함으로써 지역의사인력을 확보하는 방안이다.

공공임상교수의 급여는 지역거점병원과 시도가 공동으로 부담하도록 함으로써 국립대 교수로서 교육과 연구를 위한 시간을 확보할 수 있도록 한다. 예를 들어 지역거점병원이 급여의 절반을 부담하고 시도가 나머지 절반을 부담할 수 있다. 시도는 뒤에서 설명할 지역의료 포괄보조금을 재원으로 공공임상교수 급여를 지원할 수 있다. 국립대 교수의 20%에 해당하는 약 300명을 공공임상교수로 선발하여 지역거점병원에 배치한다고 하면, 연간 약 200억 원의 재정이 소요될 것이다. 이와 함께 전공의 공동수련을 위한 재정도 필요할 것이다.

공공임상교수는 지역의사제로 선발된 의과대학생과 전공의들의 지역의료에 대한 교육과 수련에서도 중요한 역할을 해야 한다. 지역의사제로 배출된 의사인력이 장기적으로 지역에 남아 활동하도록 하기 위해서는 지역사회의료에 대한 충실한 교육과 수련이 이뤄져야 한다.

3) 지역간호사제 도입

지역거점병원에서 근무할 간호사 인력을 확보해야 한다. 앞서 언급한 계획에 따라 지역거점병원을 확충하고, 이들 병원의 간호인력의 배치 수준을 적정 수준으로 높이면 최소 약 1만 5천 명에서 3만 8천 명의 간호인력이 추가로 필요하다(김윤 등, 2021).[13] 간호간병통합서비스 확대를 포함하면 최소 약 3만 명~5만 5천 명의 간호사가 향후 5~10년 동안 추가로 필요할 것으로 추정된다.

현재 간호인력의 의료 분야 매년 자연증가분 13,141명 중 병동과 중환자실, 응급실 간호사 자연증가분 7,885명(향후 5년 동안 36,449명)을 고려하면 간호대 정원을 증원할 필요가 있다. 노인 대상 지역사회돌봄 확대, 요양병원 간병비 급여화 등 간호사를 필요로 하는 다양한 정책이 향후 추진될 것으로 고려하면 더욱 그러하다.

향후 간호대 정원은 수도권 대학에 편입학 정원을 늘리는 방식이 바람직할 것으로 생각된다. 수도권 간호대에서 배출되는 간호사는 수도권에서 활동간호사 수 기준으로 간호사 수요의 약 38%에 불과하다. 중장기적인 간호사 수요와 공급에 대한 이해당사자 간 합의가 이뤄지기 전까지는 정규 정원보다는 편입학 정원을 늘리는 것이 바람직할 것으로 판단된다.

이와 함께 기존에 수도권으로 옮겨오는 지방 간호대 졸업생들이 지역에서 근무할 수 있도록 기존 지역 국공립 간호대 정원의 일부를 지역간호사제 정원으로 전환한다. 지역간호제 정원의 배정, 운용은 지역의사제의 원칙과 같은 방식을 따를 수 있을 것이다. 단, 지역 근무 의무복무기간을 채우지 못할 경우 간호사 면허를 취소하는 것은 의사와 달리 과도한 규제로 판단된다.

---

13 김윤 등, 2021, 간호사 수급 및 양성을 위한 정책 연구(Ⅰ): 필수의료 제공에 필요한 간호사 수급(안) - 지역 의료기관 및 간호간병통합서비스 중심으로.

다. 국립대병원 중심의 지역의료 네트워크 구축

대진료권별로 국립대병원과 지역거점병원, 지역중소병원, 노인주치의를 연계하는 지역의료 네트워크를 구축하여 지역 입원, 응급, 심뇌혈관질환, 분만 등 필수적 의료서비스를 협력하여 진료하는 체계를 갖춰 지역의료의 질적 수준과 효율성을 강화한다. 지역의료 네트워크가 필요한 이유는 다음과 같다.

첫째, 지역거점병원이 응급, 분만과 같은 필수적인 의료서비스 제공 기능을 강화하기 위해서는 대학병원으로부터 의료인력 관련 지원이 필요하다. 앞에서 제안한 공공임상교수제도를 통해 우수한 의사인력을 확보하는 것 외에 지역거점병원 의료인력에 대한 교육훈련도 필요하다.

둘째, 중증환자를 적극적으로 진료하기 위해서는 대학병원과 진료 협력체계가 필요하다. 응급환자나 분만환자를 진료하는 과정에서 환자 상태가 악화되거나 원래 예상보다 중증환자로 밝혀질 경우 신속하게 환자를 받아줄 병원이 필요하다. 이 같은 대학병원의 지원이 있으면 보다 적극적으로 환자를 진료할 수 있게 된다.

셋째, 지역의료 네트워크를 통해 의료전달 체계를 복원하고 지역의료생태계를 조정할 수 있다. 우리나라 3차병원에서 진료받는 환자의 약 60%는 2차병원급 이하에서 진료할 수 있는 비중증환자이고, 2차병원에서 진료받는 환자 2명 중 1명은 3차병원에서 진료받아야 할 중증환자이다. 지역거점병원에서 진료하기 어려운 중증환자를 국립대병원으로 회송하고, 국립대병원은 지역거점병원에 진료할 수 있는 지역으로 돌려보내는 협력체계를 갖추면 환자 진료결과가 좋아지고 진료비도 줄일 수 있다. 경증환자가 3차병원에서 진료를 받으면 2차병원이나 지역 중소병원에서 진료받는 경우에 비해 진료비가 비싸기 때문이다.

라. 지자체 중심의 지역의료체계 운영

지역의료 네트워크가 성공적으로 운영되기 위해서는 시도와 지역의료 네트워크가 각자 권한과 책임을 가지고 자율성을 발휘할 수 있도록 해야 한다. 지금과 같이 중앙정부의 각종 사업과 정책이 시도와 시군구에서 같은 지역 주민을 대상으로 분절적으로 집행되는 방식으로는 지역의 보건의료 문제를 해결할 수 없다. 지방자치단체에 권한과 책임을 주고 자율성을 발휘할 수 있도록 해줘야 한다. 의료 분야에 내재된 복잡성으로 인해 행정적인 규제로 통제하기 어렵기 때문이다. 중앙정부와 시도 모두 지역의료 네트워크를 운영하는 의료 전문가들이 전문성을 기반으로 자율적으로 지역의 의료문제를 해결할 수 있도록 해줘야 한다.

이를 위해 먼저 중앙정부와 시도 간 사업수행 방식이 변화해야 한다. 보건복지부는 시도의 지역의료체계 운영의 성과 목표를 제시하고 시도가 자율적으로 사업계획을 세우고 예산을 사용할 수 있도록 해야 한다. 이를 위해 보건복지부는 사업 예산을 시도가 자율적으로 사용할 수 있는 포괄보조금의 방식으로 지급해야 한다.

시도 역시 지역의료 네트워크와 성과계약을 통해 시도가 제시한 성과목표를 지역의료 네트워크가 권한과 책임을 가지고 달성할 수 있도록 해야 한다. 앞에서 언급한 지역의료 네트워크에서 국립대학병원의 의료인력에 대한 지원, 진료협력체계를 운영하기 위해 소요되는 비용 등에 시도와 지역의료 네트워크 간의 사업 계약을 통해 예산을 지원할 수 있다.

이와 함께 시도 공공보건의료정책심의위원회가 시도와 지역의료 네트워크 간의 사업계약의 내용, 방법, 사업 평가, 예산의 배정 등에 대해 심의 의결할 수 있는 권한을 부여함으로써 지역의료 네트워크 운영의 투명성을 부여하고 지역의 다양한 이해당사자가 참여할 수 있는 구조를 마련해야 한다.

마. 건강증진기금을 활용한 지역의료체계 구축

지역완결형 의료체계를 구축하고 운영하기 위해서는 건강보험 진료비나 기존 보건복지부 사업 예산과 별도로 상당한 규모로 안정적인 재정이 투입되어야 한다. 이를 위해 건강증진기금을 지역완결형 의료체계를 구축하는 재정으로 전환할 필요가 있다.

2022년 말 종료되는 건강증진기금의 건강보험에 대한 재정지원을 더 이상 연장하지 않고, 이를 지역의료 체계를 구축하는 재정으로 전환해야 한다. 2000년 건강보험 재정위기를 해소하기 위해 한시적으로 건강증진기금에서 건강보험에 재정을 지원하기 시작했던 것이 무려 4차례 연장되면서 2022년까지 연장된 것이다. 건강보험이 재정 위기 상태에 놓여 있는 것도 아니고 건강보험으로 해결하기 어려운 건강증진과 질병 예방, 공공의료 강화를 위해 만들어진 건강증진기금을 건강보험 진료비로 사용하는 것은 더 이상 정당하지 않다. 2021년 말 기준으로 건강보험 누적 적립금은 17.4조 원에 달한다.

건강증진기금 내에 지역보건의료계정을 설치하고 건강보험에 지원하던 재정 약 2조 원을 배정하면 지역보건의료를 위한 재원을 안정적으로 확보할 수 있다. 이를 재원으로 시도와 시군구의 지역보건의료

사업에 쓰일 예산을 지역 포괄보조금으로 배정한다. 시도와 시군구의 인구 수, 사회경제적 수준, 의료불평등 수준을 고려하여 포괄보조금을 배정하고, 성과 평가결과에 따라 인센티브를 배정할 수 있을 것이다.

바. 국가중앙의료원의 지역의료체계 지원 기능 강화

지역의료 네트워크가 성공적으로 운영되기 위해서는 중앙의 국립병원이 지역거점병원을 포함한 공공병원을 지원하는 기능이 대폭 강화되어야 한다. 이를 위해서는 먼저 국립병원의 교육, 진료, 연구, 병원 운영지원 기능이 강화되어야 가능하다. 국립중앙의료원과 국립정신건강센터를 포함한 국립병원의 현재 역량으로는 지역 공공병원을 지원하기 어렵기 때문이다.

[그림 10-14] (가칭)국가중앙의료원 설립 방안

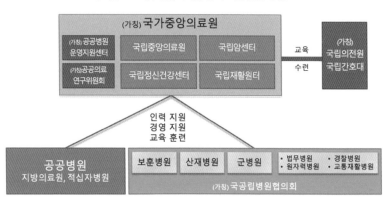

먼저 기존 국립병원들을 의료원 체계로 묶어서 운영을 체계화하고, 여기에 공공병원의 운영을 지원하는 공공병원 운영지원센터를 설치한다([그림 10-14]). 공공병원 운영지원센터에서는 공공병원을 위한 클

라우드 전자의무기록을 운영하고, 인력을 공동으로 채용 및 배치하고, 지역거점병원과 공공병원의 인력에 대한 교육훈련을 하는 기능을 담당할 수 있다.

이와 함께 국립보건의료전문대학원과 국립간호대를 설립하고 이들 국립병원이 이들 대학의 교육 및 수련병원의 역할을 수행하도록 해야 한다. 우수한 의료인력이 있어야 지역에 있는 지역거점병원을 지원할 수 있는 조건이 마련된다. 공공의료연구위원회를 설치하여 지역의료 관련 연구를 지원할 필요가 있다.

| 참고문헌 |

강영호. 2019. "건강불평등". 통계청 통계개발원. 『한국의 사회동향 2019』. pp.101~110.

김윤. 2020. "의사 인력 정책의 방향". 신영석 등. 『보건의료인력 종합계획 및 중장기 수급추계 연구』. 보건복지부.

김윤 등. 2018. 『건강보험 의료이용지도 구축 3차 연구』. 국민건강보험공단. 2018.

_____. 2021. 『간호사 수급 및 양성을 위한 정책 연구(Ⅰ): 필수의료 제공에 필요한 간호사 수급(안) – 지역 의료기관 및 간호간병통합서비스 중심으로』. 대한간호협회.

박수경 등. 2017. 『2017 국민보건의료실태조사』. 보건복지부.

백세종 등. 2021. "치료 가능한 사망으로 측정한 우리나라 지역 간 건강수준의 격차". 『보건행정학회지』31(1). pp.100~113.

보건복지부. 2018. 『공공보건의료 발전 종합대책』. 보건복지부.

Barker P. 2016. 『Making Universal Health Coverage Whole: Adding Quality as the Fourth Dimension』. Institute for Healthcare Improvement.

Gomes C, McGuire TG. 2001. 『Identifying the sources of racial and ethnic disparities inhealth care use』. Unpublished manuscript.

Harrington C, Dellefield ME, Halifax E, Fleming ML, Bakerjian D. 2020. 『Appropriate Nurse Staffing Levels for U.S. Nursing Homes』. Health Serv Insights. 13:1178632920934785.

Institute of Medicine Committee on Understanding and Eliminating Racial and Ethnic Disparities in Health Care. 2003. 『Unequal Treatment:

Confronting Racial and Ethnic Disparities in Health Care』. National Academies Press (US).

Marmot M, Bell R. 2018. "The Sustainable Development Goals and Health Equity". 『Epidemiology』 29(1). pp.5~7.

OECD. 2019. Avoidable mortality: OECD/Eurostat lists of preventable and treatable causes of death. OECD.

OECD. 2020. "Spending on Long-term Care". 『Brief』. OECD.

OECD. 2021. 『Heatlh at a glance 2021』. OECD.

WHO. What is Universal health coverage (UHC). https://www.who.int/news-room/fact-sheets/detail/universal-health-coverage-(uhc). (접속: 2022.2.7)

제11장

재정통합 기반 지역돌봄체계 구축 방안

김 윤 서울대학교 의과대학 의료관리학 교수

1. 현황: 노인 돌봄 실패

가. 간병살인과 현대판 고려장

뇌출혈로 쓰러진 아버지를 굶어죽게 방치한 '강도영씨 사건'은 한국 사회에서 가족이 짊어진 간병과 돌봄 부담이 얼마나 과중한가를 보여주고 있다.[1] 2020년 9월 뇌출혈로 쓰러진 아버지의 병원비와 요양병원 입원비 약 2천만 원 중 약 700만 원은 건강보험이 적용되지 않았던 간병비용이었다. 장기요양보험 등급을 신청하지 않은 것으로 알려져 있지만, 장기요양 등급을 받았더라도 재가서비스가 부족해 '돌봄 독박'에서 벗어나지 못했을 가능성이 높다.

지역사회 돌봄서비스가 부족해서 부모님을 요양병원이나 요양원에 입원시키는 현대판 고려장도 우리 사회의 돌봄 실패를 단적으로 보여주는 사회 현상이다. 선진국에서는 건강기능 상태가 나쁘지 않아 집에서 살 수 있는 노인[2] 10명 중 6명이 요양병원이나 요양원에 장기 입원

---

1 2021년 11월 9일 경향신문 . 22세 청년의 '간병살인' 비극… 우리 사회에 던지는 메시지는 https://m.khan.co.kr/national/incident/article/202111091758001#c2b.

을 하고 있다.[2]

이들 노인이 요양병원이나 요양원에 입원하면 2년 내에 4명 중 1명이 사망하고, 5명 중 1명은 건강기능 상태가 악화되어[3] 집으로 돌아가기 어려운 상태가 된다(김윤 등. 2018). 반면 집에서 생활하는 노인의 사망률은 7%에 불과하고 건강 상태가 악화되는 노인도 7.0%에 불과하다. 이들이 집에서 생활하면 연간 장기요양보험에서 약 200만 원의 재가급여를 받지만, 요양병원이나 요양원에 입원하면 연간 약 2,700만 원을 급여비로 지출한다. 요양병원이나 요양원에서 10배 더 많은 비용을 지출하면서 건강기능 상태가 훨씬 더 나빠지고 있는 것이다. 요양병원 환자군 분류와 장기요양보험 등급만으로 요양병원이나 요양원에 입원한 노인과 집에서 생활하는 노인의 건강기능 상태가 비슷하다고 확신하기는 어렵지만 시설화가 노인의 건강기능 상태를 유지하거나 개선하지 못하는 것은 분명하다.

나. 돌봄 재정과 돌봄 실패

흔히 우리나라에서 간병살인과 현대판 고려장 같은 현상이 계속되고 있는 것은 돌봄에 투입되는 재정이 부족해서라고 생각하는 것 같다. 이 같은 문제를 해결하기 위한 대책으로 전문가들은 주로 재정 투입을 늘려 돌봄서비스를 확대하는 방안을 제시하고 있기 때문이다. 하지만 노인 돌봄에 투입되는 재정 규모를 늘려도 이 같은 문제는 해결

---

2 요양병원이나 요양원에 입원한 노인 중 장기요양보험 등급 3등급 이하, 등급외자, 등급을 받지 못한 노인을 의미하며 등급을 받지 못한 노인이 절반 이상을 차지한다.
3 건강 상태가 나빠져 요양병원 환자군 분류에서 의료중도군 이상이 되거나, 기능 상태가 나빠져 장기요양보험 1~2등급으로 높아진 경우를 의미한다.

되지 않을 가능성이 높다. 지금 우리나라가 돌봄에 투입하는 재정이 부족하긴 하지만 간병살인이나 현대판 고려장과 같은 문제가 오래 계속될 만큼 적은 돈을 쓰고 있는 것은 아니기 때문이다.

2018년 우리나라 GDP 대비 돌봄 재정지출은 약 1%로 OECD 평균의 2/3 수준에 불과하다(〈표 11-1〉). 하지만 이를 65세 이상 및 80세 이상 인구 비중으로 보정하면 우리나라의 장기요양지출은 OECD 평균의 77~90% 수준으로 높아진다.[4] 장기요양 재정지출에 사회서비스 지출을 포함하면 우리나라 GDP 대비 지출은 1.3%로 증가하여 OECD 국가 평균 대비 3/4 수준으로 증가한다(OECD, 2020). 이를 65세 이상 및 80세 이상 인구 비중으로 보정하면 우리나라 장기요양지출은 OECD 평균의 87~101% 수준으로 높아진다. 우리나라의 노인 연령 구조와 경제적 수준을 고려하면 OECD 국가 대비 적어도 90%가량의 재정을 노인돌봄에 사용하고 있다.

우리나라의 노인돌봄 실패는 재정투입이 부족한 것보다는 돌봄 체계의 구조적 비효율성이 더 근본적 원인일 가능성이 높다. 요양원에 입원하기 위해서는 장기요양보험 등급이 필요하지만, 비슷한 기능을 하는 요양병원에는 등급에 무관하게 입원할 수 있는 체계가 노인돌봄 체계의 구조적 비효율성의 전형적인 예이다. 같은 장기요양보험 등급을 받아도 집에서 생활하는 것에 비해 요양원에 입소하면 더 많은 급여를 받을 수 있는 것도 문제이다. 혼자 생활하기 어려운 노인을 책임

---

4 OECD 국가의 장기요양 수급 대상자의 연령별 구성을 살펴보면 65세 미만 25%, 65~79세 26%, 80세 이상 49%를 차지하며 장기요양 수급자 중 많은 비용을 사용하는 80세 이상 노인 비율이 2019년 기준으로 우리나라의 경우 23%에 불과해 OECD 국가의 49%에 비해 많이 낮은 편이다.

지고 돌봐주는 주체가 없는 것도 문제이다. 장기요양보험은 급여 범위 내에서 서비스를 제공할 뿐이고 시군구 지방자치단체도 노인돌봄사업의 테두리 안에서 줄 수 있는 서비스를 줄 뿐이다.

노인돌봄서비스의 질에 결정적 영향을 미치는 돌봄 인력에 대한 정책이 사실상 없는 것도 큰 문제이다. 우리나라 장기요양 인력은 OECD 평균에 비해 60% 수준에 불과하다. 요양병원의 간호인력 1명이 담당하는 환자 수의 법적 기준은 평균 29명[5]으로 미국의 6.2명[6]에 비해 4.7배 더 많다.[7] 이 같은 간호인력이 부족하면 간호의 질이 낮아지고 환자의 건강 상태는 악화될 수밖에 없다.

이 같은 우리나라 노인돌봄체계의 구조적인 문제를 내버려두고 재가서비스에 대한 단순히 노인돌봄 재정을 늘리는 정책은 '밑빠진 독에 물붓기'가 될 가능성이 높다. 돌봄 재정을 늘리면 돌봄서비스는 양적으로 늘어나겠지만 간병살인이나 현대판 고려장 같은 문제가 크게 좋아질 가능성은 높지 않아 보인다.

문재인 정부에서는 지역사회통합돌봄 시범사업, 노인돌봄서비스 개편, 치매국가책임제 등 돌봄 관련 다양한 정책이 추진되었다. 하지만 이는 우리나라 돌봄체계의 구조적인 한계 내에서 시도된 것들로 재정적 분절성이나 책임성의 부재와 같은 구조적 한계를 극복하기 위한

---

5 요양병원 간호사 법적 기준인 환자 6인당 1인을 3교대 기준으로 4.8배를 곱해 환산한 값이다.

6 Harrington C, Dellefield ME, Halifax E, Fleming ML, Bakerjian D. Appropriate Nurse Staffing Levels for U.S. Nursing Homes. Health Serv Insights. 2020;13:1178632920934785.

7 미국 요양원 간호인력 기준인 환자 1인당 1일 간호 시간 3.89시간을 간호사 1인당 담당환자수로 환산한 것이다.

시도는 이뤄지지 못했다.

〈표 11-1〉 우리나라와 OECD 장기요양체계 비교

영역	OECD 평균 (A)	우리나라 (B)	B/A*100 또는 B-A[1)
장기요양지출			
GDP 대비 장기요양지출 비중 (%, 2018) ⒶA	1.5	1.0	66.7
Ⓐ / 65세 이상 인구 비중(%) *100	8.7	6.7	77.0
Ⓐ / 80세 이상 인구 비중(%) *100	32.6	29.4	90.2
GDP 대비 장기요양지출 비중 (%, 2018)[2)] Ⓑ	1.7	1.3	76.5
Ⓑ / 65세 이상 인구 비중(%) *100	10.1	8.7	86.1
Ⓑ / 80세 이상 인구 비중(%) *100	37.8	38.2	101.1
시설 vs. 재가 서비스			
장기요양병상 수 (65세 인구 1천 명 당)	45.6	60.4	132.5
장기요양병상 증가율 ('09~'19)**	-3.0	29.6	32.6
장기요양지출 중 시설 급여 비중(%)	70.7	82.3	116.4
장기요양인력			
65세 이상 인구 100명 당 장기요양 인력	4.7	2.8	59.6
생애말기 돌봄			
병원에서 사망하는 사람 (%)	50.0	77.0	154.0

* 사회서비스 지출 포함할 경우 국민 1인당 장기요양지출은 1,465USD에서 1,947USD로 증가함. (OECD. Spending on Long-term Care, Brief. 2020).
** OECD, Spending on Long-term Care, Brief. 2020.
주: 1) 장기요양병상 증가율은 OECD 국가와 우리나라 간 차이를 계산하였으며, 그 외에는 OECD 국가 대비 우리나라의 상대비를 산출하였음.
　　2) 사회서비스 지출 포함할 경우 국민 1인당 장기요양지출은 1,465USD에서 1,947USD로 증가함.

2. 진단: 노인돌봄 실패의 원인

우리나라의 돌봄 실패는 분절된 돌봄 재정, 양과 종류, 질적 측면에서 모두 불충분한 서비스, 노인돌봄을 책임지는 주체가 실종된 돌봄체계와 같은 구조적 한계에 기인한다. 돌봄서비스 전달 체계의 난맥상도 분절된 재정을 통합하고 시군구가 책임지고 돌봄이 필요한 주민에게 책임지고 돌봄서비스를 제공하는 체계를 갖춰야 해결이 가능하다. 재정 체계와 거버넌스 개편이 전제되지 않고서는 돌봄서비스 전달 체계를 개편할 수 없다.

주거서비스와 같은 돌봄인프라의 구축도 좋은 돌봄인력 양성도 재정과 거버넌스 문제가 해결되지 않고서는 체계적인 해결책을 찾기는 어렵다. 노인을 위한 주거시설을 공급하는데 있어서 병목은 한국토지주택공사의 노인 주택 공급량이 아니라 공급된 주택을 안정적으로 운영할 수 있는 책임있는 주체가 없기 때문이다. 돌봄 인력에게 적정한 임금을 보장하고 부처 간 및 기관 간 임금격차를 해소하기 위해서는 돌봄 재정이 통합되어야 한다.

문재인 정부의 지역사회통합돌봄 사업의 대상자는 주로 노인돌봄 사업 대상자이다. 하지만 장기요양보험과 요양병원 진료가 노인돌봄 서비스 이용자와 재정의 거의 대부분을 차지하고 있다는 점을 고려하면 장기요양보험과 요양병원을 포괄하는 개편 없이는 지역사회 중심의 노인돌봄체계를 구축하는 것이 큰 의미가 없다. 노인돌봄재정의 99%, 돌봄서비스 이용자의 94%를 포괄하는 장기요양보험과 요양병원을 제외한 지역사회 노인돌봄사업은 노인의 삶에 큰 영향을 미치지 못할 것이기 때문이다. 동시에 분절된 재정으로 인한 구조적 문제를 내버려둔 채 새로운 사업을 추가하는 것은 문제를 더 복잡하게 만드는 결과를 초래할 수도 있다.

가. 돌봄 재정의 분절성

1) 노인돌봄재정의 개요

노인돌봄 관련 주요 재원은 장기요양보험, 건강보험과 의료급여 요양병원 진료비, 노인돌봄사업 예산으로 구성되어 있다. 2018년 기준 장기요양보험 급여비가 8.94조 원(58%), 요양병원 진료비가 6.37조 원(41%), 등급외자 대상 노인돌봄사업 예산이 약 1천억 원으로 장기요양보험과 요양병원 진료비가 전체 재정의 약 99%를 차지하고 있다.[8]

노인돌봄재정 유형별 서비스 이용자 수는 장기요양보험 약 49.4만 명(62%), 요양병원 25.4만 명(32%), 등급외자 대상 노인돌봄사업 4.8만 명(6%)으로 장기요양보험과 요양병원 이용자가 전체 대상의 약 94%를 차지하고 있다.[9] 장기요양보험 대상자 중 요양병원을 이용하거나 서비스를 이용하지 않는 노인이 있어 대상자에 비해 이용자 수는 적다.

노인돌봄프로그램 유형별 이용자 1인당 연간 지출은 시설급여의 경우 요양병원 약 2,500만 원, 장기요양보험 시설급여 1,600만 원이었다. 요양병원 이용자의 대부분이 장기요양등급 4등급 이하거나 등급을 받지 못한 노인임에도 요양원 입소자에 비해 1.5배 더 많은 비용을 지출하고 있었다. 재가급여의 경우 장기요양보험 재가급여 이용자 1인당 연간 약 1천만 원, 등급외자 대상 노인돌봄사업 200만 원이었다. 재가급여를 이용하는 장기요양등급자와 등급외자의 건강기능 상태의

8　요양병원 입원환자 중 약 70%가 65세 이상 노인이라는 점을 고려하여 요양병원 진료비의 70%를 노인 진료비로 가정하였음.

9　여러 재원에서 노인돌봄서비스를 이용한 노인이 있을 수 있어 이용자 수에 중복이 있을 수 있음.

차이가 크지 않음에도 노인돌봄사업 1인당 예산은 장기요양보험 재가
급여의 약 1/5 수준에 불과했다.

[그림 11-1] 노인돌봄 재정의 분절성(2018년 기준)

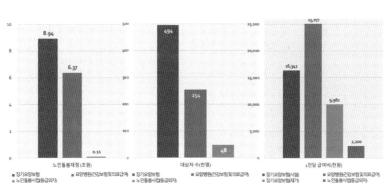

1) 자료(노인돌봄재정): 정형선 등. 2018년 국민보건계정. 2020.
2) 자료(대상자 수): 건강보험공단, 2018년 장기요양보험통계연보. 2019.
3) 자료: 이민홍 등. 노인맞춤돌봄서비스 제공 현황 진단 및 품질 제고 방안 연구. 2020.
4) 장기요양보험의 시설급여비와 재가급여비는 장기요양보험 부담금만을 산정하였고, 노인돌
   봄사업비는 2019년 등급외자 수와 이들 대상 사업비를 기준으로 산출하였음.

2) 요양병원의 부적절한 장기입원

노인돌봄재정 체계에서 가장 큰 문제는 장기요양보험에서 요양원
과 비슷한 기능을 갖는 요양병원이 건강보험 및 의료급여에서 진료비
를 보상받는 체계를 갖고 있다는 것이다. 장기요양보험에서는 1~3등
급을 받아야 요양원에 입소할 수 있도록 되어 있으나, 요양병원은 건
강보험 및 의료급여에서 진료비를 받기 때문에 요양병원에 입원하는
데 아무런 제한이 없다. 건강보험에서 진료비를 받고 있는 요양병원이
부적절한 장기입원의 통로가 되고 있다.

이처럼 장기요양 시설서비스가 장기요양보험과 건강보험으로 이

원화된 결과 요양병원은 노인 장기요양보험이 통제하지 못하는 부적절한 입원의 통로로 기능하고 있다. 장기요양보험 등급으로는 요양원에 입소하기 어려운 많은 노인이 요양병원에 장기입원을 하는 것이다. 2017년 기준으로 요양병원 입원환자의 약 70% 가량이 요양원 입소 기준을 충족하지 못하는 건강기능 상태가 좋은 노인이었으며,[10] 건강기능 상태가 나쁘지 않은 노인의 절반 이상이 요양병원에 6개월 이상 장기입원하는 것으로 나타났다(김윤 등, 2019). 요양병원에서 퇴원해서 요양원에 입소하는 회전문 현상이 발생하고 있으나 재정체계가 분절되어 있어 정확한 현황도 파악되지 않고 있다.

의학적으로 부적절한 요양병원 장기입원이 늘어남에 따라 요양병원 병상이 지속적으로 증가해왔다. 우리나라의 장기요양 병상 수는 OECD 평균에 비해 1.32배 더 많고, 전체 장기요양 병상 중 요양병원 병상이 차지하는 비중이 약 60%로 OECD 평균에 비해 5배가 넘는다(OECD, 2021).[11] 그 결과 전체 장기요양지출 중 시설 급여가 82% 수준으로 OECD 평균 시설에 대한 급여의 1.4배에 달한다. 대부분의 OECD 국가는 병상을 줄여가는 반면 우리나라는 여전히 빠른 속도로 장기요양 병상이 늘어나고 있는 나라이다.

이처럼 노인돌봄재정이 분절화되어 있는 상황에서는 장기요양보험을 아무리 효율화해도 노인돌봄재정을 효율화하기 어렵다. 요양병원이 장기요양보험 체계 바깥에 놓여 있는 한 부적절한 요양병원 입원으

---

10 요양병원 입원 노인 중 장기요양보험 등급을 받지 못한 노인이 55%로 가장 많았고, 다음으로 4~5등급 13%, 등급외자 3%를 차지했다.

11 OECD, 2021, Health at a glance.

로 인한 재정지출을 통제하기 어렵기 때문이다.

3) 서비스의 파편성

노인돌봄 관련 재정은 장기요양보험, 건강보험과 의료급여 요양병원 진료비, 노인돌봄사업 예산을 포함한 여러 재원으로 나눠져 있다. 장기요양보험과 맞춤형 노인돌봄사업, 건강보험이 적용되는 노인돌봄서비스와 의료서비스의 범위는 매우 파편적이다([그림 11-2]). 장기요양보험과 노인돌봄사업이 각각 노인이 집에서 사는데 필요한 서비스의 일부만을 제공한다.

[그림 11-2] 노인돌봄 관련 재정의 분절성과 서비스의 파편성

현재	입원		재가 돌봄	재가 간호와 재활	방문진료 의사간호재활	생활지원서비스 주거이동식사여가
	요양병원	요양원				
장기요양 등급자¹⁾	건강보험	장기요양보험	장기요양보험	장기요양보험	장기요양보험²⁾	건강보험³⁾
장기요양 등급외자 - 맞춤형 노인돌봄사업			노인돌봄사업		건강보험³⁾	노인돌봄사업

주: 1) 장기요양보험에서 방문간호에 대해 급여하고 있으나 재가급여 상한액이 낮아 실제 방문간호를 이용하는 경우가 드물고 물리치료와 작업치료 같은 재활서비스에 대해서는 장기요양보험이 적용되지 않고 있음.
   2) 건강보험에서 방문진료에 대해 급여하고 있지만 방문진료를 하는 의원 수가 적어 서비스가 충분히 제공되지 못하고 있음.

노인돌봄사업은 요양병원이나 요양원에 입원하지 않기 위해 필수적인 주거, 식사, 이동, 여가와 같은 서비스를 제공하지만 장기요양보험에서는 이 같은 생활지원서비스를 제공하지 않는다. 노인이 집에서 생활하는데 필요한 서비스가 재원별로 일부만 제공되면 결국 많은 노인이 요양원이나 요양병원을 선택할 수밖에 없게 된다.

4) 서비스 이용의 불평등

노인돌봄체계는 돌봄이 필요한 모든 노인을 포괄해야 한다. 하지만 노인돌봄예산과 장기요양보험으로 분리된 재정체계는 보편적인 노인 돌봄체계를 구축하는데 장애 요인으로 작용하고 있다.

첫째, 분리된 재정체계로 인해 돌봄서비스 이용에서 상당한 불평등 이 발생한다. 노인돌봄사업이 장기요양보험 등급외자에게 돌봄서비스 를 제공하지만 장기요양보험 재가급여에 비해 현저하게 서비스 제공 량이 적다. 장기요양보험 재가서비스 이용자의 급여비용은 장기요양 보험 등급외 판정을 받은 노인이 노인돌봄사업의 1인당 예산의 4.6배 에 달한다. 장기요양보험에서 재가서비스 이용자와 노인돌봄서비스를 받는 등급외자의 건강기능 상태의 차이를 고려하더라도 이는 지나치 게 큰 격차이다.

둘째, 분절된 돌봄재정은 돌봄서비스 대상자의 포괄성에서 지역 간 에 큰 격차를 조장한다. 65세 이상 노인 중 노인돌봄사업 대상자의 비 중은 시도 간에 5.5~6.6배의 격차가 존재한다([그림 11-3]). 돌봄이 필요 하지만 장기요양보험과 같은 사회보험에 의해서가 아니라 노인돌봄사 업 예산 기반으로 이뤄지면서 시도 간에 큰 격차가 발생하고 있다.

[그림 11-3] 시도별 65세 이상 노인 중 맞춤형 노인돌봄사업 대상자(%)

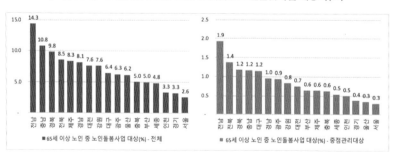

5) 요양병원과 요양원의 기능 중복

요양병원과 요양원의 기능이 혼재되어 있는 것도 분절된 재정에 기인하는 문제다. 요양병원과 요양원이 단일한 재정체계 하에 있으면 건강기능 상태 평가결과에 따라 건강 상태가 좋지 않은 노인은 요양병원에, 기능 상태가 좋지 않은 노인은 요양원에 입원하면 된다. 분절된 재정체계로 인해 요양병원에 입원해야 할 환자 4명 중 1명은 요양원에 입원해 있고, 요양원에 입원해야 할 환자 10명 중 1명은 요양병원에 입원해 있다(김윤 등, 2018). 요양병원에 입원해야 할 환자가 요양원에 입원하면 급성기 병원에 입원할 확률이 높아진다.

나. 돌봄에 대한 책임 부재

우리나라가 돌봄에 실패하고 있는 또 다른 중요한 원인은 돌봄 책임의 실종이다. 장기요양보험은 등급별로 설정된 급여비 내에서 급여되는 서비스를 제공하는 것만을 책임지며, 시군구는 주어진 예산 범위 내에서 사업에서 정해진 서비스를 제공하는 것만을 책임지고 있을 뿐이다. 혼자 끼니를 챙길 수 없는 노인이 장기요양보험 대상자이면 식사배달서비스를 받을 수 없고, 상당한 시간의 방문요양이 필요한 노인도 노인돌봄사업 대상자면 장기요양재가서비스를 받을 수 없다. 돌봄이 필요한 노인은 대부분 다양한 건강 문제를 안고 있으나 보건소나 의료기관에 연계하여 방문진료와 방문간호, 방문재활 같은 서비스를 받을 수 있도록 해주는 일도 별로 없다.

노인이 요양원이나 요양병원에 입원하지 않고 집에서 살 수 있도록 하기 위해 방문요양을 포함한 요양서비스, 왕진과 같은 의료서비스, 주거와 식사, 이동 같은 일상생활지원서비스, 여가와 일자리 같은 복지서비스가 모두 필요하다. 그러나 장기요양보험과 시군구 어느 누구도 제도적으로 이 같은 서비스를 통합적으로 제공할 수 없게 되어 있고, 그 결과 누구도 돌봄서비스를 책임지고 제공하기 어려운 상황에 놓여 있다.

이 같은 서비스를 통합적으로 제공할 수 있는 주체는 장기요양보험이 아니라 시군구 지방자치단체이다. 결국 시군구가 노인을 포함해서 지역 주민에 돌봄서비스를 제공하는 권한과 책임을 갖도록 돌봄의 거버넌스를 개편하지 않고서는 서비스의 파편성을 극복할 수 없다.

다. 건강을 돌보지 않는 반쪽짜리 노인돌봄

노인은 건강관리를 방문요양과 함께 가장 중요한 문제로 꼽는다. 전체 노인의 15%(140만 명)가 거동이 불편해 아파도 병원에 가지 못하는 것으로 추정되며, 많은 노인이 방문진료(39.3%)와 방문간호(38.3%)를 원하고 있다.

하지만 일반적인 건강보험 체계에서도 장기요양보험에서도 거동 불편 노인에게 방문진료를 하는 의료기관은 매우 부족하고 이들을 위한 노인주치의와 같은 제도도 존재하지 않는다. 최근 건강보험에서 방문진료 시범사업을 시작하였으나 방문진료를 하고 있는 기관은 전국적으로 104개소에 불과한 실정이다. 그 결과 건강 상태가 악화된 후에 입원 진료를 받는 경우가 많다. 장기요양 등급 인정자의 26.1%가 최근 1년 이내 급성기병원에서 입원치료를 받은 적이 있으며, 이들의 33.4%가 2회 이상 반복 입원을 하는 것으로 나타났다.

노인돌봄의 마지막은 존엄한 죽음을 맞이할 수 있도록 도와주는 호스피스 서비스이다. 많은 노인(60.2%)은 가정에서 죽음을 맞이하고 싶으나, 실제는 대부분(76.2%) 병원에서 사망하고 있다. 병원에서 임종을 맞이하는 비율은 OECD 국가 중 가장 높다. 병원에서 임종할 경우 가족과 함께 마지막을 보낼 수 없으며, 준비되지 못한 죽음을 맞이할 가능성이 높고, 과도한 의료비용을 지출하게 된다. 사망 1년 전 월평균 의료비가 157만 원이며, 사망 1개월 전 월평균 의료비는 403만 원에 달한다.

하지만 노인의 임종을 돌보는 호스피스의 대상이 암환자로 제한되어 있고, 만성폐쇄성폐질환, 간경화, 후천성면역결핍증과 같은 비암성 질환자들은 호스피스를 이용하지 못하고 있다. 대부분의 호스피스가 병원을 기반으로 운영되고 있는 것도 문제이다. 우리나라에서 가정형 호스피스 기관이 38개밖에 없어 2019년 기준 임종 지원이 필요한 사망자 약 10만 명 중 가정형 호스피스 이용자는 1.8%에 불과하다.

3. 원칙

우리나라 노인돌봄 체계는 다음과 같은 원칙에 근거하여 근본적으로 재편되어야 한다.

가. 서비스의 통합성

개인의 돌봄 요구에 맞춰 요양-의료-생활지원서비스 등의 서비스를 통합적으로 제공해야 한다. 이를 위해 시군구 지방자치단체가 사례 관리를 통해 돌봄이 필요한 지역 주민에게 서비스가 통합적으로 제공하는 책임을 지도록 해야 한다.

나. 돌봄 대상의 보편성

장기요양보험 대상을 확대하여 돌봄이 필요한 모든 국민에게 돌봄서비스를 보편적으로 보장해야 한다. 단기적으로는 돌봄이 필요한 모든 노인에게 장기요양보험을 우선 확대하고, 장기적으로는 장애인, 정신질환자, 여성과 아동을 포괄해야 한다.

다. 돌봄서비스 제공의 보편성

사회보험인 장기요양보험과 건강보험 급여를 통해 모든 국민이 보편적인 돌봄서비스를 받을 수 있도록 해야 한다. 지방자치단체의 재정능력에 따라 서비스의 종류와 양이 달라져서는 안 된다. 단기적으로는 요양과 의료 영역에서는 장기요양보험과 건강보험의 급여 범위를 확대하고 주거와 같은 일상생활 지원 영역에 대해서는 지자체 예산을 기반으로 서비스를 제공하고, 장기적으로는 장기요양보험에서 일상생활 지원서비스까지 급여하도록 한다.

라. 돌봄의 책임성

지방자치단체의 지역 주민에 대한 돌봄서비스 제공에 대한 권한과 책임을 강화해야 한다. 이를 통해 요양-의료-주거와 같은 일상생활지원서비스가 통합적으로 제공되도록 해야 한다. 이를 위해 장기요양보험을 운영하는 건강보험공단과 지방자치단체 간 새로운 협력관계를 설정해야 한다.

마. 재정의 지속가능성

장기요양보험과 시군구 간 '총액 기반 돌봄재정 계약'을 통해 재정적 지속가능성을 보장한다. 시군구 지자체가 등급 판정과 사례관리를 통해 지역 주민에 대한 돌봄서비스의 양과 종류를 결정하는 권한을 갖게 되면 그에 상응하는 재정지출에 책임이 있어야 장기요양보험 재정의 지속가능성이 보장되기 때문이다. 장기요양보험은 재원의 조성(collection)과 관리(pooling)를 담당하고, 시군구 지자체가 서비스의 구매(purchasing)를 담당하는 셈이 된다.

4. 방안(1): 노인돌봄재정의 통합

노인돌봄 관련 재정이 여러 재원으로 분산된 결과 노인돌봄서비스의 보편성과 통합성이 저해되고 궁극적으로는 노인돌봄서비스의 효율성이 떨어지게 된다. 노인돌봄재정의 분절성으로 인해 1) 재원에 따른 돌봄서비스의 격차(불평등), 2) 돌봄서비스가 유기적으로 연계되지 못하며(서비스의 분절성), 3) 서비스의 양과 종류가 불충분해진다(파편성).

이 같은 문제를 해결하기 위해서는 장기요양보험을 중심으로 노인돌봄재정을 통합해야 한다. 노인돌봄재정을 통합한다는 것은 1) 요양병원을 장기요양보험으로 이전하고, 2) 장기요양보험의 대상을 등급외자까지 확대하고, 3) 기존 등급외자를 위한 노인돌봄사업의 예산을 장기요양보험 대상자를 위한 생활지원서비스 재원으로 전환하는 것이다. 여기에 시군구 사례관리 기능을 지렛대로 건강보험의 노인주치의서비스를 노인돌봄서비스와 연계하면 재정통합을 기반으로 요양-의료-생활지원서비스를 통합적으로 제공할 수 있는 체계를 구축할 수 있다.

[그림 11-4] 노인돌봄 관련 재정 통합 방안

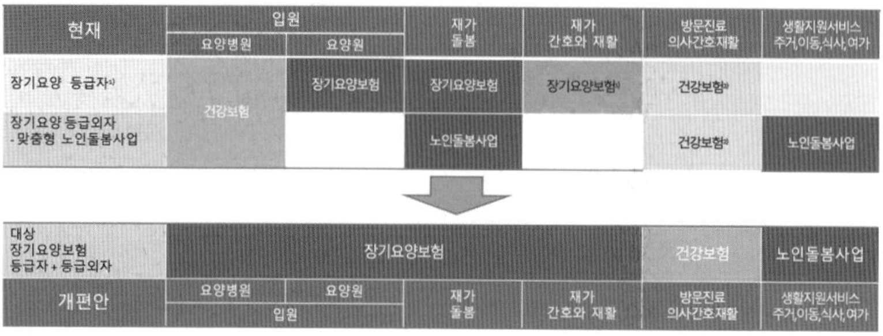

주: 1) 장기요양보험에서 방문간호에 대해 급여하고 있으나 재가급여 상한액이 낮아 실제 방문간호를 이용하는 경우가 드물고 물리치료와 작업치료 같은 재활서비스에 대해서는 장기요양보험이 적용되지 않고 있음.
2) 건강보험에서 방문진료에 대해 급여하고 있지만 방문진료를 하는 의원 수가 적어 서비스가 충분히 제공되지 못하고 있음.

가. 요양병원 재정의 장기요양보험으로 이전

건강보험 진료비를 받는 노인의 요양병원 진료를 노인장기요양보험 산하로 전환한다. 장기요양보험 대상자의 건강 상태와 기능 상태를 기반으로 요양병원 입원, 요양원 입소, 재가서비스를 받을 수 있는 급여 대상을 정하도록 함으로써 노인돌봄에서 지나친 시설화를 포함하여 우리나라 노인돌봄 체계의 구조적 문제를 해결하는 기반을 마련할 수 있다.

첫째, 의학적으로 요양병원에 입원할 필요가 없는 노인의 장기입원을 방지할 수 있다. 2017년 기준으로 지역사회에서 생활할 수 있는 건강 상태와 기능 상태에 있는 노인의 57.5%가 요양병원에 장기입원하고 있다. 예를 들어 건강 상태와 기능 상태가 좋은 노인의 요양병원 3개월 이상의 장기입원에 대한 본인부담률을 크게 높여 장기입원을 억제하는 방안을 고려할 수 있다. 하지만 이 같은 규제를 도입하기 위해서는 장기요양보험의 재가급여를 대폭 확대하는 조치가 함께 이뤄져야 한다. 재가서비스가 부족해 어쩔 수 없이 요양병원을 선택하는 일이 없어야 부적절한 요양병원 장기입원을 규제할 정당성이 생긴다.

둘째, 요양병원과 요양원의 기능을 정립할 수 있다. 요양병원과 요양원의 기능이 분화되지 못하는 이유는 요양병원은 건강보험에서, 요양원은 장기요양보험에서 보상을 받고 있기 때문이다. 장기요양보험 등급 판정결과를 바탕으로 건강 상태가 좋지 않은 노인은 요양병원에, 기능 상태가 좋지 않은 노인은 요양원에 입원하도록 함으로써 요양병원과 요양원의 기능을 분화할 수 있다. 이를 위해서는 장기요양보험 대상자 등급 판정 시 기능 상태에 대한 평가를 바탕으로 등급을 판정하더라도 건강 상태에 대한 평가를 함께 고려하여 돌봄서비스 이용계획이 마련되어야 한다.

셋째, 요양병원 간병비 급여화를 통해 국민들의 간병비 부담을 덜어줄 수 있다. 아직까지 요양병원 간병비를 급여화하지 못한 이유는 부적절한 요양병원 장기입원을 억제할 수 있는 장치가 마련되어 있지 않기 때문이다. 노인의 요양병원 의료이용을 장기요양보험 산하로 전환해 부적절한 요양병원 장기입원을 억제할 수 있는 제도적 장치가 마련되면 요양병원 간병비를 급여화할 수 있는 조건이 마련된다.

나. 장기요양보험 적용 대상과 재가급여의 확대

노인돌봄서비스의 보편성을 보장하기 위해서는 돌봄이 필요한 모든 노인이 충분한 돌봄서비스를 받을 수 있도록 해야 한다. 우선 장기요양보험의 등급외자로 판정받은 노인들에게 장기요양보험을 적용함으로써 대상자의 포괄성 및 서비스 이용의 보편성을 개선할 수 있다. OECD 국가의 장기요양서비스 적용 대상 노인인구는 평균 10.7%인

반면 우리나라는 9.1%로 낮은 수준이다(OECD, 2021). 2019년 노인장기요양보험 등급외자 약 15만 7천 명을 포괄하면 장기요양보험 적용인구는 OECD 평균 수준인 10.9%로 늘어난다. 이렇게 하면 노인돌봄사업 대상자와 장기요양보험의 급여 수준의 불평등을 해소할 수 있게 된다.

이와 함께 재가급여의 급여 수준을 시설급여 수준으로 높여 돌봄이 필요한 노인들이 요양병원이나 요양원에 가지 않고 지역사회에서 생활할 수 있도록 해야 한다. 장기요양보험에서 시설급여 이용자의 급여액은 재가급여 이용자의 1.6배에 달한다. 이 같은 격차는 장기요양보험 대상자의 건강기능 상태를 고려해도 비슷한 수준이다. 건강기능 상태가 좋아 지역사회에서 살 수 있는 상태인 3~5등급 노인에서도 시설이용자의 급여비용이 재가급여 비용에 비해 여전히 높았다. 사실상 장기요양보험이 노인이 요양원에 가도록 등을 떠밀고 있는 것이나 다름없다.

[그림 11-5] 장기요양 대상자 1인당 급여 비용: 등급별 및 이용 서비스 유형별

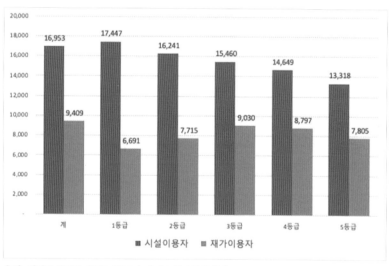

출처: 건강보험공단, 2020, 2019년 장기요양보험통계연보.

다. 노인돌봄사업 예산을 기반으로 한 생활지원서비스 확대

기존 노인돌봄사업의 대상인 등급외자를 장기요양보험 대상자로 전환하면 노인돌봄사업의 예산을 주거, 이동, 식사와 같은 생활지원서비스를 위한 재원으로 전환할 수 있다. 시군구 지자체가 장기요양보험의 제공을 책임지는 체계가 마련되면 장기요양보험의 급여와 시군구 생활지원서비스를 유기적으로 연계할 수 있게 된다. 재정 통합과 함께 시군구가 돌봄에 대한 책임을 지는 거버넌스 체계를 마련하면 돌봄서비스를 통합적으로 제공할 수 있다. 이는 노인돌봄사업과 장기요양보험을 기능적으로 통합하는 것이라 할 수 있다.

5. 방안(2): 시군구 중심의 책임돌봄체계 구축

가. 시군구 중심 책임돌봄체계 구축

시군구가 돌봄서비스를 책임지고 제공하는 체계를 구축하기 위해서는 시군구 지방자치단체가 다음과 같은 권한을 가지고 있어야 한다. 이 같은 기능을 수행하기 위해 (가칭)지역돌봄센터와 같은 조직을 갖추고 적정한 규모의 인력을 배치해야 한다.

① 장기요양 돌봄서비스 신청자에 대한 평가와 등급 판정
② 서비스 이용계획 수립과 사례관리
③ 사례회의 기반의 제공자 협력

지역돌봄센터는 장기요양등급 판정 권한과 사례관리 기능을 기반으로 돌봄이 필요한 노인에게 필요한 서비스를 조정하고 연계할 수 있

게 된다. 또한 사례관리 기능을 바탕으로 돌봄서비스를 연계하고 조정함으로써 돌봄서비스 전달 체계를 체계화할 수 있게 된다.

[그림 11-6] 시군구 지역돌봄센터의 사례관리 기반 전달 체계 통합

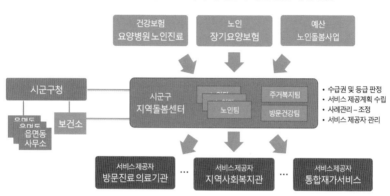

출처: 김윤 등, 2019, 목표 중심의 커뮤니티케어사업 모형과 전략개발 연구.

지역돌봄센터의 사례관리자 수는 팀 접근이 가능한 최소 규모 이상이어야 하며, 동시에 지리적 접근성을 높일 수 있도록 30분 이내의 거리에 배치되어야 한다.[12] 이를 위해 지역돌봄센터는 인구 5만 명 당 1개소를 설치하는 것이 바람직할 것으로 판단된다. 센터 당 간호사와 사회복지사를 중심으로 5~10명의 사례관리자로 구성할 수 있다.

다양한 인력 구성이 가능한 경우 정신건강전문가(정신건강간호사 또는 정신건강사회복지사, 임상심리사)와 약사, 영양사와 같은 전문가를 팀원으로 구성하여 다학제적인 팀 기반 사례관리가 가능하도록 해야 한다.

12 의료 분야에서 외래의료 이용에 대한 접근성을 보장하기 위해서는 일반적으로 30분 이내 거리에 의료시설이 있어야 한다.

적극적인 사례관리가 필요한 노인의 수가 많으면 사례관리자 1인당 노인의 수를 줄여야 한다.

나. 시군구와 장기요양보험의 돌봄재정 총액계약제

시군구 중심의 책임돌봄체계는 시군구가 장기요양보험 대상자 등급 판정과 서비스 이용계획을 수립하는 권한을 통해 사실상 돌봄재정 지출을 결정하게 된다. 시군구가 돌봄재정을 사용하는 권한에 상응하는 책임을 지는 구조가 마련되지 않으면 재정이 낭비될 가능성이 높다. 따라서 시군구가 돌봄재정 운영 책임을 분담하는 재정구조를 마련해야 돌봄재정의 지속가능성을 보장할 수 있다.

장기요양보험과 시군구 간 총액 기반 재정계약 방식을 도입함으로써 시군구의 재정지출 권한에 상응하는 재정운영 책임을 부여할 수 있다([그림 11-7]). 이 같은 방식을 도입하면 장기요양보험은 돌봄재정의 거시적인 관리자가 되고 시군구는 재정의 사용자인 동시에 미시적 수준에서 관리자의 역할을 하게 된다. 총액계약 방식은 다음과 같은 과정을 통해 이뤄질 수 있다.

첫째, 노인인구 수와 노인의 건강기능 상태, 지역의 경제적 수준을 고려하여 시군구별로 사용할 것으로 예상되는 돌봄예산을 배정한다. 어떤 방식으로 시군구별 돌봄예산을 산출하는가는 기술적인 과제이기도 하지만, 사회적 합의가 필요한 사항이기 때문에 장기요양보험정책심의위원회와 같은 기구에서 결정하도록 한다. 여기에는 시군구 지방자치단체가 재정 부담의 주체이자 돌봄서비스 제공의 책임자로 참여할 수 있도록 해야 한다.

둘째, 시군구가 장기요양보험에 분담금을 내도록 함으로써 재정책

임을 지는 구조를 마련한다. 기존 시군구 노인돌봄사업에 대한 중앙정
부의 재정보조예산 또는 건강증진기금을 시군구가 자율적으로 사용할
수 있는 포괄보조금으로 지급하고 이를 시군구의 장기요양보험 분담
금으로 충당하게 할 수 있다. 시군구 분담금 비중을 단계적으로 늘려
나가면서 총액계약제의 효율성을 강화해 나갈 수 있다.

셋째, 장기요양보험과 계약한 총액재정계약을 기반으로 시군구가
배정된 돌봄재정으로 효율적으로 사용하게 하는 유인 구조를 마련한
다. 배정된 재정보다 적은 예산을 사용한 경우에는 인센티브를 부여
하고, 더 많은 예산을 사용한 경우에는 초과된 지출 중 일정 비율(예:
30~60%)을 다음 해 시군구 분담금으로 부담하게 하는 방식을 고려할
수 있다. 예를 들어 재정자립도가 낮은 군 지역에서는 시도 10%, 군
20%로 총 30% 정도를 분담하게 할 수 있고, 도시 지역에서는 시도
20%, 시구 40%로 총 60% 정도의 재정을 분담하게 할 수 있다. 시군
구가 재정 인센티브를 자율적으로 돌봄사업에 사용함으로써 돌봄에
대한 책임성을 강화할 수 있다.

[그림 11-7] 장기요양보험 중심의 재정통합과 총액재정계약 방안

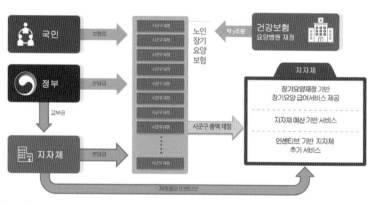

출처: 김윤 등, 2019, 목표 중심의 커뮤니티케어사업 모형과 전략개발 연구.

다. 돌봄정보체계 구축

돌봄이 필요한 노인의 요양-의료-생활지원서비스를 통합적으로 제공하기 위해서는 관련된 정보가 해당 노인을 중심으로 통합적으로 제공되는 정보체계가 반드시 구축되어야 한다. 돌봄 대상 노인의 건강 기능 상태, 사회경제적 상황, 돌봄 관련 서비스 이용 현황을 체계적으로 파악할 수 있어야 통합적인 서비스 제공이 가능하다.

(가칭)건강돌봄정보시스템은 먼저 건강보험 및 장기요양보험 정보와 사회보장 관련 정보(행복e-음), 보건소 정보에서 대상 노인의 관련 정보가 체계적으로 연계될 수 있어야 한다. 건강보험에서 만성질환 등 건강 관련 정보, 장기요양보험에서 건강기능 상태와 등급 판정결과, 돌봄서비스 이용 현황, 행복e-음에서 가족의 상황과 복지서비스 수급 현황을 파악할 수 있어야 한다.

[그림 11-8] 노인돌봄정보체계 구축 방안

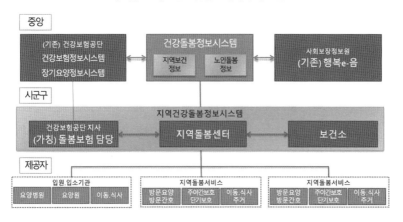

이와 같은 정보를 바탕으로 시군구 사례관리자가 대상 노인의 건강

기능 상태를 평가하고, 사례관리계획을 수립하고, 돌봄서비스 제공자가 서비스를 제공한 내용이 대상자를 중심으로 체계적으로 기록되고 공유될 수 있어야 한다.

6. 방안(3)
: 노인주치의와 재가요양센터 기반 체계적인 건강관리

가. 노인주치의 도입

돌봄이 필요한 노인의 건강을 체계적으로 관리하기 위해 장기요양 노인주치의 제도를 도입한다. 장기요양 등급을 받은 모든 노인은 지역 돌봄센터를 통해 노인주치의 역할을 하는 의료기관에 등록하도록 한다. 노인주치의에 등록해도 다른 의료기관 이용을 제한하지 않도록 함으로써 노인주치의 제도에 대한 초기 수용성을 높여야 한다.

노인주치의는 행위별수가제를 기본으로 하되, 방문진료를 활성화하기 위해 인두제를 병행하는 방안을 고려해야 한다. 인두제 방식이란 노인주치의의 왕진, 방문간호, 방문재활서비스에 대해서는 등록환자 1인당 연간 진료비를 정액으로 책정하여 연초에 미리 지불하는 방식이다. 이렇게 인두제 방식으로 진료비를 지불하면 노인주치의가 간호사와 물리치료사, 작업치료사와 같은 인력을 안정적으로 고용할 수 있게 된다. 노인주치의 기관은 최소 의사 2명, 간호사 4명, 재활인력 2명, 사회복지사 1명의 전담인력을 두도록 한다.

장기요양 등급을 받은 모든 노인이 주치의로부터 방문진료와 방문간호를 받을 수 있도록 인구 6만 명 당 1개씩 전국적으로 약 800개 센터를 노인주치의 기관으로 지정·운영한다. 노인주치의가 필요한 대상자는 약 50만 명으로 추정되기 때문에[13] 기관 당 약 600명을 담당하게 된다. 1차의료 왕진수가 시범사업 의원 및 공공병원 지정, 건강보험공단 직영 의원 설치 등을 통해 노인주치의 역할을 할 의료기관을 확보할 수 있다.

나. 통합재가요양센터 설치

통합재가센터는 노인주치의와 함께 노인의 건강을 지속적으로 관리하는 역할을 담당한다. 이는 노인주치의의 처방에 근거하여 장기요양보험 대상자에게 방문요양, 주야간보호 및 방문간호 서비스를 통합적으로 제공함으로써 방문간호 서비스에 대한 접근성을 높이고 요양서비스의 질을 높일 수 있다.

장기요양 등급을 받은 모든 노인이 방문간호와 방문요양서비스를 받을 수 있도록 인구 1만 명 당 1개의 통합재가센터를 지정·운영한다.

다. 가정 호스피스 확충을 통한 존엄한 죽음 보장

원하는 노인 모두 집에서 임종을 맞을 수 있도록 가정 호스피스 서비스를 확대한다. 먼저 건강보험에서 호스피스 완화의료 대상을 암질환이 아닌 만성질환을 포함하여 범위를 확대하고 가정형 호스피스 기관을 확충한다. 가정 호스피스를 활성화하기 위해 가정임종급여를 신설하여 생애 말기 최대 2개월 동안 24시간 입주 간병에 대해 건강보험 급여를 적용한다. 노인주치의 기관이 전국적으로 분포하면 이들 기

---

13 장기요양보험 대상자 중 요양병원과 요양원에 입원환 노인을 제외하면 약 50만 명 정도의 노인이 지역사회에 거주하는 것으로 추정할 수 있다.

관이 통합재가요양센터와 협력하여 가정 호스피스서비스를 제공할 수 있을 것이다.

[그림 11-9] 노인돌봄체계에서 의료서비스 제공 모형

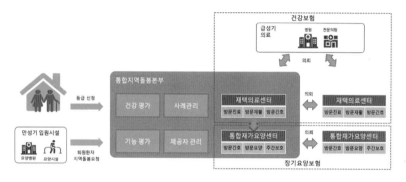

| 참고문헌 |

건강보험공단. 2019. 2018년 장기요양보험통계연보.

건강보험공단. 2020. 2019년 장기요양보험통계연보.

김윤 등. 2019. 목표중심의 커뮤니티케어사업 모형과 전략개발 연구. 보건
　　복지부.

이민홍 등. 2020. 노인맞춤돌봄서비스 제공 현황 진단 및 품질 제고 방안
　　연구. 보건복지부.

정형선 등. 2020. 2018년 국민보건계정. 보건복지부.

OECD. 2021. Health at a glance. OECD.

OECD. 2020. Spending on Long-term Care, Brief. OECD.

제12장

한국형 상병수당의 도입 과제와 추진 방향

강희정 한국보건사회연구원 선임연구위원

1. 논의 배경

아파도 출근하는 감염병 근로자는 자신뿐 아니라 동료와 고객을 감염시킬 수 있다. 코로나19는 모든 형태의 근로자가 아프면 집에서 쉴 수 있도록 촘촘한 사회보장제도를 구축하는 것이 우리 사회의 회복탄력성을 높이고 미래 감염병 X에 대비하는 필수 기반임을 확인시켜주었다.

국민건강보험은 전 국민을 대상으로 포괄하고 있지만 명실상부한 보편적 건강보장을 달성하지는 못하고 있다. 그 이유는 질병과 부상(이하 상병)의 치료를 위해 개인이 부담해야 하는 직접 의료비 수준이 높고 관련된 근로 활동 중단과 소득 상실의 재정적 충격을 완화하는 기전이 없기 때문이다. 「국민건강보험법」 제50조는 공단이 요양급여 외에 대통령령으로 정하는 바에 따라 상병수당을 실시할 수 있다고 규정하고 있지만 시행령 부재로 사실상 사문화된 조항이었다. 하지만 「국민건강보험법」 제정 당시부터 관련 조항이 포함된 것은 제도 원리 상 상병 발생에 대응하여 의료보장뿐 아니라 소득보장의 필요성이 합의된 것이며 이는 건강보험에서 상병수당 도입을 논의하는 근거가 되었다.

정부는 의료보장성 강화 정책을 통해 개인의 의료비 부담을 낮추어 왔지만 상병자의 소득 활동 중단에 대해서는 소득과 재산이 낮은 가구만을 선별하여 의료비 또는 소득을 긴급 지원하는 소극적 대응을 해왔다.[1] 그러나 상병 기간 중의 재난적 의료비 발생과 소득손실의 감당은 개인과 가구 수준에서 저축과 자산을 축내는 동시에 건강을 악화시키는 질병과 빈곤의 악순환을 초래하게 된다. 이들의 대부분은 상병 발생 이전의 생활로 돌아가지 못하고 실업, 장애, 빈곤 등 복합적 위험에 직면해서야 복지 프로그램의 수혜자가 된다. 사회적 보호 장치를 통한 조기 개입의 부재는 결과적으로 우리가 분담해야 할 사회적 부담분을 증가시킬 수 있다.

건강보험에서 상병수당은 근로자가 아픈 기간 동안 발생하는 취업소득의 상실을 일부 보전해주는 현금 급여를 제공하는 것이다. 이는 개인의 건강에 미치는 소득 상실의 부정적 영향을 조절하여 건강 형평성을 높이는 '사회 건강보호 체계'로 역할을 하게 된다(강희정, 2021).

상병으로 인한 소득 상실의 재난적 결과는 근로 형태와 종사상지위가 낮은 소위 사회경제적 조건이 취약한 근로자에게만 한정된 문제라고 생각할 수 있다. 그러나 개인에게 발생한 상병이 얼마나 치명적일지, 투병 기간이 얼마나 지속될지는 아무도 예견할 수 없다. 현재의 조건에서는 근로자 개인별로 상병 발생의 위험과 대응 능력 수준에서 차이가 있을 수 있지만, 상병의 치명성과 장기화가 개인의 능력치를 초

---

1 가구의 의료비 부담에 대해서는 본인부담상한제, 재난적의료비지원제도를 통해 지원하고 있지만 소득 지원은 긴급복지지원제도가 저소득 가구에 대해 단기간 지원을 하고 있음.

월하는 재난적 상황을 초래하거나 이전의 생활수준을 더는 유지하기 어렵게 하는 위험에 대해서는 누구도 예외가 없다.

또한 우리는 국경 없는 이동과 자유를 경험하는 동시에 불확실한 미래 위험에 대비해야 하는 사회에 살고 있다. 팬데믹의 장기화는 이러한 변화의 영향과 미래에 대한 불안을 체감하게 했다. 실제로 팬데믹의 장기화는 일자리의 안정성을 흔들며 비정형·비전형 근로자를 확대하고 전 세계적으로 사회적 갈등과 분열의 위험을 증가시켰다. 하지만 그에 대한 반작용으로 관용의 가치도 확산되었다. 이러한 맥락에서, 상병이 초래하는 사회적 위험으로부터 모든 근로자를 보호하는 사회안전망을 국가 단위에서 구축하는 것은 근로자의 기여 부담을 감소시키면서 개인의 행복 추구와 국가의 회복탄력성을 동시에 높이는 보다 지속가능한 접근이라 할 수 있다.

2020년 7월 14일 비상경제회의는 디지털 뉴딜, 그린 뉴딜, 안전망 강화의 3개 분야로 구성된 한국판 뉴딜 종합계획을 발표했으며 상병수당은 고용·사회 안전망 강화사업에 포함되었다. 보건복지부는 2021년 연구 수행 결과를 토대로 2022년 시범사업을 시행하고 한국형 상병수당의 구체적인 방안을 마련할 예정이다. 이 절에서는 국제적 경험과 국내 여건을 바탕으로 한국형 상병수당 제도로서 '건강보험 상병휴업급여' 도입의 과제와 추진 방향을 제시한다.

2. 현황 및 문제점

가. 상병수당의 개념

상병수당은 노동시장의 구조 변화와 사용자를 대신하는 국가의 역할 변화에 따라 변천됐다. 1883년 독일 비스마르크 방식의 사회보험이 처음 도입될 당시, 질병보험의 적용 대상은 고용된 임금근로자로 단일했고 일반 사람들이 의사를 만나는 것은 매우 어려웠으므로 상병으로 인한 소득 상실이 주된 위험이었다. 이에 초기 질병보험은 상병 시 소득 상실을 보장하는 현금 급여로서 상병수당을 제공하는 방식이었다. 이후 다양한 형태의 근로자가 노동시장에 출현하면서 국가별로 이들을 보장하기 위한 다양한 선택이 거듭되었다. 결과적으로 2021년 기준 OECD 회원국 38개국 중 미국과 한국을 제외하고 모두 공적 상병수당 제도를 두고 있지만 적용 대상, 급여 범위, 급여 수준 등 제도 내용에는 상당한 차이가 존재한다.

[그림 12-1] 유급병가와 상병수당의 개념 비교

구분	개념	제공 책임	적용 대상	보장 범위
유급병가	사용자가 아픈 근로자에게 **상병 휴가 제공 및 해당 기간 임금 지급**	사용자	고용된 근로자 -자격 제한	고용보장 소득보장
상병수당	공적 주체가 아픈 개인의 **취업 중단 기간 상실 소득 보상**	공적 주체	전체 근로자 - 보편 적용	소득보장

출처: 강희정(2021.5.26), 소득주도성장위원회 토론회 발표자료.

상병수당의 개념은 유급병가와의 관계에서도 이해되어야 한다. 유급병가란 아픈 근로자가 실업과 소득 상실을 우려하여 아픈 상태에서 무리하게 출근하지 않도록 사용자가 근로자에게 상병휴가, 즉 병가를 제공하고 병가 기간 임금을 지급하는 것이다(강희정, 2021). 한편 고용주가 병가를 제공하지만 병가 기간 임금을 지급하지 않는 경우를 무급 병가라고 한다. 고용주의 병가 제공 의무는 노동법, 단체협약, 개별

근로계약에 근거하는데 우리나라는 노동법(근로기준법)에서 병가를 규정하지 않고 있어 임의의 기업복지에 의존하는 나라로 분류된다. 이에 반하여 상병수당은 사용자가 아닌 공적 주체가 병가 기간 소득 상실을 보상하는 것으로, 국가별로 고용주의 역할과 연계하여 유급병가의 수준이나 대상을 보충 및 보완하는 역할을 하거나 대체하는 임무를 수행하고 있다.

나. 개인 상병의 위험에 대한 경제적 대응에서 자격 격차

누구나 업무 상 재해가 아닌 개인 상병으로 일을 하기 어려울 수 있다. 그러나 필요한 치료와 회복을 위한 적절한 보호를 모든 근로자가 받지는 못하고 있다. 유급병가는 공무원과 일부 대기업 근로자에게만 보장되고 무급병가도 근로자의 사업장 규모와 종사상지위에 따라 제공 여부와 보장 수준에 큰 차이가 있다.

[그림 12-2] 상병의 경제적 충격에 대응하는 근로자 자격 격차

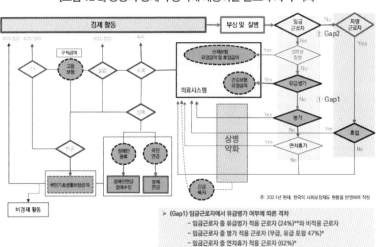

주: 2021년 현재, 한국의 사회보장제도 현황을 반영하여 작성

> (Gap1) 임금근로자로서 유급병가 여부에 따른 격차
>   - 임금근로자 중 유급병가 적용 근로자 (24%)**와 비적용 근로자
>   - 임금근로자 중 병가 적용 근로자 (무급, 유급 포함 47%)*
>   - 임금근로자 중 연차휴가 적용 근로자 (62%)*
> (Gap2) 임금근로자와 자영근로자의 격차

* 2019년 기준 경제활동인구와 노동패널 휴가제공비율 활용, ** 임금근로자 병가적용의 질반 적용

우선, 임금근로자 내부에서 자격 격차가 발생한다. 임금근로자라도 어떤 회사에 다니는지 어떤 지위를 갖는지에 따라 아플 때 병가를 보장받거나 받지 못할 수 있고, 병가가 있더라도 임금이 지급되지 않을 수 있다. 다음으로 임금근로자와 자영 근로자 사이에 격차가 존재한다. 자영 근로자에는 전통적 독립 자영자뿐 아니라 사업장 등록증을 갖고 있지만 계약관계를 통해 관리와 감독을 받는 종속적 자영자가 포함되어 있는데, 여기에는 플랫폼 노동자, 특수고용형태종사자 등이 포함될 수 있다.

경제활동을 하는 모든 취업자를 보호하기 위해서는 임금근로자뿐 아니라 자영 근로자도 아프면 집에서 쉴 수 있는 제도적 보장의 필요성이 증가하고 있다. [그림 12-2]에서 보는 바와 같이, 상병에 대한 적시의 조기 대응은 이후 발생하는 실업, 장애, 빈곤의 사회적 위험을 피하도록 근로자를 보호하고 관련된 사회적 부담을 감소시킬 수 있다.

아픈 근로자의 쉴 권리란 근로자가 상병으로 인해 정상의 근로 활동을 하기 어려울 때, 해고와 소득 감소의 걱정 없이 치료와 회복을 위해 출근하지 않고 쉴 수 있는 선택을 보장하는 것이다. 물론 업무 상 관련 상병에 대해서는 「산업재해보상법」을 근거로 근로자는 요양급여뿐 아니라 요양을 위한 휴업 기간에 고용을 보장받고 이전 평균 임금의 70%(휴업급여)를 보상받을 수 있다.

반면 업무와 관련 없는 개인 상병에 대해서는 공무원과 사립학교 교직원[2]을 제외하고 일반 근로자는 단체협약, 취업규칙, 근로계약에 별도 규정이 없으면 병가를 보장받지 못한다. 따라서 사업장 규모, 고

---

2 국가공무원복무규정 14조, 사립학교법 제59조.

용 형태, 종사상지위 등 근로자의 취업 조건에 따라 병가 적용 여부, 병가 기간 임금 지급 여부, 병가 기간과 임금 지급의 수준 등에 상당한 차이가 존재한다.

다. 고용주의 병가 제공 현황

2018년 기준, 493개 민간기업의 취업규칙 분석 결과, 유·무급 관계 없이 병가를 제공하는 사업장 비율은 42.2%였고 유급병가로 제한하면 7.3%에 불과했다. 제조업과 건설업에서는 3.0%, 서비스업에서는 9.6%로 업종별로 차이를 보였고 사업장 규모가 클수록 제공 가능성이 커졌다(김수진 외, 2018). 2020년 기준 공공기관 경영정보 공개 시스템에 공시된 단체협약 268개를 분석한 결과에서는 병가 또는 상병휴직을 제공하는 기관이 85.1%로, 공공기관의 병가제공률이 민간기업에서보다 2배 이상 높았다(김근주 외, 2020).

〈표 12-1〉 유급연차 및 병가 적용 근로자의 비율(%, 전체 사업장 근로자 중)

규모	유급연차 제공 사업장 근로자				(유·무급 포함) 병가 제공 사업장 근로자			
근로자수	상용	임시	일용	전체	상용	임시	일용	전체
1~4명	23	6	0	11	14	4	0	7
5~29명	51	21	3	38	31	11	2	23
30~99명	71	39	17	64	50	28	13	45
100~499명	82	44	21	77	62	32	19	58
500명+	89	48	29	84	78	38	15	74
전체	73	30	7	62	56	20	5	47

출처: 노동패널(2009~2017년 12~20차) 자료 분석 결과, 강희정 외(2019)에서 재인용.

한편, 근로자를 대상으로 한 한국노동패널 조사(2009~2017년, 12~20차) 결과, 전체 사업장 근로자 중 병가제공 사업장에 근무한다고 응답한 근로자의 비율은 약 47%였다(강희정 외, 2019). 근로자의 종사상지위가 안정적이거나 사업장 규모가 커질수록 병가 이용의 기회가 큰 차이로 증가하고, 전체 사업장 근로자의 절반 이상은 고용주가 제공하는 병가 혜택을 기대할 수 없는 상황이다.

라. 아파도 출근하는 프리젠티즘

프리젠티즘(presenteeism)이란 '결근'을 뜻하는 '앱센티즘(Absenteeism)'과 대비되는 말이다. 아픈 근로자는 출근하더라도 집중력과 주의력이 감소하므로 업무 상 부상의 위험을 증가시킬 뿐 아니라 업무생산성도 떨어질 수밖에 없다. 특히 감염병의 경우에는 자기 자신뿐 아니라 동료, 업무로 만나는 고객, 출퇴근 경로에서 지역사회 감염의 위험을 높일 수 있다.

[그림 12-3] OECD 국가에서 자가보고 질병결근(병가) 현황(연간 1인당 일수)

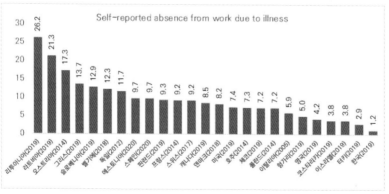

주: 국가(기준연도), 2019년 기준 또는 최근 연도 정보 사용.
출처: Data extracted on 13 Feb 2021 12:37 UTC (GMT) from OECD.Stat, 필자 재정리.

OECD에 보고된 질병결근일수를 비교하면, 한국은 연간 1인당 1.2일로 다른 국가들에 비해 지나치게 낮다. 이는 국가 간 평균 9일과 비교할 때 상당히 낮은 수준이다. 이는 그만큼 아파도 출근하는 근로자가 많을 수 있다는 것이며, 감염병 시대에는 프리젠티즘으로 사업장 동료 근로자와 지역 주민의 안전을 모두 위협할 수 있다.

마. 노동시장 유연화와 ICT 기술의 발전은 근로자 보호의 사각지대 확대

노동시장 유연화는 노동시장의 불투명성과 불안정성을 증가시켜왔다. 또한 노동시장과 ICT 기술의 결합은 플랫폼 노동으로 변화를 촉진해 기존의 사회보험제도가 모든 형태의 일하는 노동자를 포착할 수 없는 한계를 불러일으켰다. 결과적으로 대상의 포괄성을 담보하는 사회보험 개편이 추진되고 고용주를 특정하기 어려운 근로자에 대한 정부의 역할이 확대되고 있다. 특히 사회보험을 통해 질병 발생 위험에 대응하는 방식은 자격에 대한 배제 없이 모든 아픈 노동자를 보호하고 재정적으로 어려운 시기에 고용주를 지원하는 메커니즘으로 권고되고 있다(ILO, 2020).

임금근로자는 비임금근로자보다 건강보험 직장가입자에 더 많이 분포하고 있지만, 일부 비전형 근로자(특고, 일일근로 등)는 지역가입자에 더 많이 분포하고 있다. 2018년 일용근로자 중 22.8%만 직장가입자였으며 각 19.4%, 39.5%가 지역가입자 또는 피부양자로 분류되어 있었다(여나금 외, 2020).

3. 개선 방안

가. 개인 상병의 위험에 대응하는 '건강보험 상병휴업급여' 도입

모든 유형의 근로자가 업무와 관련 없는 개인 상병으로 한시적 취업 소득 상실에 적절히 대응하도록 '상병휴업급여'를 건강보험에 도입할 필요가 있다. 이는 업무 관련성을 전제하는 산재보험 휴업급여와 대비되는 개념이다. 고용보험이 근로자의 실업 시 소득을 보장하는 현금 급여로서 유사성이 제기되어 왔지만, 건강보험에서 상병수당 도입이 바람직한 이유는 다음 몇 가지로 요약할 수 있다.

첫째, 고용보험은 고용주를 특정하여 임금근로자를 확인하는 방식으로 대상을 확대하고 있다. 이러한 방식은 모든 유형의 근로자를 포괄하기에 한계가 있다. 건강보험은 거주자 기준으로 적용 대상을 규정하기 때문에 임금근로자와 자영 근로자를 모두 포괄하게 되고 향후 노동시장 변화에 대해서도 수용성이 높다. 둘째, 근로자의 상병으로 인한 근로능력 상실을 최소화하기 위해서는 무엇보다 의료서비스 접근을 조건으로 제도를 설계해야 한다. 선진적 모델로 인용되는 북유럽 국가들이 모두 적극적 노동시장 정책과 연계하여 상병수당을 개혁하고 있다는 측면에서도 효과적 의료시스템과 연계는 매우 중요하다. 셋째, 현금 급여의 특성상 특히 우려되는 도덕적 해이의 문제를 통제하기 위해서도 의학적 전문성에 기반한 직·간접 규제 기전을 갖추고 있는 건강보험 시스템과 연계가 필요하다.

결론적으로 사회보험 도입의 궁극적 목적이 노동생산성 보호에 있다는 점을 상기할 때, 건강보험은 근로자 개인에 대해 의료 및 소득을 통합적으로 보장하는 가장 포괄적이고 효과적인 기전이라 할 수 있다.

나. 건강보험 상병휴업급여 제도 도입의 원칙과 개념적 틀

제도 도입의 이유와 배경에서 확인했듯이 가장 큰 정책적 수요는 모든 형태의 근로자를 포괄하는 것이고 취약 근로자를 우선 보호하면서 지속가능한 제도를 설계해야 한다는 것이다. 일시에 달성하기는 어렵겠지만 제도의 지속가능한 발전을 위해 ①적용 대상의 보편성, ②보장의 적정성, ③재정의 지속가능성, ④효율성, ⑤수용성의 5가지 제도 도입 원칙을 설정하는 것이 필요하다. 사회보험 운영에서 적용 보편성, 보장 적정성, 재정 지속가능성은 서로 상충하므로 균형을 이루기 어렵다. 다른 제도와의 체계적 연계 및 내부 설계의 효과성을 높임으로써 효율성을 제고하고 단계적 추진을 통해 재정적 균형을 추구해야 할 것이다. 이러한 관계는 제도에 대한 수용성을 높이는데 긍정적으로 작용할 것이다. 이상의 원칙 달성을 위한 핵심 전략은 국가 단위의 위험 분산 구조를 갖춘 사회보험 방식의 급여 설계이다.

상병휴업급여 도입의 목적은 취업자가 업무와 무관한 개인 상병으로 한시적 근로 중단과 소득 상실을 경험하는 경우 이전 취업소득의 일부를 보전하는 현금 급여 체계를 도입하는 것이다. 이 제도가 보호하는 위험은 개인 상병 발생에 따른 취업소득의 상실에 있다. 따라서 근로자가 아파도 출근하는 이유가 일자리 상실과 소득 상실에 대한 걱정이라고 할 때, 상병수당은 직접적으로 고용을 보장하지는 못한다. 다만 상병수당의 도입이 고용주의 병가 도입 결정을 유도하는 간접적 영향을 기대할 뿐이다. 상병수당 수급을 위해 신청자는 상병 발생 이전 취업 활동의 입증과 의료 인증을 통해 한시적 소득 상실의 위험을 입증해야 한다.

[그림 12-4] 건강보험 상병휴업급여 제도 도입의 원칙과 추진 전략

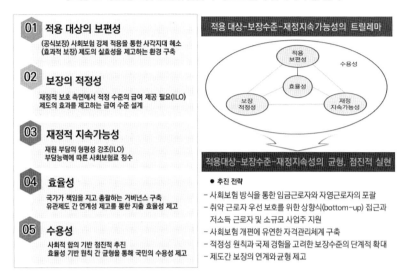

출처: 강희정(2021.9), 소득주도성장위원회 발표자료.

[그림 12-5] 건강보험 상병휴업급여 도입의 개념적 틀

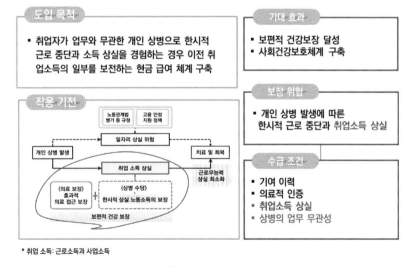

* 취업 소득: 근로소득과 사업소득

출처: 강희정(2021.9), 소득주도성장위원회 발표자료.

다. 건강보험 상병휴업급여 제도의 보장체계

1) 적용 대상

상병휴업급여의 적용 대상은 건강보험 자격 관리에 따른 직장가입자와 피부양자, 지역가입자를 대상으로 건강보험료 부과 소득 기반 중 취업소득(근로소득 또는 사업소득)이 연계되는 개인으로 한다. 다만 취업소득이 0원을 초과하면 무조건 취업자로 정의할지, 일정 수준 이상의 취업소득을 가진 자만 취업자로 정할지에 대해서는 검토가 필요하다. 현재 의료서비스 접근을 보장하는 건강보험에서는 보험료가 부과되는 최저소득을 정의하고 그 미만에 대해서는 기본 보험료를 똑같이 부과함으로써 적용에서 예외가 없다. 반면 고용보험에서는 예술인은 월 50만 원, 특수고용종사자는 월 80만 원의 최저소득 기준을 충족하지 못하면 적용 대상에서 제외된다. 이 문제에 대해서는 제도 도입의 목적과 정합성을 갖춘 결정이 필요하다.

만약 개인 상병 발생 시 취업과 관계없이 모든 가입자에 대해 보편적 소득보장을 하는 것이 목적이라면 취업자 선별을 위해 취업소득의 최저 수준을 규정할 필요가 없을 것이다. 그러나 이 제도가 취업소득의 상실 위험을 보호하고자 한다면, 일상생활 유지에 있어서 취업소득이 안정적 소득 기반으로 역할을 하는 최저 수준으로 자격을 제한할 필요가 있다. 고용보험에서 예술인과 특수고용종사자 선별에 적용하는 최저소득 기준을 반영하되, 조금 더 관대하게 수준을 낮추어 적용할 수 있을 것이다. 아울러 의료급여 가입자에 대해서도 취업소득 기준을 충족한다면 대상에 포괄시켜 취업자에 대한 단일 사회보호제도를 설계하는 것이 바람직하다.

2) 보험료 부과

보험료는 취업자의 근로 활동 소득에 대해서만 부과해야 한다. 직장가입자에 대해서는 근로소득에 대해 최저기준 적용 없이 부과하고 지역가입자에 대해서는 근로소득과 사업소득을 합산한 취업소득에 대해 최저 수준 조건을 적용하여 부과할 수 있다. 단, 현재 건강보험료 부과를 위한 소득 정보가 직장가입자는 1년 전, 지역가입자는 2년 전까지이므로 발생과 적용의 시차가 발생할 수 있다.

건강보험공단은 취업소득이 연계되는 자를 취업자로 정의하고 연계된 소득 정보에 대해 보험료 부과 시, 기여 비례 원칙에 따라 개인에게 예상되는 급여 수준을 안내하고 개인 근로자에게 이의신청 등을 통해 추가 소득 표출과 보험료 인상 납부 또는 반대에 해당하는 기회를 제공해야 할 것이다. 이러한 방식은 향후 실시간 소득 파악 시스템 구축을 통해 개선될 수 있을 것이며 이에 대비한 유연한 설계가 필요하다.

상병휴업급여의 목적은 15~64세의 경제활동인구에서 상병으로 인한 취업소득 상실의 위험을 보호하는 것이므로 0세 이상 전 국민을 포괄하고 종합소득 또는 자산을 대상으로 부과되는 건강보험료와 차이가 있다. 따라서 건강보험 자격관리 정보를 활용하여 취업자를 선별하는 내부 연동체계는 구축하되, 상병휴업급여를 위한 별도의 보험료 부과 기반, 보험료 부과 및 징수체계, 재정 분리 운영이 필요하다. 아울러 기여비례급여를 위한 정률 부과를 원칙으로 하지만 일부 저소득 근로자에 대해서는 정액 부과를 고려할 수도 있다.

3) 급여 수준

상병휴업급여가 고용보험 구직급여와 산재보험 휴업급여와의 관계에서 고유의 목적을 달성할 수 있도록 급여 수준의 상한과 하한의 범위 설정이 필요하다. 점증적 확대 전략에 따라 제도 초기에는 보험료 부과소득을 기준으로 소득대체율을 60%로 설정하고 급여 상한은 고용보험 상한(1일당 66,000원, 자영업자 67,600원)과 산재보험 휴업급여 상한(1일 226,191원)의 범위 내에서 검토가 필요하다. 반대로 급여의 하한은 최저임금 60%(69760×0.6=41,856원), 기준 중위소득 60%(1,827,831÷30×0.6=36,557원), 고용보험 하한(1일당 예술인 16,000, 특고 26,600원, 자영업자 36,400원, 임금근로자 60,120원)을 고려하여 취업자 선별의 최저소득 수준 결정과 연계하여 결정해야 할 것이다.

현재 고용보험 구직급여는 정률 급여이지만 실제 급여 상한과 하한의 범위가 좁아 정액 급여에 가깝다. 새롭게 도입되는 상병휴업급여에 대해서는 보험료 납부의 수용성을 제고하기 위해 고용보험보다 기여 비례 원칙이 강화되도록 급여 수준의 범위를 확대할 필요가 있다. 단, 급여 수준은 후퇴가 쉽지 않으므로 재정 위험을 고려하여 단계적으로 높이는 접근이 필요하다.

4) 보장 기간

보장 기간은 대기 기간과 급여 기간으로 구성되며 급여 수준과 함께 단계적으로 확대하는 접근이 필요하다. 다만 제도가 달성하고자 하는 목적을 어디에 두느냐에 따라 접근 방향은 달라질 수 있다. 경증 단계에서 적시의 의료 접근 유도에 우선순위를 둘 경우, 제도 초기에는 대기 기간과 급여 기간을 모두 짧게 설정하고 점차 급여 기간을 연장할 수 있다. 반면 중증 장기 질환의 재난적 영향을 통제하는 데 우선순위를 둔다면, 반대의 방향으로 초기에는 대기 기간과 급여 기간을 모두 길게 설정하고 점차 대기 기간이 짧아지도록 조정할 수 있을 것이다.

노동시장에서 취업 유지가 가능한 근로자를 중심으로 조기의 적시 치료 효과를 높이도록 대기 기간과 급여 기간을 상대적으로 짧게 설정하는 방식을 고려할 수 있다. 그러나 현실적으로 사용자가 제공하는 병가제도와 연계되지 않을 경우, 실제 급여를 신청하는 근로자가 많지 않을 수 있다. 이러한 제약을 극복하기 어렵다면 장기 질환으로 인한 빈곤화 위험을 예방하는 데 목적을 두고 대기 기간과 급여 기간을 모두 길게 설정하는 것이 현실적인 도입 방식일 수 있다. 다만 상병의 장기화로 인한 빈곤화 위험에 대응하기 위해서는 긴급복지지원제도, 기타 소득보장제도의 적용 대상을 확대하는 접근이 우선 검토되고 연계되어야 할 것이다.

그러나 코로나19 팬데믹으로 여러 국가가 대기 기간을 폐지하고 팬데믹에 취약한 필수 근로자들을 보호하는 긴급조치를 시행하고 있다는 점에서 대기 기간이 ILO가 권고하는 3일을 초과하기 어려운 상황이기도 하다. 그렇다고 한국적 상황에서 상병 초기부터 상병수당을 지급하면, 자율적 기업복지로 제공되는 사용자 유급병가의 추가적 제공 동기를 감소시킬 수 있다.

북유럽 국가에서 근로자의 연간 병가 기간 분포는 대부분 1~7일, 14~30일에 있고 30일 초과는 큰 차이로 감소한다(Nordic Social Statistical Committee, 2015). 그런데 대부분의 근로자 대상 조사는 상병 경험이 없거나 복귀한 근로자를 대상으로 하므로 장기 투병으로 복귀하지 못한 근로자의 응답이 제외된 결과일 수 있다. 복귀 가능성을 고려한 급여에 우선순위를 둔다면, 초기에는 급여 기간을 최소 1개월부터 최대 3개월 범위에서 설정하고 이후 단계적으로 확대해야 할 것이다. 다만 최대 급여 기간은 앞서 언급한 제도 도입의 목적을 어디에 두는지에 따라 달라질 수 있다. 대기 기간과 급여 기간은 시범사업을 통해 한국 상황에 적합한 수준을 검토해야 할 것이다.

4. 보편적 상병휴업급여 도입을 위한 과제와 추진 방향

가. 보편적 상병휴업급여 도입을 위한 과제

1) 사용자의 병가 제공에 대한 법정화

우리나라에서 공무원과 교원은 개인 상병에 대해서도 60일 범위 내 유급병가, 장기요양이 필요할 때 1년까지 유급휴직을 보장받는다. 그러나 일반 근로자는 「근로기준법」에 법정 병가 규정이 없어 임의 기업 복지와 사적 보장에 의존하고 있다. 따라서 사회보험 방식의 상병수당 도입에 대하여 이미 유급병가가 있는 근로자는 추가 이득이 없으므로 보험료 납부에 저항할 수 있고 병가가 없는 경우도 고용주의 병가 보장이 없는 상병수당 도입은 유명무실하다고 비판할 수 있다.

만약 고용주가 병가를 제공하지 않는다면 근로자는 여전히 결근으로 인한 불이익이 두려워 출근하게 되고 상병휴업급여는 그림의 떡에 불과할 것이다. 긍정적 측면에서 보면, 재정 부담으로 도입을 미루었던 사용자는 근로자와 분담하는 방식의 공적 상병수당을 활용하여 병가정책을 도입할 수 있다. 또한 이미 유급병가 정책이 있었던 회사의 사용자는 노동조합과 단체협약을 통해 기존의 정책과 중복되는 부분을 공적 상병수당의 급여 수준 또는 대기 및 급여 기간을 보충하는 방식으로 재원을 전환하여 사용할 수 있을 것이다. 그러나 이 또한 기업

복지에 의존하는 방식이므로 아픈 근로자의 쉴 권리를 보장하는 환경 구축에는 한계가 있다. OECD 회원국 대부분은 고용주 유급병가 이후 공적 상병수당을 제공하는 이중급여체계를 구축하고 있다. 따라서 상병 휴업급여의 도입은 병가제도를 법정화하는 노력과 병행되어야 한다.

2) 영세 사업장 사업주와 근로자 지원

ILO는 보편적 사회보험 설계를 위해 업종과 기업 규모와 관계없이 모든 사업장의 근로자를 포괄할 것을 권고하고 있다(ILO, 2020). 실제로 대부분 OECD 회원국들은 소규모 사업장을 적용 대상에 포함하고 있으나 일본은 예외적으로 5인 미만 사업장이 적용 제외를 선택할 수 있도록 허용하고 있다(opt out). 우리나라는 OECD 국가 중 영세 사업장 비율이 가장 높아 제도 설계에서 이들 사업주와 근로자를 지원해야 하는 재정 부담을 안고 있다.[3]

3) 근로무능력 기간에 대한 의료인증체계 구축

건강보험에서 상병휴업급여를 지급하는 근로무능력 기간은 상병 근로자가 의료기관에서 치료받는 기간뿐 아니라 회복을 위해 집에서 쉬는 기간을 포함하여 자격 있는 의료인이 의학적으로 필요하다고 인증한 기간이다. 그러나 우리나라 사회보험제도에서는 근로무능력 기간에 대한 의료인증 절차를 운영한 경험이 없다. 산재보험과 국민연금

---

3 OECD, 2020, Employees by business size (indicator). doi: 10.1787/ceaf53c9-en (Accessed on 02 December 2020)에서 50인 미만 사업장 근로자 비율은 44.8%로 비교 국가 중 가장 높은 수준이었다.

에서 근로능력 여부를 판정하지만 해당 기간을 인증한 경험은 없다. 따라서 인증 자격, 인증기준 개발, 심사, 사후관리 등을 포함하는 새로운 인증체계 구축이 필요하다.

의료 인증의 기준은 현금 급여 제공에서 도덕적 해이를 원천적으로 막는 장치이므로 제도 초기에는 엄격한 기준을 설정하고 보장 수준의 변화와 연계하여 기준을 완화할 필요가 있다. 또한 지나친 엄격성으로 수급 신청자의 대기가 길어지지 않도록 설계해야 할 것이다. 상병수당의 오랜 역사를 갖는 북유럽 국가들은 그간의 개혁 과정에서 의료 인증의 주체를 공공기관이나 공적 주체에 소속된 의사로 한정하면서 남용을 통제하는 효과를 얻은 바 있다(OECD, 2020).

나. 정책 추진 방향

1) 미래 대비 선제적 제도 설계로서 보편적 사회보험 설계

상병휴업급여는 임금근로자에 대해서는 유급병가와 보충적, 보완적 관계의 역할을 하는 동시에 유급병가에 접근하지 못하는 자영 근로자를 포괄하는 보편적 모형으로 설계되어야 한다. 또한 건강보험 자격관리와 연계한 급여 설계는 근로 형태와 무관한 개인 단위 위험관리 제도로서 향후 소득 기반 사회보험료 개편에도 유연하게 전환될 수 있어야 한다.

2) 시범사업을 통한 근거 기반 제도 추진

한국형 상병수당으로서 건강보험 상병휴업급여의 시범사업은 시군구 단위로 복수의 지역을 선정하여 지역 내 전체 인구에 대해 시행함으로써 개인, 사업장을 포함하는 다양한 이해관계에서 행태 변화를 검토할 필요가 있다. 지역별로 대안 모형을 1:1로 매칭하고 사업이 적용되지 않는 비교 지역을 선정하여 시범사업 전후의 차이를 비교하는 준실험적 설계를 통해 사업의 효과를 평가할 수 있다. 아울러 새로운 인증체계의 시행 가능성 평가와 함께 상병수당과 민간보험 가입의 관계 등 다양한 정책 이슈들이 시범사업 기간 검토될 수 있도록 사전 평가 계획 수립이 필요하다.

3) 관련 정책 협의기구의 한시적 운영

한국형 상병수당인 건강보험 상병휴업급여의 시범사업 과정에서 본 제도 설계를 위한 사전 조정과 준비를 위해 관계부처 및 사회보험 기구들이 참여하는 협의기구의 운영이 필요하다. 협의기구의 운영을 통해 관련성 높은 제도 간 조정을 위한 협의와 정책 개선이 이루어져야 한다. 특히 보건복지부와 고용노동부 간에 근로 복귀 지원, 재활체계 구축, 병가 도입 고용주 지원 등 상병수당과 상보적 관계 정책들의 추진을 논의할 필요가 있다.

| 참고문헌 |

강희정. 2021. "한국형 상병수당 도입을 위한 제도 설계의 원칙과 개념적 틀". 『보건행정학회지』 2021;31(1). 5~16.

강희정. 2021.5.26. 『소득주도성장위원회 토론회 발표자료』.

강희정. 2021.9.2. 『소득주도성장위원회 소득특위 발표자료』.

강희정·김수진·이현주·김현경·고제이·신기철·정혜주·손민성·홍재석·하솔잎·김보은·이은주. 2019. 『보편적 건강보장을 위한 의료 격차의 진단과 과제』. 한국보건사회연구원.

김근주·이정희·남궁준. 2020. 『병가제도의 현황과 정책적 개선방안』. 한국노동연구원.

김수진·김기태·정연·박금령·오수진·김수정. 2018. 『질병으로 인한 가구의 경제활동 및 경제상태 변화와 정책과제』. 한국보건사회연구원.

여나금·신현웅·오영호·김상호·오수진·김혜윤. 2020. 『건강보험료 부과제도 적정성 평가방안 연구』. 국민건강보험·한국보건사회연구원.

International Labour Organization. ILO brief: social protection spotlight: sickness benefits during sick leave and quarantine』 [Internet]. Geneva: International Labour Organization; 2020 [cited 2021 Feb 10]. Available from: https://www.ilo.org/wcmsp5/groups/public/---ed_protect/---soc_sec/documents/publication/wcms_744510.pdf.

MISSOC(Mutual Information System on Social Protection). 2020. Missoc database: The network links. Available at https://www.missoc.org/missoc-database/comparative-tables/

NSSC(Nordic Social Statistical Committee). 2015. Sickness Absence in the
    Nordic Countries.
OECD. 2020. Sickness and disability systems: comparing outcomes and
    policies in Norway with those in Sweden, the Netherlands and
    Switzerland. Available at https://doi.org/10.1787/c768699b-en.

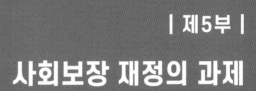

| 제5부 |

사회보장 재정의 과제

제13장

사회보장 재정지출의 전망과 과제

강병구 인하대학교 경제학과 교수

1. 사회경제의 변화와 대안적 복지체제

한국 사회는 저출산·고령화, 양극화, 잠재성장률의 둔화, 일자리 창출 능력의 약화와 고용 형태의 변화 등으로 인해 전통적인 복지 모델로부터 새로운 복지 모델로의 전환을 요구받고 있다. 특히 코로나19 팬데믹 이후 일자리 감소와 사회경제적 불평등의 심화는 기존의 소득보장제도에 대한 근본적인 성찰과 대안의 모색을 요구하고 있다.

대안 복지체제에서는 우리가 직면하고 있는 사회경제적 변화와 노동시장의 구조적 변화를 반영하여 효과적이고도 효율적인 방식으로 복지제도를 구축해야 한다.[1] 첫째, 새로운 사회적 위험에 적절하게 대응할 수 있는 보편주의 복지를 확대해야 한다. 코로나19와 4차 산업혁명으로 인해 근로빈곤층은 물론 모든 계층의 고용과 소득의 불안정성이 증대되고 있다. 이에 대응하여 모든 국민의 기본생활을 보장할 수 있는 보편적 소득보장체제와 일자리 창출 및 보장 대책이 필요하다.

둘째, 필요에 기반한 맞춤형 소득보장제도를 구축해야 한다. 보편주

---

1 이 부분에 대해서는 홍장표(2021) 참조.

의 복지는 개인이 처한 상황에 따라 필요(needs)가 다르기 때문에 단일의 제도가 아니라 사회보험과 공적 부조, 사회수당, 사회서비스 등 다층적 사회보장제도를 통해 구현될 수 있다. 필요에 기반한 소득보장제도를 구축하기 위해서는 개인의 소득을 완전하게 파악할 수 있는 소득파악체계가 뒷받침되어야 한다.

셋째, 대안 복지체제를 지원할 수 있는 재정이 확보되어야 한다. 주요 정책 과제의 단계적 확대에 따른 소요 재원의 추정과 이를 충당할 수 있는 재정제도의 개편이 요구된다. 특히 대안 복지체제의 주요 정책 과제를 포함하여 '저복지-저부담' 상태에서 '중복지-중부담'으로 나아가기 위한 소요 재원의 추정과 재원조달 방법의 모색이 필요하다.

〈표 13-1〉에서 보듯이 대안 복지체제의 주요 정책 과제는 필요에 기반한 복지제도의 보편성을 단계적으로 확대하는 것이다. 사회보험의 경우 전국민 고용보험제도를 도입한 이후 점차 소득 기반 전국민 사회보험으로 확대하는 것이다. 이러한 방식으로 사회보험제도를 전환하는 경우 개인의 소득을 정확하게 파악하는 것이 제도 안착의 핵심이라고 할 수 있다.

소득보장의 경우 국민기초생활보장제도와 근로장려세제를 연계하는 전 국민 기초생활소득 보장제를 통해 노동시장에서의 근로 유인을 저해하지 않으면서 분배구조의 개선을 도모하고 있다. 사회수당의 경우 특히 상병수당과 참여수당의 도입, 아동수당·돌봄수당·출산장려금의 확충에 따른 소요 재원 마련이 요구된다. 일자리 뉴딜과 일자리 보장(청년 일자리 보장제 등), 디지털 교육기반 전국민개인훈련계좌제의 도입 등을 통해 필요에 기반한 복지제도의 보편성을 확대할 수 있다.

정책 과제	제1단계	제2단계
사회보험	전 국민 고용보험	소득 기반 전 국민 사회보험 (고용보험, 건강보험, 국민연금)
소득보장	근로장려세제 확충 국민기초생활보장제 개선	전 국민 기초생활소득 보장제 (국기초와 근로장려세제의 연계 통합)
사회수당	기초연금 인상 아동수당 도입	상병수당, 참여수당 (돌봄, 공공 인프라 등 사회서비스) 아동수당/돌봄수당/출산장려금 확충
일자리 창출· 보장	일자리 창출 (디지털 뉴딜, 그린 뉴딜)	일자리 뉴딜과 일자리 보장 (청년 일자리 보장제 등)
교육훈련	국민내일배움카드제	디지털 교육기반 전국민개인훈련계좌제

출처: 홍장표(2021).

2. 사회보장 재정지출 및 세수 현황

우리나라는 낮은 수준의 복지지출과 국민부담률로 인해 '저복지-저부담' 상태에 있다. [그림 13-1]에서 보듯이 2019년 우리나라의 GDP 대비 공공사회복지지출은 12.2%로 OECD 국가 평균(20.0%)에 크게 미치지 못하고 있다. 국민부담률과 조세부담률도 각각 27.4%와 20.0%를 기록하여 OECD 국가 평균(33.8%)과 24.9%(2018년)에 비해 낮은 수준이다.

작은 규모의 공공사회복지지출로 인해 우리나라는 빈곤과 불평등, 노후생활 등에 적절하게 대응하지 못하였다. 2017년 일반정부지출에서 공공사회복지지출이 차지하는 비중은 33.4%로 OECD 국가 평균(46.2%)에 비해 12.8%p 낮다. 그 구성에 있어서 보건과 기타 분야는 OECD 국가 평균을 상회하고 있지만, 소득대체형 지출을 구성하는 노령, 유족, 근로무능력 분야의 비중이 크게 낮아 노인 빈곤의 문제에 효과적으로 대응하지 못하고 있으며, 가족, 실업, 주거 분야의 비중도 작다.

[그림 13-1] 국민부담률과 공공사회복지지출의 국제비교(2019년)

(단위: GDP 대비 %)

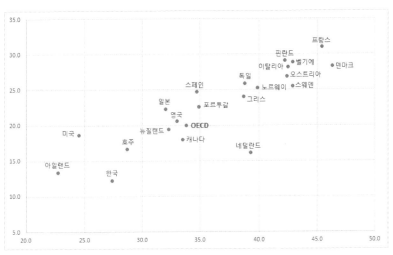

주: 국민부담률의 경우 호주와 일본은 2018년 수치이고, 공공사회복지지출의 경우 호주(2017년), 캐나다(2018년), 일본(2017년), 뉴질랜드(2018년)를 이용했다.
출처: OECD Social Expenditure Database, Revenue Statistics. 검색일자: 2021.9.3.

〈표 13-2〉 공공사회복지지출의 구성(2017년)

(단위: %)

구 분	전체	노령	유족	근로 무능력	보건	가족	적극적 노동 시장 프로그램	실업	주거	기타
한국	33.4	8.8	1.1	2.0	13.6	3.6	1.0	0.9	0.2	2.1
OECD	46.2	17.2	1.9	4.7	13.2	4.9	1.0	1.4	0.7	1.2

출처: OECD Social Expenditure Database(http://stats.oecd.org). 검색일자: 2021.9.8.

한편 세목별 세수 구성을 보면, OECD 국가 평균에 비해 한국은 개인소득세와 소비세, 보유세, 고용주 사회보장기여금의 비중이 작고, 법인소득세, 자산거래세, 종업원 사회보장기여금의 비중은 높다. 〈표 13-3〉에서 보듯이 2018년 전체 세수에서 개인소득세가 차지하는 비중은 18.4%로 OECD 평균(23.9%)에 비해 낮지만, 법인소득세의 비중은 15.7%로 OECD 평균(8.8%)보다 높다. 소비세의 비중은 26.3%로 OECD 평균(32.5%)보다 6.2%p 작고, 부가가치세의 비중은 15.3%로 OECD 평균(20.6%)보다 5.3%p 작다. 자산세 중 보유세의 비중(3.1%)은 OECD 평균(3.6%)보다 작지만, 거래세의 비중(7.1%)은 OECD 평균(1.4%)에 비해 크게 높다. 거래세의 비중(7.1%)은 취득세(4.7%), 등록세(0.3%), 증권거래세(1.2%), 농특세(0.6%), 인지세(0.2%)로 구성되었다. 사회보장기여금의 비중(25.4%)은 OECD 평균(27.0%)보다 작지만, 종업원보다는 고용주의 비중이 더 낮다. 한국에서 종업원의 사회보장기여금 비중은 10.9%로 OECD 평균(8.9%)보다 높지만, 고용주의 사회보장기여금 비중은 11.6%로 OECD 평균(15.1%)보다 작다.

〈표 13-3〉 세수 구성의 국제비교(2018년)

(단위: %)

구 분	개인소득세	법인소득세	소비세	부가가치세	자산세	보유세	거래세	사회보장기여금	종업원	고용주
한국	18.4	15.7	26.3	15.3	11.6	3.1	7.1	25.4	10.9	11.6
OECD	23.9	8.8	32.5	20.6	5.5	3.6	1.4	27.0	8.9	15.1

주: 세목별 구분은 OECD 기준.
출처: OECD, Revenue Statistics, https://stats.oecd.org/, 최종검색일: 2020.11.24.

개인소득세수 비중이 작은 것은 다양한 소득공제 및 세액공제, 최고세율이 적용되기 시작하는 높은 수준의 과세표준, 자산소득에 대한 낮은 실효세율, 사업소득자의 낮은 소득 파악률 등에서 원인을 찾을 수 있다. 법인세수 비중이 높은 이유는 전체 법인기업의 과세대상소득이 크기 때문인데, 낮은 노동소득분배율, 대기업으로의 경제력 집중, 소득세율에 비해 낮은 법인세율로 인한 법인의 선호, 높은 제조업 비중 등이 복합적으로 작용한 결과이다. 사회보장기여금의 비중이 낮은 이유는 사회보험료율과 고용률이 낮고, 비정규직과 특수고용노동자 등을 중심으로 사회보험의 사각지대가 크기 때문이다.[2]

3. 사회보장 재정지출 전망

우리나라의 공공사회복지지출은 고령화로 인한 사회보험과 기초연금의 자연 증가 등으로 인해 〈표 13-4〉에서 보듯이 2040년에 OECD 국가 평균에 도달할 것으로 전망된다.[3] 하지만 사회보장제도의 개편과 확장으로 2030년에 OECD 평균수준의 '중부담-중복지' 국가로 도약하기 위해서는 2019년 기준 7.8%p의 추가적인 공공사회복지지출이 필요하며, 이는 4.2%p의 자연 증가와 3.6%p의 추가 증가로 구성된다.[4]

---

2 강병구(2020) 참조.
3 자세한 내용은 사회보장위원회(2019) 참조.
4 4.2%의 자연증가분은 사회보장위원회(2019)의 2030년 공공사회복지지출 전망치 16.3%와 2020년 12.1%의 차이로 산출된다.

<표 13-4> 공공사회복지지출의 추이

(단위: GDP 대비 %, %)

구 분		2018년	2020년	2030년	2040년	2050년	2060년
공공사회복지지출		11.1	12.1	16.3	20.8	25.3	28.6
일반재정 분야	지출 (구성비)	4.2 (37.8)	4.4 (36.1)	4.9 (29.8)	5.1 (24.3)	5.0 (19.8)	4.8 (16.9)
사회보험 분야	지출 (구성비)	6.9 (62.2)	7.7 (63.9)	11.4 (70.2)	15.8 (75.7)	20.3 (80.2)	23.8 (83.1)

출처: 사회보장위원회(2019).

한편 7.8%p의 추가적인 공공사회복지지출은 조세부담률 증가(5.0%p), 사회보장기여금 증가(1.7%p), 기금 활용 및 국공채발행 증가(1.1%p)로 구성된다. 조세부담률 증가분(5.0%p)은 OECD 국가의 평균 조세부담률(2018년 25.0%)과 한국의 조세부담률(2019년 20.0%)의 차이로 산출되고, 사회보장기여금 증가분(1.7%p)은 OECD 국가의 평균 사회보장기여금(2018년 9.0%)과 한국의 사회보장기여금(2019년 7.3%)의 차이로 산출된다. 나머지 1.1%p는 기금 활용 및 국공채발행 등을 통해 조달할 수 있다.

4. 정책 과제

대안적 복지체제의 구축에 필요한 재원을 마련하기 위해서는 재정 제도 개혁과 지출 구조조정으로 재정 운용의 효율성을 높이면서 조세 및 사회보험료 체계를 개편해야 한다. '중복지-중부담'으로 나아가는 과정에서 증세에 대한 조세저항을 낮추고 국민적 수용성을 높이기 위해서는 재정지출의 효율화를 통한 재원 마련 방안이 선행되어야 하고, 증세의 경우도 지출 용도를 명확히 하여 국민이 세금의 혜택을 체감하도록 해야 한다.

가. 재정지출의 효율화

재정지출의 효율화를 위해서는 보조·출자·출연사업 정비와 전략적 자원 재배분 등 세출 구조조정을 통해 재량지출의 일부를 지출 필요성이 긴요한 부분으로 전환해야 한다.[5] 나아가 조세·재정 정보를 알기 쉽고 투명하게 제공하고, 정부 전체의 관점에서 국민부담과 혜택의 변화를 파악하며, 거시적 시계에서 재정정책의 방향을 제시할 수 있도록 재정 운용의 틀을 개편해야 한다.[6]

첫째, 재정 운용의 칸막이를 제거하여 지출의 필요성이 긴요한 부분으로 자금이 투입되도록 해야 한다. 재정의 칸막이란 기금, 특별회계 등 특정 재원을 독점하는 재정제도로 인해 국가 재원이 융통성 있게 지출되지 않는 현상을 의미한다. 기금 및 특별회계에 존재하는 재정의 칸막이로 인해 활용되지 않는 여유 재원의 규모를 파악하고, 이를 효율적으로 사용하는 재정개혁이 필요하다.

둘째, 지방자치단체의 순세계잉여금을 활용하거나 기금을 정비하여 소요 재원의 일부를 충당할 수 있다. 순세계잉여금은 세입에서 세출을 차감한 잉여금에서 이월금 및 보조금집행잔액을 제거한 것으로 지방정부의 여유 재원이라 할 수 있다.

셋째, 세출 구조조정, 보조·출자·출연사업 정비, 전략적 자원 재배분 등을 통해 재량지출의 일부를 절감하여 새로운 사회보장제도의 재

---

5 정창수(2021) 참조.
6 강병구(2020) 참조.

원으로 사용하고, 정부 융자사업의 경우 시장에 직접 개입하는 부분을 줄이고 꼭 필요한 업무는 이차보전 등으로 전환하여 공공자금을 효율적으로 운용할 수 있다. 정부 융자사업을 이차보전사업으로 전환하면 융자금 전액이 아니라 이자차액만 지원하면 되므로 현재 적립된 융자금을 다른 사업지출로 전환하여 이용할 수 있다. 예를 들어, 교통·에너지·환경세의 경우, 교통시설특별회계로의 전출 비율이 높아 재정 운용의 효율성을 낮추고 있다.

넷째, 조세정보와 나라살림에 대한 재정정보를 정확하고 투명하게 공개하여 정부에 대한 국민의 신뢰도를 높이고, 재정개혁에 대한 국민적 동의를 확보해야 한다. [그림 13-2]에서 보듯이 정부에 대한 국민의 신뢰도는 2007년 24%에서 2020년 45%로 21%p 상승했지만, 여전히 OECD 국가 평균(51%)에 비해 낮은 수준이다. 조세 및 재정정보의 정확하고 투명한 공개는 국민의 납세협력과 '중복지-중부담' 실현을 위한 재정개혁의 중요한 전제 조건이다.

다섯째, 통합적이고도 거시적인 재정 운용이 필요하다. 재정관리 주체의 측면에서 국세, 지방세, 사회보장기여금이 개별적으로 운영되고 있지만, IMF와 OECD 등 국제기구에서도 재정 당국이 일반정부(국세+지방세+사회보장기여금) 기준으로 재정 총량을 관리하도록 권고하고 있다. 최근 들어 사회보장 부문을 중심으로 재정지출이 큰 폭으로 증가하였고, 향후 인구구조의 변화에 따라 더욱 가파르게 증가할 것으로 전망된다. 재정 당국이 이러한 국민부담의 변화를 정확히 파악하고, 시기별로 국세, 지방세, 사회보장 부문의 부담에 대한 적정 수준을 조율하고 관리할 필요가 있다.

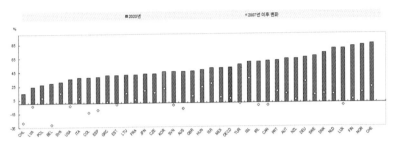

[그림 13-2] 정부에 대한 국민 신뢰도(2020년)

(단위: %, %p)

주: 정부에 대한 신뢰도는 "당신은 정부를 신뢰하느냐?"는 질문에 "예"라고 답한 비율이다.
출처: OECD, Government at a Glance 2021.

여섯째, 효율적인 재원 배분을 위한 재정 제도의 개혁이 필요하다. 정부는 재정운영시스템을 선진화하기 위해 2004년부터 국가재정운용계획과 총액배분 자율편성제도를 도입하였지만, 새로운 재정운용시스템은 제도의 실효성 문제, 부처의 도덕적 해이 등 제도운영 과정에서의 문제점을 노출하고 있다. 전략적 지출 검토는 주요 분야 또는 부문을 대상으로 기존 재정사업에 대한 검토를 통해 우선순위를 정하고 세출 구조조정 방안을 마련하는 일련의 과정이다. 이러한 전략적 지출 검토의 결과가 '국가재정운용계획'에 반영되는 방식으로 재정 제도가 개편되어야 한다.

나. 세입 확충 방안

조세체계는 효율적이고 공평해야 하며, 세입 확충을 모색하는 경우에는 경제에 미치는 파급효과와 국민적 수용성을 고려하여 소비세 이전에 소득세 및 자산세를 먼저 확대해야 한다. 따라서 세제 개편은 소득과세·자산과세 → 소비과세 확대의 단계적 접근이 필요하다.[7] 중장기적으로 복지국가의 지속가능성을 확보하기 위해서는 '넓은 세원 적정 세율'의 원칙하에 모든 국민이 부담하되 능력에 따라 차등적으로 분담하여 조세의 공평성을 높이고, 확충된 세수를 기반으로 국민의 삶의 질을 개선하면서 점차 소비과세의 확충도 모색해야 한다. 북유럽 복지국가의 경우 역진적인 소비세의 비중이 높지만 누진적인 개인소득세의 비중 또한 높고, 보편적 복지제도를 기반으로 적극적인 재분배 정책을 취하기 때문에 조세 및 이전지출의 재분배 효과가 큰 것으로 평가된다.[8] 누진적 보편증세는 보편주의와 선별주의 복지제도가 합리적으로 결합되는 복지체제에 조응하는 조세체계이다.

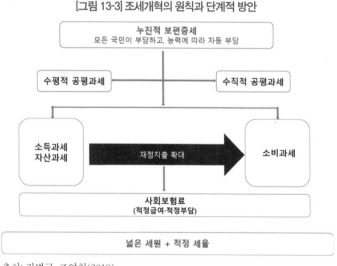

[그림 13-3] 조세개혁의 원칙과 단계적 방안

출처: 강병구·조영철(2019).

7 고령화의 진전에 따라 소비세의 확충이 불가피하지만, 사회가 이러한 전환을 받아들이기 위해서는 부유층, 고소득자, 기업에 대한 높은 세율을 적용해 소비세로의 전환 정책이 공정하다는 것을 알릴 필요가 있다(Magnus, 2009).

8 북유럽 복지국가의 조세체계에 대해서는 Kato(2003) 참조.

저출산·고령화 시대에는 사회보장기금의 안정적 운용을 위해 '적정 급여와 적정 부담'의 차원에서 사회보험료의 개편도 필요하다. 또한 지속가능한 복지국가의 차원에서 디지털세, 로봇세(자동화세), 데이터세, 탄소세 등 새로운 세제의 복지 재원 활용 가능성과 사회보장세와 사회연대세 등 목적세를 통한 복지재원의 마련 방안도 검토할 필요가 있다. 특히 코로나19를 거치면서 확대된 소득과 자산의 양극화에 대응하여 한시적으로 사회연대세의 도입을 모색할 필요가 있다.

5. 소결

한국 사회는 저출산·고령화, 양극화, 잠재성장률의 둔화, 일자리 창출 능력의 약화와 고용 형태의 변화 등으로 인해 새로운 복지 모델로의 전환을 요구받고 있으며, 대안 복지체제의 주요 정책 과제를 포함하여 '저복지-저부담' 상태에서 '중복지-중부담'으로 나아가기 위한 소요 재원의 추정과 재원조달은 중요한 정책 과제이다.

우리나라는 낮은 수준의 복지지출과 국민부담률로 인해 '저복지-저부담' 상태에 있다. 2030년에 OECD 평균 수준의 '중부담-중복지' 국가로 도약하기 위해서는 2019년 기준 7.8%p의 공공사회복지지출 증가가 필요하며, 이는 4.2%p의 자연 증가와 3.6%p의 추가 증가로 구성된다. 7.8%p의 추가적인 공공사회복지지출은 조세부담률 증가(5.0%p), 사회보장기여금 증가(1.7%p), 기금 활용 및 국공채발행 증가(1.1%p)로 구성된다.

대안적 복지체제의 구축에 필요한 재원을 마련하기 위해서는 재정 제도 개혁과 지출 구조조정으로 재정 운용의 효율성을 높이면서 조세 및 사회보험료 체계를 개편해야 한다. 재정운용의 효율성을 높이기 위해서는 재정 운용의 칸막이 제거, 지방자치단체의 순세계잉여금 활용과 기금 정비, 재량지출의 절감, 정부 융자사업의 이차보전사업으로 전환, 조세정보와 나라살림에 대한 재정정보의 정확하고 투명한 공개, 통합적이고도 거시적인 재정 운용, 효율적인 재원 배분을 위한 재정제도의 개혁 등이 필요하다.

세입 확충을 위해서는 누진적 보편증세의 방식으로 소득과세·자산과세 → 소비세 확대의 단계적 접근이 필요하고, '적정급여와 적정 부담'의 차원에서 사회보험료의 개편도 요구된다. 지속가능한 복지국가의 차원에서 디지털세, 로봇세(자동화세), 데이터세, 탄소세 등 새로운 세제의 복지 재원 활용 가능성과 사회보장세와 사회연대세 등 목적세를 통한 복지 재원의 마련 방안도 검토할 필요가 있다.

| 참고문헌 |

강병구. 2020. "혁신적 포용국가의 재정개혁".『다시 촛불이 묻는다: 포스트 코로나 시대의 사회경제개혁』. 동녘.

강병구·조영철. 2019.『우리나라 재정 운용의 평가와 과제』. 소득주도성장 특별위원회.

사회보장위원회. 2019.『제3차 중장기 사회보장 재정추계』.

정창수. 2021. "대안적 복지체제를 위한 재원마련 방안".『소득주도성장특별위원회 연구용역과제 중간보고서』.

홍장표. 2021. "소득보장의 대안체제 모색: 비전과 정책연구 과제".『소득주도성장특별위원회 발표자료』.

Kato, Junko. 2003.『Regressive Taxation and the Welfare State』. Cambridge University Press.

Magnus, G. 2009.『The Age of Aging: How Demographics are Changing the Global Economy and Our World』. John Wiley & Sons (홍지수 옮김. 2010.『고령화 시대의 경제학: 늙어가는 세계의 거시경제를 전망하다』. 부키).

OECD. 2021. Government at a Glance.

제14장

세출조정을 통한 재원 마련 방안

정창수 나라살림연구소 소장

1. 한국 재정구조의 특징

우리나라 예산구조는 1970년대 경제개발을 중시하는 개발연대 예산구조가 유지되고 있다. 분류가 시작된 1971년부터 개발연대 예산구조를 보여주는 한국의 경제개별예산은 20%를 유지하고 있는데, 이는 OECD의 두 배 가량이다. 2017년 예산(기금포함)에서도 경제 분야 지출은 19.1%로 400조 원 중 80조 원 규모를 유지하고 있으며 이는 2011년에 비해 4.2%p 감소한 것이나 이는 사회보험 등에 의해 복지와 교육이 5.2%p 증가함에 따라 상대적으로 비중이 줄어든 것이다. 이는 사회보험을 제외한 복지예산의 비중이 지난 10년 간 0.7%p 증가에 머문 것으로 알 수 있다.

최근 복지를 포함한 사회개발 분야 예산이 급증하고 경제개발 예산은 감소하고 있으나, 공기업을 포함한 공공기관 재정 규모를 고려하면 한국의 재정구조는 여전히 경제 규모나 발전 단계에 맞지 않는 미성숙 구조라고 평가할 수 있다.

2. 재원 마련의 방안 및 계획

지속가능한 복지국가를 위한 재원 마련을 위해서는 재정의 확충과 경제성장의 선순환 구조를 확립할 필요가 있다. 재정 효율화, 공공부문 개혁, 공평과세를 통해 확충한 국가재정을 국민생활기반 마련과 사회안전망 구축에 투자하고, 이를 통해 성장잠재력을 강화하는 선순환 구조를 확립해야 한다.

〈표 14-1〉에서 보듯이 국채 발행 및 증세 없이 5년 간 141.5조 원의 재원 마련이 가능하다. 기금여유재원, 지방재정 여유재원 등의 여유재원으로 20조 원(5년 간), 세출 구조조정과 융자부문 개혁, 교육재정 개혁 등 세출조정으로 111조 원(5년 간), 탈루세원 발굴, 세입 확대 10조 원(5년 간), 추가적인 증세를 통한 재원마련 확대가 가능하다.

〈표 14-1〉 재원 마련 총괄표

(단위: 조 원)

연도		2023년	2024년	2025년	2026년	2027년	5개년 합계
합계		23.1	25.1	27.1	30.1	32.1	141
여유 재원	①기금여유재원	2	2	2	2	2	10
	②지방재정여유재원	2	2	2	2	2	10
세출 조정	③세출구조조정	13	15	17	20	22	86
	④융자부문개혁	3	3	3	3	3	20
	⑤교육재정개혁	1	1	1	1	1	5
세입 확대	⑥탈루세원 발굴	2	2	2	2	2	10
	증세 추가 가능						

세부 계획으로는 기금의 여유재원을 활용하면 5년 간 약 10조 원의 재원 마련이 가능하다. 67개 전체 기금 중에 여유재원으로 활용 가능

한 기금은 18개이며, 교통시설특별회계, 에너지자원특별회계에 존재하는 전체 여유재원은 33.3조 원이다. 이 중 금융기관 예치 규모는 15조 원이며 공자기금 예탁 규모는 18조 원이다. 금융기관 예치액 중 최소 15% 정도를 활용해 연간 약 2조 원 정도의 재원 마련이 가능하며, 상황에 따라서는 50~100% 활용이 가능하다. 기금의 여유재원은 매년 기금수입이 발생해 확대되므로 기금 고갈 우려는 없다.

여유재원이 과다한 기금은 여유재원을 정비해야 할 대상이어서 추가 지출 여력이 있거나, 현 경제·사회 상황에 따라 추가 지출이 요구되는 18개 기금이다. 장애인고용촉진기금, 전력산업기반기금, 주택도시기금, 영화발전기금, 국민체육진흥기금, 복권기금 등 총 18개 기금이 여유재원 과다 기금으로 선정되었다.

기금 여유재원 활용에서 적립금을 한 번에 소진하면 종료된다는 주장이 있으나 기금은 지속적으로 수입이 발생하므로 재원 고갈 우려는 기우라고 할 수 있다. 장애인고용촉진기금이나 국민체육진흥기금은 각각 장애인 의무고용 미달에 따른 수입 및 스포츠토토 발행액 등의 수입이 매년 발생한다.

지방재정의 여유재원은 지방자치단체 순세계 잉여금 활용 및 기금 정비로 5년 간 10조 원의 재원 마련이 가능하다. 2019년 결산기준으로 전국 243개 지방정부의 세입에서 세출을 제외한 잉여금은 66.5조 원이고, 잉여금에서 이월금 및 보조금 집행 잔액을 제거한 순세계 잉여금은 31.7조 원이다. 순세계 잉여금의 10%만 재원으로 활용해도 연간 2조 원의 재원을 조달할 수 있다.

또한 세출 구조조정으로 5년 간 86조 원의 재원을 마련할 수 있으며, 2022년 예산 편성 시에는 12조 원을 실현하였다. 실질적으로 재량지출 1,406조 원(5년 간) 중 5% 절감으로 57조 원의 재원을 마련했다. 또한 보조, 출자, 출연사업 정비, 전략적 자원 재배분 등을 통해 재량지출의 2.5%를 절감했다. 세출 자연증가분 중 활용 가능한 여유재원은 136조 원(5년 간) 중 30%인 29조 원(5년 간) 규모이다. 재량지출 자율증가분의 30%를 활용한 것이다.

공공재정 융자사업을 이차보전으로 전환해 5년 간 20조 원의 재원 마련이 가능하다. 2021년 융자사업 총액은 46조 원으로 이 중 주택구입, 전세자금 융자사업만 9.9조 원이며 전세임대주택지원 융자사업이 4.4조 원이다. 또한 소상공인지원 융자사업이 3.7조 원 등으로 융자사업의 상당 부분은 이차보전사업으로 전환이 가능하다. 융자금의 50%를 이차보전으로 전환해 20조 원의 재원 마련이 가능하다.

물론 융자지출은 융자금회수 수입을 통해 추후에 수입으로 들어오게 된다. 융자금을 이차보전으로 전환한다면 추후에 융자금 회수 수입이 없어지기에 현재 적립금 활용은 한 차례만 가능하지만 국가 전체 자금의 효율적 운영을 고려한다면, 특히 코로나19와 같은 전대미문의 위기 상황에서는 이러한 융자금을 활용하여 국가 재원 전체의 효율성을 높일 필요가 있다.

2015년 한국의 GDP 대비 정책금융 비중은 23.9%로 미국·영국·호주 0.1%, 일본 9.4%, 독일 14.6%에 비해 OECD 주요국 중 가장 높다. 시혜적 진흥 기능의 대표격인 정책금융은 과도한 상태로, 중복 지원과 사각지대를 점검하고 유사 기능은 정비하거나 통폐합해야 한다. 교육청 보유재원 4조 원(순세계 잉여금 1.7조 원+교육재정안정화기금 2.3조 원) 중 매년 순증하는 1조 원을 재원으로 활용하여 교육부문 또한 개혁해야 한다.

세입 확대로는 고액 현금사용금지, 금융정보분석원 정보 열람을 통한 탈루 세원 발굴로 5년 간 10조 원의 추가 세입 확충이 가능하다. 지하경제를 일일이 단속하는 것은 불가능하지만 지하경제의 젖줄인 현금을 없애면 지하경제를 근원적으로 줄일 수 있다. 덴마크는 소매점이 현금을 거부할 수 있는 법안을 추진하고 스웨덴의 대부분의 은행은 이미 현금을 취급하지 않는다고 한다. 또한 프랑스, 스페인, 포르투갈 등은 일정 이상의 현금거래를 법으로 금지하고 있다. 전 미국 재무장관이 100달러 지폐를 폐지하자고 주장할 정도로 유럽 중심의 현금 없는 사회가 미국에도 상륙했다.

3. 재정 칸막이에 존재하는 여유재원을 통한 재원 마련

새로운 세원을 발굴하는 것보다 가장 우선순위로 두어야 할 것은 재정의 칸막이를 줄이는 것이다. 재정의 칸막이란 쉽게 말해서 특정 수입과 지출을 법적으로 용처를 정해 "한쪽에서는 돈이 남지만 한쪽에서는 돈이 모자라는" 현상을 의미한다. 기금 및 특별회계의 재정의 칸막이로 인해 효율적으로 지출되지 않는 재원 규모를 파악하고 이를 효율적으로 지출할 수 있도록 하는 재정 개혁이 필요하다.

단적인 예로, 장애인고용촉진기금에는 사용하지 않고 있는 1조 원의 여유재원이 존재하며, 영화발전기금에는 1,883억 원의 여유재원이 존재하고, 임금채권보장기금에도 2,818억 원의 여유재원이, 국제교류기금에도 1천억 원, 국민체육진흥기금에도 5,972억 원의 여유재원이 있다. 국민체육진흥기금은 각종 복권 재원을 복권기금으로 통합했으나 실제 복권기금 지출은 복권법에 따라 통합 이전의 기득권을 인정해주는 형식으로 운영되고 있어 지출방식을 재정립할 필요가 있다.

한쪽에는 돈이 남아돌고 다른 쪽에서는 돈이 부족한 국가재원의 비효율성은 최우선적으로 개혁해야 할 대상이다. 특히 내수경제가 좋지 않아 국가 재정의 적극적 역할이 요구되고 있는 현 상황에서 자금여력이 많은 기금재원을 적극적으로 활용할 필요가 있다. 기금의 고유 목적 사업은 더욱 적극적으로 집행하고, 여유재원이 많은 기금의 지출 사업을 조정하는 등의 지출 방식을 새롭게 해야 한다. 수입 규모를 줄이거나 기금을 폐지하는 등 기금구조 정비를 통해 재원을 마련할 필요가 있다. 특히 폐지된 「교통에너지환경세법」을 기반으로 한 교통시설특별회계 역시 폐지하고 재원을 통합적으로 운영할 필요가 있다.

운용방식을 바꾸는 방식도 활용이 가능하다. 국민연금기금처럼 보험성 기금은 여유자금 운용 방식을 금융투자 위주에서 임대주택 투자 등 실물투자 및 사회책임투자에도 확대할 필요가 있다.

4. 에너지 관련 세제 정비

우리나라의 에너지 관련 세제는 교통에너지환경세, 부가가치세, 교육세, 주행세, 각종 부과금 형태로 다양하게 부과되고 있다. 에너지 관련 세제 중 금액적으로 가장 중요한 것은 휘발유, 경유에 부과되는 교통에너지환경세다. 교통에너지환경세는 소비세이며, 세수 규모로는 4번째로 크다. 매년 약 15조 원 내외의 세수입이 발생하며 2021년 세입 예산안 금액은 15.7조 원으로 2020년 추경 기준보다 약 1.5% 증가할 것으로 예측된다.

교통에너지환경세는 2009년에 이미 폐지 법률안이 국회에서 통과되고 공포까지 완료되었으나, 5차례나 폐지 시점이 연장되어 최종적으로는 2024년 12월 31일이 폐지 시점이다. 법과 시행규칙에 따라 교통에너지환경세액의 용처가 교통시설특별회계(이하 교특회계), 환경개선특별회계, 국토균형발전 특별회계에 각각 73%, 25%, 2%를 전출하도록 정해져 있어 '재정의 칸막이' 현상이 발생하게 된다.

교특회계로 전입된 금액은 교특회계 내의 내부 계정으로 나누어져 공항계정, 교통체계관리계정, 도로계정, 철도계정, 항만계정의 5개 계정으로 구분되어져 계정별 지출 금액 비율이 정해진다. 교특회계로 전입된 금액은 사업의 상한선이 아니라 하한선으로만 작동한다. 즉 교특회계 수입이 줄면 일반회계수입이 증가하는 요요현상이 존재한다. 도로, 철도 등의 사업은 교특회계와 일반회계, 별도 특별회계 등을 통해 수입을 충당하는데, 2020년 이후 교통에너지환경세에서 전입 비율이 80%에서 73%로 줄어들었다고 하더라도 일반회계 사업을 통한 수입으로 인해 전체 예산은 줄지 않고 오히려 더 증가할 수 있다는 사실이 이를 증명한다.

교통에너지환경세는 15조 원에 달하는 가장 큰 규모의 재정 칸막이이다. 교통에너지환경세를 일몰 종료시키고 개별소비세 형식으로 일반재원으로 편입하는 등의 방법을 통해 저탄소 기후위기 대응을 위한 재원으로 적극적으로 활용해야 한다. 교통시설특별회계로 전출되는 비율이 기존 80%에서 73%로 줄었으나 기존의 여유재원이 많이 존재하며, 특히 일반회계 사업도 크게 늘어 결과적으로 교통 관련 지출은 감소하지 않았다. 2009년에 폐지 법률안이 국회를 통과하고 폐지가 공포까지 된 법률을 폐지 시점만 일몰 연장하는 형식으로 존재하는 것은 법 형식적으로도 바람직하지 않다. 기후위기에 대응하고 탄소중립을 위한 재원이 필요한데, 탄소세라는 법적 형식을 도입할지 개별소비세 형식으로 전환활지는 논의를 거쳐 선택할 수 있는 상황이다. 다만 현재의 교통에너지환경세 형태는 더 이상 지속가능하지 않다. 또한 추가 탄소세 등 화석연료에 세금을 강화하는 것과 동시에 핵발전에도 과세할 필요가 있다. 현재 화석발전에 쓰이는 연료에는 과세를 하면서 핵발전에는 과세를 하지 않는 상황은 에너지세제 형평성에 위배된다.

이에 핵연료에 과세를 하는 방법, 원자력으로 생산한 전기에 과세를 하는 방법 또는 핵연료 보관사실에 과세를 하는 방법 등을 고려해서 선택이 가능하다.

5. 지방재정 개혁을 통한 재원 마련

가. 순세계 잉여금 관리

2019년 결산기준, 전국 243개 지방정부의 잉여금은 66.5조 원, 순세계 잉여금은 31.7조 원으로 2018년 결산기준 잉여금 68.7조 원, 순세계 잉여금 35조 원보다 조금 감소한 수치다. 2019년 세입 규모는 406.6조 원[1]으로 2018년 세입 규모 361.7조 원보다 12.4% 증가하였다. 반면 세출액은 340.2조 원에 불과해 지출하지 못한 66.5조 원 규모의 잉여금이 발생했다. 이는 전체 세출 금액 대비 약 16.3%가 지출되지 못하고 잉여금으로 존재한다는 의미이며, 전체 세출 금액의

---

1 총계 기준으로 광역지자체가 기초지자체에게 지급하거나 지출한 금액이 중복으로 계상되어 내부거래가 제거되지 않았음. 이에 실제 내부거래가 제거된 세입 또는 세출 기준의 잉여금 비율 및 순세계잉여금 비율은 더욱 높아질 것임.

9.3%(31.7조 원)는 2019년에 집행하고자 하면 집행할 수 있었던 재정 여력인 순세계 잉여금이다. 전국 17개 광역지자체 세입은 184.9조 원, 세출은 169조 원으로 '못쓴 돈'에 해당하는 잉여금은 15.9조 원이며, 이 중 '남은 돈'에 해당하는 순세계 잉여금은 9.1조 원이다.

전국 226개 기초지자체의 세입은 221.7조 원, 세출은 171.2조 원으로 잉여금은 50.5조 원이며, 순세계 잉여금은 22.6조 원이다. 주목해야 하는 부분은 재정안정화기금이다. 재정안정화기금은 지자체가 재정이 어려울 때를 대비하여 세입의 일부를 적립하는 용도로 만들어진 기금이다. 2018년에는 재정안정화기금 적립액이 0.5조 원에 머물렀던 반면 2019년에는 5.5조 원으로 급증했다. 이에 순세계 잉여금 액수와 재정안정화기금 적립액을 합친 여유재원 규모는 2018년 35.5조 원에서 2019년 37.2조 원으로 오히려 증가하였다. 각 지자체가 남는 여유재원을 단순히 일반회계 순세계 잉여금 형태로 보유하는 것보다는 재정안정화기금에 적립하는 것 자체는 문제가 아니다. 다만 불용액이 많으면 보통교부금 지급에 페널티를 주는 등의 조치를 피하는 용도로만 이용된다면 문제다. 재정안정화기금이 본래 목적으로 잘 쓰일 수 있도록 구체적인 운용 및 집행 지침이 뒤따라야 할 것이다.

지방정부의 과도한 잉여금 및 순세계 잉여금 적립이 내수경기 악화의 주요한 원인이 될 수 있다. 지방정부가 많은 세입을 걷는다는 것은 그만큼 민간의 자금을 위축시키는 행위이며, 이를 지출하는 것은 민간에 자금을 공급하는 것으로 내수경제에 도움이 될 것이다. 결국 잉여금 67조 원으로 인한 민간자금 위축이 내수경기를 악화시키는데 큰 영향을 주었다고 볼 수 있다. 순세계 잉여금 증대의 근본적 원인은 초과세입보다 순세계 잉여금이 눈덩이처럼 지속적으로 누적된 결과다.

세입추계를 보수적으로 하여 전년도에 예상했던 세입예산보다 실제 결산상에 더 많은 추가세입 발생이 오차 발생의 근본 원인인 것이 아니라, 전년도에 이미 발생한 순세계 잉여금이 올해 세입을 증대시키고, 올해도 충분히 지출하지 못한 채로 차년도에 또 다시 순세계 잉여금으로 넘어가기 때문이다.

차년도 보전수입 항목으로 인식되는 순세계 잉여금을 차년도 본예산 세입예산에 충분히 반영하지 않는 것이 근본 문제다. 결산상 순세계 잉여금과 예산상 순세계 잉여금 수입을 비교해보면 전년도에 발생한 순세계 잉여금의 약 50%대만 본예산에 반영한다는 사실을 알 수 있다. 실제로 인식한 지자체 발생 수입금액과 별개로 세입예산서 규모를 임의로 정해서 작성하는 것은 분식회계적 형태라고도 볼 수 있다.

코로나19 이후인 2020년에는 지방정부의 세입과소추계에 따른 순세계 잉여금 발생 가능성이 있다. 서울특별시의 2020년 취득세 세입금액은 2019년 결산은 물론 2016년 취득세 결산액보다도 적어 1조 원 이상의 초과 세수가 발생할 수 있다. 또한 지방정부기금에 쌓인 적립금은 77조 원에 달하는 규모다. 지방정부기금에는 운용배수라는 개념 자체가 없어서 특정 사업지출액에 합당한 적립액 규모를 산정하는 이론, 실무, 관행 자체가 존재하지 않는다. 자체 재원이 없는 대부분의 지방정부기금은 과감하게 정비할 필요가 있다.

그리고 정확한 세입 예측을 통해 지방자치법 균형재정 원칙에 따라 적극적으로 지출해야 한다. 그러기 위해서는 지방자치법에 따라 균형재정 편성 및 집행의 원칙을 확립해야 한다. 실제 예상 세입금액을 적당히 깎아 세입 규모를 계상하는 것이 아니라 실제로 가능한 세입을 예측하고 예측한 세입액에 맞춰 세출 규모를 정해 적극적인 예산을 집행해야 할 것이다. 지방자치단체 재정평가 항목인 세수오차비율을 순세계 잉여금으로도 확대해야 한다. 2019년 행정안전부의 지방자치단체 재정평가 항목에 세수오차비율 등이 포함되어 있다. 세수오차비율은 지방세 예산 규모와 결산 규모를 비교하는 것인데, 순세계잉여금 과소추계의 핵심은 지방세가 아니라 전년도에 발생한 순세계 잉여금 수입인 보전수입이다. 따라서 세수오차비율을 지방세뿐 아니라 전년도 발생한 순세계 잉여금으로도 확대해야 할 것이다.

전년도 순세계 잉여금액은 차년도 본예산의 수입에 충실히 반영하고, 최소한 1차 추경에 전액 반영해야 한다. 차년도 예산안 보전수입에 계상되어야 할 올해 순세계 잉여금의 정확한 규모는 본예산 작성 시에는 정확히 알 수는 없다. 다만 최대한 정확히 예측하여 본예산에 충실히 반영해야 할 것이다.

특히 전년도 말일에 세입세출이 마감되어 전년도 순세계 잉여금 액수를 정확히 알 수 있는 1차 추경 시점에는 반드시 전액이 계상되어야 할 것이다. 전년도 순세계 잉여금 중 본예산에 반영하지 않은 금액을 1차 추경에도 계상하지 않는 것은 회계의 충실성 원칙을 심각하게 저해하는 행위이다.

나. 통합재정안정화기금 관리

통합재정안정화기금의 설치, 운용 및 지출 용례를 구체적으로 정하여 보조금 매칭비 등을 지출해야 한다. 통합재정안정화기금이 보통교부세 페널티를 피하기 위해 불용액을 줄이는 수단으로만 이용되어서는 안 될 것이다. 이에 재정안정화기금 설치, 운용, 지출에 구체적인 권고기준을 마련해야 한다.

첫째, 설치 단계로 순세계 잉여금이 일정 비율 이상 있는 지자체는 적극적으로 재정안정화기금 설치를 고려할 필요가 있다. 특히 일반회계 여유재원을 적립하는 재정안정화기금과 다른 기금의 여유재원을 통합적으로 관리하는 통합재정안정화기금 설치를 적극적으로 신설할 것을 추천한다. 재정의 칸막이를 낮추는 것이 지방재정을 보다 효율적으로 쓸 수 있는 방안이다.

둘째, 운용 단계로 통합재정안정화기금을 통해 여유재원을 기금에 넣었으면 적극적으로 운용할 필요가 있다. 재정안정화기금을 운용할 전문인력을 각 지방정부가 구하기는 현실적으로 어려울 수 있다. 정부가 운용하는 '연기금투자풀'에 적극적으로 위탁할 필요가 있다. 현재 연기금투자풀위원회는 지방정부의 자금을 위탁하는 것을 권고하고 있으나, 관련 법령의 미비로 위탁 실적은 전무한 실정이다. 조속히 제도 개선에 나서야 할 것이다.

셋째, 집행 단계이다. 행안부 지침에 따른 재정안정화 계정의 사용 요건은 최근 3개년도 평균 세수입보다 줄었을 때 등으로 지나치게 협소하다. 최근 3개년도 평균 세수입보다 줄기를 기대하면서 전혀 사용하지 못하는 지자체가 대부분일 것이다. 이에 적절한 적립 배율을 설정하여 과도하게 기금이 비대해지는 것을 피해야 한다. 지자체가 사업에 필요하면 언제든 적극적으로 재정안정화 계정 적립금을 사용할 수 있어야 할 것이다.

다. 기타 기금 등 관리

자체 재원 없이 일반회계 전출금으로 이루어진 기금 중 이자지출액으로 운영 중인 기금은 모두 폐지해야 한다. 기금의 적립금이 국가자금의 '동맥경화'로 작용하고 있다. 민간에 있는 자금을 지방정부가 흡수하여 이를 적립하고 이자 상당 금액만 지출하는 기금은 폐지해야 한다. 사회적 니즈, 경제적 분석, 또는 정치적 결단과 상관없이 우연히 발생하는 이자비용만 기금사업으로 지출한다는 것은 국가 전체 자금 흐름의 비효율을 증대시킨다.

관공서 등 특정 건물이나 시설비용을 마련하고자 전체 금액을 적립하는 기금도 불필요하다. 이자비용 이상의 효용도 없는 사업은 진행하지 않거나 관련 사업자금 일부는 지방채를 발행하여 사업을 진행하는 것이 더 효율적이다.

이론적으로 수십 년 이상 지속되어 후손에게 효용을 주는 자본재 비용은 지방채를 발행하여 사업의 혜택을 보는 후손이 그 비용을 충당하는 것도 바람직한 측면이 있다.

6. 전략적 분석을 통한 세출 구조조정

노무현 정부의 3+1 재정 개혁은 국가재정운용계획, 총액배분자율편성제도, 성과관리제도 도입과 이를 수행할 수 있는 디지털예산회계시스템 구축을 주된 내용으로 하여 추진되었다. 그러나 국가재정운용계획은 성과관리 제도를 도입해 형식적 틀을 갖추는 데에는 성공했으나 실질적 환류에는 이르지 못하고 형식적으로 운영되었다. 총액배분자율편성제도는 시도했으나 실현되지 못하고 현재 기획재정부의 부처 통제력을 유지하는 수단으로 작동하는 등 개혁은 추진했으나 제도 안착을 위한 노력이 마무리되지 못했다. 즉 재정 개혁을 위한 노력이 지속되지 못하고 형식적으로 운영되면서 재정 절약 수단에 머무르는 한계를 가지게 되었다.

정부 지출의 전략적 방향으로는 정부의 기능을 구분하여 정책 방향을 제시할 필요가 있다. 생산 기능을 경제발전에 부합하도록 축소시키는 대신 대국민서비스를 확대시키는 방향으로 개혁해야 한다.

전략적 분석 도입 방안을 알아보기 전에 전략적 분석제도의 정의부터 살펴보겠다. 주요 분야 또는 부문을 대상으로 재정사업에 대한 분석과 미래 지출 방향을 도출하는 과정을 전략적 분석(Strategic Review)이라 정의한다.

전략적 분석 도입의 제도 시행 초기에는 주요 쟁점이 있는 분야 또는 부문을 선택하여 선별적이고 전략적으로 분석을 시행하여야 한다. 일정 기간 경과 후 전략적 분석 방법론과 추진체계가 안정화된 이후에는, 지속적으로 모니터링해야 할 주요 분야 및 부문에 대해서는 주기적으로 업데이트할 수 있는 체제를 운영하고, 수시로 쟁점이 부각되는 부문에 대해서는 정책 수요에 따라 시행하여야 한다. 주기적으로 업데이트할 경우에 매년 실적을 모니터링하여 업데이트하되, 적어도 3년 또는 5년 주기로 근본적인 전략적 분석을 시행하여야 한다.

대통령 임기에 맞추어 5년 주기의 포괄적 전략적 분석(Comprehensive Strategic Review)을 운영하는 방안도 검토 가능하며, ① 신임 대통령의 공약을 반영하기 위해 분야 및 부문별 전략적 분석을 추진할 수도 있으며, ② 선거 전에 주요 정당들의 공약을 반영한 지출구조조정 시나리오를 도출하기 위해 전략적 분석을 추진할 수도 있다.

전략적 분석 틀과 방법론에 포함되어야 할 요소는, 평가 대상 분야/부문의 평가 초점, 중장기 투자전략 도출에 포함되어야 할 세출 구조조정 요소, 평가 일정, 평가 결과 도출 및 확정 과정 등이다. 전략적 분석 과정의 공신력과 구속성을 강화하기 위해서는 전략적 분석의 개별 어젠다 설정 및 평가 추진과정 모니터링을 수행할 상임위원회(Steering Committee)를 구성할 필요가 있다. 이때 상임위원장은 해당 분야에 이해관계가 없는 중립적 인사로 선정하도록 한다.

상임위원회는 개별 전략적 분석틀과 어젠다를 포함한 추진계획을 승인하고, 분석과정을 모니터링하며, 분석결과를 승인하는 역할을 수행한다. 정치적 우선순위가 반영되어야 할 필요성이 높은 분야나 부문의 전략적 분석에는, 상임위원회에 정당의 견해를 대표할 전문가를 포함하여 검토하여야 한다.

사업부처는 기획재정부에서 수립한 전략적 분석틀과 방법론에 따라 기획재정부와 협업하여 전략적 분석을 수행하고 협업을 통한 분석(joint review) 체제를 채택함이 바람직하다. 단 협업의 형태로 추진되더라도 실제적인 업무 분장은 명확히 이루어져야 하며, 재정 당국의 도전기능(challenging function)이 제대로 작동되어야 의미 있는 전략적 분석이 가능하다.

과거 투자에 대한 평가 및 미래 중장기 투자 방향의 초안 마련을 담당할 주체를 명확히 설정할 필요가 있다. ①기존의 해당 분야 및 부문에 대한 중장기 투자전략을 수립하고 있는 부처의 경우는, 부처에서 초안을 마련할 역할을 담당하도록 할 수 있다. ② 기존 중장기 투자 전략 수립이 부재한 분야나 부문에 대해서는, 기획재정부가 전문가와 협업하여 초안 마련에 주도적 역할을 수행할 수도 있다.

전략적 분석 결과 도출 시 원칙적으로 작업반에서 합의를 도출하도록 하되, 담당 부처와 기획재정부 또는 전문가 사이의 이견이 해소되지 않을 경우에는 각각의 시나리오를 병기하여 상임위원회에 상정하여 선택한다. 이때 병렬적인 시나리오에 대한 상임위원회의 의사결정 규칙을 명확히 설정할 필요가 있다.

전략적 분석 도입은 중장기적으로는 분야 및 부문별 중장기 투자계획 수립을 기획재정부와 사업부처가 협업하여 추진하고, 예산 편성 과정에서 중장기 투자계획에 부합하도록 재원 배분이 이루어지도록 하는 효과가 있을 것이다. 또한 전략적 분석을 통해 미래지향적인 재원배분 방향을 도출하는 보완적 기능을 수행하는 효과가 있을 것이다. 더불어 전략적 분석의 실효성 및 지속가능성 확보를 위해서는 해당 분야 또는 부문에 대한 분석역량의 강화 및 정치적 이해관계자들과의 의사소통이 중요하다.

기획재정부는 재정사업에 대한 평가 지침을 개발하고, 매년 의무적으로 해당 연도에 대한 각 부처의 평가계획을 검토해야 한다. 평가 방법론에 대한 평가 과정 및 평가 결과를 모니터링해야 할 것이다. 기획재정부 내부에서는 별도 조직을 신설 또는 전문 연구기관에서 평가와 관련한 정책을 개발하고, 각 부처의 평가들을 모니터링하는 역할을 수행하여야 한다. 반면 사업 부처들은 주요 사업에 대한 심층평가를 주기적으로 실시하여 효과성 및 운영의 적정성을 관리해야 한다.

전략적 분석 과정에 주요 이해관계자들을 참여시킴으로써 해당 분야 및 부문 내의 중장기적 투자계획의 실행력을 강화하고, 전략적 재원 분석 과정을 통해 재원 배분의 실행력을 강화하는 효과가 있을 것으로 예상된다.

| 참고문헌 |

기획재정부(2020). 2020~2024 국가재정운용계획.

국회예산정책처(2019). 2018 결산 총괄분석.

임소영(2015). 재정융자제도의 개선과 이차보전 확대방안. 재정포럼 227
　　권. 한국조세재정연구원.

장우현·양용현·우석진(2014). 중소기업지원정책의 개선방안에 관한 연구
　　(Ⅱ). KDI.

서영인(2020). 교육재정 종합진단 및 대책연구. 경제인문사회연구회.

안종석·김민희(2019). 지방교육재정 운용실적 분석 및 향후 전망. 정책시
　　사점. 한국조세재정연구원.

고용노동부(2020). 2021년 예산안및기금계획안 사업설명자료.

국가재정운용계획 재정개혁분과위원회(2015). 2015~2019 국가재정운용
　　계획 재정개혁 분야 보고서.

기획재정부(2020). 2021년 기획재정부 세입예산안.

문화체육관광부(2020). 2021년 예산안및기금계획안 사업설명자료.

제15장

사회보장세 등 세입 확충 방안

정세은 충남대학교 경제학과 교수

1. 논의 배경 및 목적

새로운 복지체계 설계, 혜택 확대를 목표로 하는 대안적 복지체제 실현의 최대 걸림돌은 예산 제약이다. 당장의 코로나19로 인한 지출 확대는 국채 발행으로 대응해야 하지만 향후 코로나 종식 이후 영구적 복지 확대를 위해서는 영구적인 재원 마련 방안이 동반되어야 할 것이다. 그렇지만 증세는 조세저항을 야기하기 쉽기 때문에 정치권에서 쉽게 주장하기 어려운 어젠다이다. 그래서 보통은 자연 증세와 지출개혁, 비과세감면 축소 등 간접증세 등을 통해 재원을 마련하는 방안이 선호된다.

그러나 만일 복지 수준을 대폭 제고하고자 한다면 이러한 방식으로는 힘들다. 이러한 식의 증세로 마련할 수 있는 재원이 그렇게 많지 않으며 국민들이 세금을 더 내는 것을 모를 수 없기 때문에 오히려 불만이 생길 수밖에 없다. 따라서 이러저러한 복지를 확대하기 위해 증세를 하겠다고 명확히 밝히고 증세에 나서는 전략이 바람직할 수 있다. 복지를 확대하기 위해 세금을 걷는다면 그 수혜 대상은 당연히 지지를 보낼 것이고 세부담 대상이더라도 그 취지에 동의하여 지지할 수 있기 때문이다.

이승주·박소영(2019)은 복지에 대한 지출을 지금보다 더 늘려야 한다고 생각하거나 복지에 대한 정부의 책임이 크다고 생각할수록 증세에 찬성할 가능성이 높다는 것을 발견했다. 또한 양재진·윤성원·장우윤(2021)도 복지 및 기본소득에 대해 우호적인 태도를 가지고 있는 사람이 관련 증세에 대해서도 긍정적 태도를 보인다고 보고한 바 있다. 이러한 연구들은 증세를 하는 목적이 복지 확대임을 명확히 밝힌다면, 즉 증세해서 오로지 복지에 투입하겠다고 약속한다면 국민들의 정치적 지지를 얻을 가능성이 높다는 점을 간접적으로 보여준다.

사회보험의 보험료 인상이 일반재원 증세보다 상대적으로 수월하게 진행되는 것은 복지 확대와 1:1로 연결되기 때문일 것이다. 따라서 향후의 증세는 복지 확대를 위한 것임을 명확히 밝히고 추진되는 것이 바람직하다.

이 절에서는 이러한 문제의식 하에서 증세 방안을 모색하되 복지목적세를 도입하는 것을 하나의 대안으로 제안하고자 한다. 이에 앞서 미래세제, 탄소세, 토지보유세 등의 복지재원으로서 가능성을 판단해 볼 것이다. 이 세제들도 기본소득을 위한 목적세로서 제기되었기 때문에 복지목적세라고 볼 수 있다. 기본소득이 하나의 복지프로그램으로서 어떠한 장단점을 가지고 있는가는 논외로 하고 여기에서는 조세 측면에만 초점을 맞추고자 한다. 위의 세제 중에서 미래세제는 탄소세와 토지보유세는 일부 복지재원으로 사용 가능하지만 아직까지는 독립된 세제로서 역할하기 어렵고 충분한 재원을 마련해주지 못한다는 점을 지적할 것이다. 따라서 복지재원 마련을 위해서는 기간세목을 중심으로 한 본격적인 증세 방안이 필요하다. 이 절에서는 증세의 큰 틀을 제시하고, 그러한 큰 틀에 부합하는 사회보장세를 제안한다.

2. 새로운 세제의 복지재원 가능성 검토

가. 자원공유에 바탕을 둔 새로운 재원

데이터세, 자동화세, 플랫폼세 등 미래세제를 부과하자는 주장이 제기되는 이유는 크게 세 가지 정도로 볼 수 있다.

첫째, 플랫폼 자본주의는 일자리를 빼앗아 사람들의 생계를 위협하므로 그에 대한 소득보장이 필요한데 플랫폼 자본주의의 핵심이 바로 ICT 기술, 디지털 전환이므로 이로부터 돈을 버는 기업들에게 세금을 부과해야 한다는 것이다. 미래세제 세수를 가지고 기본소득을 줌으로써 플랫폼 자본주의 시대에 최소한의 안전망을 만들자는 주장이다(백승호, 2020).

둘째, 미래세제는 기본소득을 제공한 재원이 될 뿐 아니라 일자리 상실, 취약노동 증가를 막는 역할도 할 것이다. 자동화, 플랫폼화 기업에 세금을 부과함으로써 그러한 변화의 속도를 늦추고 그 세수로 노동을 지원함으로써 양극화를 완화하는 것이다. 이러한 배경 하에서 최근 새로운 미래세제로서 특히 로봇세(자동화세) 등이 논의되고 있다.

셋째, 재화와 용역을 생산하기 위해 투입되는 요소 중 지식, 빅데이터, 공기, 토지 같은 것들은 모든 국민이 공유하고 있는 것이므로 그 공유부로부터 만들어지는 생산물, 혹은 흘러나오는 소득을 모두가 공유하는 것이 마땅하다는 것이다. 그러한 점에서 그 생산물 혹은 소득의 일정 부분을 세금으로 거두어 그것을 전 국민이 나누어야 한다는 주장이 제기된다.

나. 데이터세, 자동화세, 디지털세, 플랫폼세 검토

1) 데이터세는 시기상조

데이터세는 개인이 제공하는 데이터 사용에 대해 사용료를 내게 하자는 것이다. 이는 디지털세와 독립적인 세제로서 디지털세는 구글, 페이스북 같은 다국적 ICT 기업들의 매출 또는 이윤에 세금을 부과하는 것인데 비해, 데이터세는 그와 독립적으로 국내외 ICT 기업들에게 그들이 수집하고 사용한 개인 데이터에 대해 사용료를 부과해야 한다는 아이디어이다. 현재 개인은 공공과 민간에 많은 개인정보를 주고 있는데 이것을 활용하여 비즈니스를 하는 기관은 사용료를 내야 한다는 것이다. 이때 과세 대상인 데이터는 재료비 성격을 가지기 때문에 매출이나 이윤을 과세표준으로 하는 디지털세와는 다르다.

그러나 데이터세 부과와 관련해서는 부과 여부보다 우선 어느 정도까지의 데이터를 공개하고 공유할 것인가의 이슈가 먼저 논의되어야 한다. 민간이 가진 데이터에 행정 데이터와 주민번호를 공유하여 결합된다면 개인정보가 과도하게 기업에게 넘어갈 것이므로 이에 신중할 필요가 있다고 시민들이 우려하기 때문이다. 따라서 적절한 공개 수준과 공개 방식을 결정하는 것이 우선이다.

만일 적정한 공개 수준이 결정되고 공공 및 민간 데이터를 활용해서 비즈니스를 펼치는 기업이나 개인에 대해 국가가 데이터 사용료를 받기로 결정한다면, 구체적으로 어떤 방법으로 사용료를 받아야 할 것인가? 김신언(2020)은 가격을 결정하는 방법에 대해 현재 금융·데이터 거래소가 운영되고 있으므로 이 시장에서 거래되는 것과 유사한 개인정보는 그 가격을 가져다 쓰고(시장접근법), 만일 비슷한 거래 데이터가 없다면 데이터 생산과 대체에 필요한 인건비, 제조경비 등을 활용하는 비용접근법을 사용할 것을 제안했다.

그러나 문제는 이러한 정책이 빅데이터를 활용한 새로운 비즈니스 창출을 장려하려는 정부 정책과 상충될 수 있다는 점이다. 개인정보 우려를 해소한 데이터라면 그 데이터가 잘 활용되도록 장려하는 것이 우선일 것이기 때문이다. 아직까지 뚜렷한 비즈니스 모델이 나오지 않은 상황에서의 데이터세의 부과는 이러한 가능성을 미리 차단할 우려가 있다. 게다가 사용료를 세금으로 걷을지 정보를 제공한 개인에게 지불할지도 논의의 대상이다. 따라서 적정 수준의 데이터 공개가 결정되고 생태계가 조성된 이후 데이터세를 본격 도입해도 늦지 않을 것으로 생각된다.

2) 자동화세보다는 법인세 인상이 바람직

로봇세는 인간 노동을 대체하는 로봇에 세금을 부과하자는 제안이다. 로봇 도입 혹은 자동화 유인을 낮추는 동시에 거두어들이는 세수를 로봇화로 인해 일자리를 상실한 노동자를 위해 사용하자는 제안이다. 그러나 직관적으로 타당한 제안인 것처럼 들리지만 실행은 쉽지 않을 것이다.

로봇에 대한 정의부터 문제이다. 어떤 특정한 형태의 기계를 로봇으로 정의하는 순간 그 형태를 벗어나는 형태의 기계가 등장할 것이다. 이러한 문제를 방지하기 위해 어떤 속성을 가지고 로봇을 정의한다면 아직 지능형 로봇이 생산과정에 대거 들어오지 않은 자동화 1단계이기 때문에 '생산성 향상을 위한 기계 설비'로 정의하는 것이 가장 합리적일 것이다(홍범교, 2018). 이렇게 정의한다면 로봇세 부과는 결국 모든 기계설비 보유에 대해 세금을 부과하는 것이 된다. 그런데 이는 고용 창출 투자든 고용 위축 투자든 모든 설비 투자에 세금을 부과하자는 제안이 되어버린다. 생산성 향상을 위한 기계설비에 대해 일률적으로 로봇세를 도입하게 된다면 고용을 창출하는 기계설비 도입도 억제될 것이다.

따라서 로봇세를 일률적으로 도입하기보다는 전체 생산설비가 증가하지 않으면서 노동을 절약하는 기계를 도입하는 투자도 혜택을 볼수 있는 무조건적인 투자세액공제 혜택은 줄이거나 없애는 것이 바람직하다. 반면 고용 증대 기업에 혜택을 주는 제도를 도입해야 한다. 또한 기계를 많이 사용하면 이윤이 많아질 것이므로 전체적으로 법인세를 올리는 대안이 로봇세 부과보다 현실적이면서도 효과적이다. 즉 전체적으로 법인세를 인상하여 전체 노동의 고용 관련 복지 확대를 위해 사용하는 것이 바람직하다.

따라서 로봇세의 취지를 살리는 대안으로서 당장은 전체적으로 법인세 부담을 늘리면서 고용을 늘리는 기업에게 혜택을, 고용을 감소시키는 기업에 페널티를 주는 방안을 실시하는 것이 바람직해 보인다. 전자와 관련해서는 고용증대세액공제를 생각해볼 수 있고, 후자와 관련해서는 인건비를 절약해서 이윤을 올리는 기업에게 페널티를 주기위해 이윤에 고용보험기여금과 같은 추가적 세부담을 지우는 것을 생각 검토해 볼 수 있다.

3) 디지털세 과세는 소폭의 세수 증대만 가능할 뿐

디지털세는 다국적 디지털기업의 법인세 탈세 문제에 대응하기 위해 제안된 것이다. 디지털세 부과는 특히 다국적 디지털기업들의 조세피난처 활용을 어떻게 막을 것인가라는 틀에서 주로 논의되고 있다. 이때의 쟁점은 구글과 같이 우리나라에 고정 사업장 없이 온라인으로 매출을 올리고 이윤을 내고 있는 다국적기업에 대해 우리나라에서 벌어들이는 매출과 이윤에 대해 어떻게 부가가치세와 법인세를 부과할 것인가의 문제이다(안종석, 2020). 우리나라는 다국적 디지털기업에 대해 부가가치세는 부과하고 있다. 디지털 재화 판매 및 전자적 용역 공급 모두 부가가치세를 신고, 납부한다. 그러나 법인세 부과는 아직 시행하지 못하고 있다. 온라인으로 이윤을 벌고 있어 다국적 디지털기업들에게 부과하고자 하는 법인세를 '디지털세'로 부르고 있다.

현재의 국제 조세체제에서 다국적 디지털기업에 대한 법인세 과세는 사각지대이다. 사업장이 실제 소득의 발생국가(원천국가)에 설치되어 있지 않으면 그 국가가 과세권을 갖지 못한다. 국내에서 활동하는 다국적기업과 국내 기업을 비교해보면 국내 디지털기업에 대한 역차별이 발생하는 셈이다. 선진국 중 일부 국가에서는 전면적인 과세를 하지는 못하지만 온라인 광고, 데이터 판매 등의 수입에 디지털 서비스세(digital service Tax: DST)를 부과하고 있다. 프랑스는 2019년 1월 1일부터 GAFA Tax라는 이름으로 디지털서비스세를 도입했다. 주요 타깃은 Google, Apple, Facebook, Amazon 등 세계의 인터넷 서비스시장을 지배하는 대규모 다국적기업이며 세율은 3%이다. 영국은 2020년 4월부터 디지털서비스세를 과세하고 있으며, 세율은 2%이다.

그동안 OECD 차원에서 디지털 경제에서의 새로운 과세권 배분원칙 및 세원잠식 방지 방안을 마련하기로 약속하고 이를 추진해왔다. 디지털세에 대한 최종안은 2021년 10월 30일 이탈리아 로마에서 열린 G20 정상회의에서 주요 20개국에 의해 추인되었다. 이날 추인한 매출발생국 과세권 배분에 따라 다국적기업은 글로벌 매출 가운데 통상이익률(10%)을 넘는 초과 이익의 25%에 대해 각 시장 소재국에 세금을 내야 한다. 이 외에 '글로벌 최저한세 도입'에도 합의했는데 이는 연결기준 매출액이 7억 5,000만 유로(약 1조 원) 이상인 다국적기업에 대해 15%의 글로벌 최저한세율을 적용하는 내용이다. 즉 어느 국가에서 사업을 하든 15% 이상의 세금을 내야 한다. 이러한 내용의 디지털세 시행 시점은 2023년이다.

디지털세가 도입되면 한국에서 막대한 이익을 벌어들이면서도 세금은 거의 내지 않는 구글, 애플, 페이스북 등에 대한 과세가 가능해질 것으로 보인다. IT 업계에서는 디지털세가 도입되면 구글이 매년 국내에 내야 할 추가 세금 규모는 최소 1,000~3,000억 원에 달할 것으로 예상하고 있다. 다만 디지털세 부과 대상이 논의 과정 중 당초 다국적 디지털 서비스 기업에서 제조업 전반으로 확대된 점은 고민거리이다. 국내 기업 중 삼성전자와 SK하이닉스 등이 이 대상에 포함될 것으로 보이기 때문이다.

4) 플랫폼세는 다른 미래세제와 중복

최근 경제의 플랫폼화와 관련하여 플랫폼 기업들이 고용을 희생하고 초과이익을 누리는 것을 세금으로 걷어야 한다는 문제의식에서 '플랫폼세' 도입이 논의되고 있다. 2021년 가을 더불어민주당 을지로위원회에서 네이버와 카카오 등 플랫폼 기업에 법인세를 추가 과세하는 방안을 논의하고 있다. 그러나 이 문제도 로봇세와 마찬가지로 몇 가지 실행 상 어려움을 안고 있다.

무엇보다 플랫폼세가 앞에서 논의된 디지털세, 혹은 데이터세와 구별되는지 의문이다. 플랫폼세 부과의 이유로 제시되는 데이터를 무단으로 사용한다, 플랫폼기업으로 인해 고용이 줄어든다는 이유들은 데이터세 혹은 자동화세와 겹치는 주장이다. 즉 플랫폼기업은 ICT기업, 데이터 사용 기업들이기 때문에 플랫폼세는 일정 정도 데이터세, 자동화세와 중복될 가능성이 크다. 플랫폼기업을 어떻게 정의할지가 문제가 된다.

플랫폼기업을 유통, 숙박, 배달과 같이 특정 업종으로 정의하더라도 세금을 부과하는 것이 최선의 방안인지도 검토가 필요하다. 플랫폼 경제 확산으로 인한 피해는 플랫폼 기업이 고용주로서의 책임을 회피함에 따라 그 플랫폼에 고용된 노동자가 지고 있는 상황이다. 따라서 플랫폼 기업의 고용주로서의 책임을 다하게 하는 것이 우선이다. 마지막으로, 특정 업종에 대해 플랫폼세를 걷는다 해도 관련 플랫폼 노동자를 위해서만 사용할 수 있을 것이고, 국민들을 위한 복지재원이 되기는 어려울 것이다.

다. 탄소세의 복지재원 가능성 검토

탄소세를 복지재원 수단으로 사용할 수 있다는 제안은 국민 모두가 공유하고 있는 공기를 오염시키는 탄소배출 행위에 대해 탄소세를 부과하여 그 세수를 탄소배당으로 나누어주자는 아이디어이다. 탄소세를 도입하는 방안으로는 현재의 교통에너지환경세를 없애고 새롭게 탄소세를 도입하거나 교통에너지환경세를 탄소세로 전환하는 방법 두 가지가 있을 수 있다. 탄소세에서 중요한 점은 휘발유, 경유, 유연탄의 상대적 탄소세 세율이 각각의 탄소배출량에 따라 결정되어야 한다는 점, 세율은 탄소중립을 달성하기에 충분히 높은 수준이어야 한다는 점이다. 우리나라의 교통에너지환경세는 휘발유, 경유, 유연탄의 세율이 탄소배출량과 관련없을 뿐 아니라 전체적인 세율 수준이 낮은 것이 문제이다. 따라서 탄소세와 관련하여 향후의 과제는 경유와 유연탄에 지금보다 무거운 세금을 부과하는 것, 탄소배출의 '진정한' 사회적 비용을 추정하여 탄소세 세율로 사용하는 것 등이다.

그런데 탄소세 수입으로 탄소배당을 실시하자는 제안이 있다. 실제로 스위스는 탄소세를 도입한 후 수용성을 높이기 위해 일부를 탄소배당으로 분배하고 있다(백수연, 2021). 그러나 탄소배당은 가계가 내는 탄소세 세수를 가지고 그 일부를 나누어주는 것이어서 탄소 사용이 적은 가계일수록 탄소세를 내는 것보다 탄소배당을 받는 것이 많을 수 있지만 내는 것까지 감안하면 복지 재원의 역할을 하는 순배당은 많지 않을 수 있다. 기업에는 이미 배출권거래제를 실시하고 있기 때문에 탄소세를 중복 부과하기 어렵고 배출권의 가격을 올려 수입이 늘더라도 그 수입은 에너지 과소비 기업 구조조정 재원으로 쓰여야 할 것이다. 즉 기업으로부터의 탄소세 수입으로 복지재원화 하기는 어렵다는 것이다.

한편 탄소세를 부과하는 근본 목적은 탄소 배출을 줄이는 것이다. 화석연료 대신 재생에너지 발전을 늘리고 수송·가정·산업에서 사용하는 에너지도 모두 재생에너지에서 생산하는 전기로 전환하는 것을 유도하고 지원하는 것이 목적이다. 탄소세는 그 세수의 일부로 탄소배당을 줄 수 있지만 전환 과정을 지원하는 데도 쓰여야 하기 때문에 본격적인 복지 확대 재원으로 사용하기에는 부족할 것이고, 장기적으로는 탄소배출이 사라질 것이므로 사라질 운명의 조세이다.

라. 토지보유세의 복지재원 가능성 검토

토지보유세는 탄소세와 마찬가지로 토지 공유를 이유로 토지에서 나오는 소득의 일부를 세금으로 거두어 모든 국민에게 기본소득으로 나누어주자는 아이디어의 세제이다(유영성 외, 2020). 현재의 부동산 보유세제와의 차이는 다음과 같다. 재산세는 그대로 유지하고(토지와 건물 과세), 종부세를 없애고 토지보유세를 도입한다. 종부세는 주택과 토지를 과세 대상으로 하는데 토지보유세는 토지만을 과세 대상으로 한다. 주택의 경우 종부세는 건물과 토지로 분리하지 않고 한꺼번에 과세한 것과 달리 토지보유세는 주택에서 토지를 분리하고 토지만을 과세 대상으로 한다. 한편 법인이 보유한 모든 토지도 과세 대상이 된다.

새로운 체제에서는 건물에는 재산세만 과세하여 그 세수를 지자체가 사용하고 토지에는 재산세와 토지보유세 두 가지를 걷어 재산세는 지자체가 자체 재원으로 사용하고, 토지보유세는 전 국민에게 기본소득으로 분배한다. 단 토지보유세액에서 재산세액은 공제해준다. 법인에게도 토지보유세를 걷어 기본소득으로 분배하는데, 법인이 소유한 토지도 궁극적으로는 주주인 개인이 소유하고 있다고 볼 수 있으므로 토지보유세와 기본소득의 대상이 되는 것이 마땅하다는 논리이다. 토지만을 과세 대상으로 하는 것은 부동산으로부터 발생하는 불로소득은 본질적으로 토지에서 나오기 때문이다.

유영성 외(2020)는 토지보유세를 부과했을 때 어느 정도의 기본소득 지급이 가능한지를 추정하였다. 통계청이 제공하는 가계 100분위 토지소유 현황자료는 각 분위의 평균 세대원수와 소유 토지의 평균가액 정보를 담고 있어서 이를 활용하였다. 우선 비례세율 형태의 토지보유세를 가정하고 6개 시나리오(비례세율 0.5~4.0%)를 적용하여 분위별 부담액과 수혜액을 산출한 결과를 제시했다.

그 결과 모든 시나리오에서 가장 토지소유 규모가 작은 1분위부터

77분위까지는 수혜액이 부담액보다 많은 순수혜 가구였고 78분위부터 100분위까지는 수혜액이 부담액보다 작은 순부담 가구였다. 즉 이러한 형태의 토지보유세를 도입하면 전체 가구의 77%는 순수혜자가된다. 가장 약한 0.5% 비례세율을 적용하게 되면 하위 1분위 가계는 30만 원 정도를 순수혜하게 되고 상위 100분위 가계는 약 1,500만 원 순부담하게 된다.[1]

토지보유세는 세수 사용처가 분명하고 그래서 과세의 효과를 체감하기 쉽다는 점에서 매력적이다. 그렇다 해서 비판점이나 우려점이 없는 것은 아니다. 무엇보다 토지 가치를 정확하게 측정할 수 있는가, 그리고 국민이 그것을 수용할 수 있을까가 관건이다. 토지만 존재하는 경우에도 정확한 가치 산정이 어렵지만 주택의 토지는 더욱 어렵다. 토지가격이 정확하게 평가되어야만 공정성에 대한 신뢰를 얻을 수 있는데 실제 관찰할 수 있는 것은 토지와 건물이 결합된 주택의 시세일 뿐이기 때문이다.

물론 토지가치를 공정하게 측정하는 문제가 쉽게 해결된다면 토지보유세를 걷어 기본소득으로 나눠주자는 제안은 실현 가능성이 높아진다. 탄소배당과 같이 수용성을 높이기 위해 토지배당을 줄 수 있다. 그러나 토지보유세는 보유세로서 미실현소득에 과세하는 것이어서 충분한 복지재원 마련이 가능할지는 의문이다.

한편 현재의 종부세는 토지보유세에 비해 다음과 같은 장점이 있

---

1 토지보유세가 종부세를 대체하게 되면 종부세가 감당하던 지자체 분배 재원이 사라지게 되는데 만일 토지보유세 세수에서 이를 원래대로 지급하기로 한다면 그 액수를 제외한 나머지로 기본소득을 줄 수 있을 것이다.

다. 첫째, 주택에서 건물과 토지를 정확히 나누어야 하는 수고로움이 작다. 주택에 한꺼번에 과세하기 때문에 토지의 가치를 분리하는 문제가 없다. 둘째, 다주택자에 대한 중과가 가능하다. 이러한 점을 고려하면 토지보유세를 도입할 것이 아니라 현재의 종부세에서 토지 과세를 강화하고 기본소득 배당을 결합하는 방식으로 토지보유세 도입의 취지를 달성할 수 있다.

3. 누진적 보편증세와 사회보장세

가. 누진적 보편증세라는 증세의 기조

의미있는 수준으로 복지를 확대하기 위해 본격적인 증세를 하고자 할 때 어떤 증세 전략이 바람직할까? 복지 프로그램의 근간인 사회보험의 경우 노후소득보장, 의료보장, 산재와 실업보호 등의 복지 수준이 제고되는 것이 필요하므로 그에 맞춘 보험료 인상도 필요하다. 동시에 고령화로 인해 미래 세대의 재정 부담이 커질 것이기 때문에 그 문제를 해결하기 위한 보험료 인상 방안도 마련해야 한다. 즉 사회보험료는 우선적인 복지증세의 수단이다.

그러나 사회보험료 방식의 복지제도는 기업 양극화와 노동시장 이중화가 심각한 현실로 인해 복지를 양극화시키는 문제를 안고 있다. 취약계층의 경우 보험료 부담으로 인해 가입을 꺼리기도 하고 가입해도 보장 수준이 높지 않다는 문제가 있다. 이로 인해 사회보험료는 일차적인 증세의 대상이지만 사회보험 재정을 일반조세로 지원하는 방안도 필요하다. 취약노동계층이 사회보험 안으로 많이 들어온다면 보험료 수입보다는 급여 지출이 많아질 수 있으므로 사회보험재정에 대한 조세 수입의 투입이 필요할 것이다.

일반 조세는 전통적 사회보험 외의 복지 영역의 수준 제고, 사회보험 재정 지원 등으로 향후 대폭 강화될 필요가 있다. 그렇다면 일반 조세 측면에서의 증세 전략은 어떠해야 할 것인가? 〈표 15-1〉을 통해 2018년 우리나라와 다른 OECD 국가들의 조세구조를 비교해보면 우리나라는 OECD 평균에 비해 세수 규모가 크게 작다. 이는 법인세, 자산세를 제외한 소득세, 사회보험료, 소비세 세수가 작기 때문이다.

〈표 15-1〉 주요 OECD 국가들과 한국의 세수구조(2018년)

(단위: GDP 대비 비중, %)

구 분	소득과세		사회보험료			고용세	자산세	소비세
	소득세	법인세	고용주	종업원	자영업자			
스웨덴	12.9	2.8	6.9	2.6	0.1	5.1	0.9	12.4
독일	10.5	2.1	6.5	6.7	1.4	0	1.1	10.3
프랑스	9.4	2.1	11.2	3.8	1.1	1.5	4.1	12.2
영국	9	2.6	3.7	2.4	0.2	0.1	4.1	10.7
미국	10	1	2.8	3	0.3	0	3	4.3
일본	6.1	4.1	6.1	6	0.8	0	2.6	6.2
한국	4.9	4.2	3.1	2.9	0.8	0.1	3.1	7
OECD	8.1	3.1	5.4	3.3	0.9	0.4	1.9	10.9

법인세의 경우, 세수 규모나 명목 최고세율 수준 면에서 우리나라는 이미 OECD 평균에 도달한 상태이다. 그러나 비과세감면 제도의 혜택으로 인해 최고세율을 적용받는 대기업들의 실효세율은 명목세율보다 훨씬 낮다. 따라서 비과세감면은 폐지를 원칙으로 해서 실효세율을 올릴 필요가 있다. 기업의 혁신투자 지원이나 고용지원은 재정지출로 실시하는 것이 바람직하다. 한편 법인세 명목세율은 OECD 평균에

이르렀다고 하더라도 많은 취약 노동의 존재, 좋은 일자리의 소멸, 노동소득분배율의 하락을 고려하면 법인세율을 전체적으로 인상하여 재분배 재원으로 사용할 필요가 있다. 아무래도 상위 법인의 역할이 중요할 것이다.

자산 격차에 따른 불평등이 심화되고 있으나 자산 과세는 과소하게 이루어지고 있다. 자산세는 취등록세, 증권거래세, 부동산 보유세, 상속세 등을 포괄하는 조세이다. 자산세의 경우 GDP 대비 세수 규모로는 OECD 평균보다 많이 걷고 있지만 취등록세, 증권거래세가 큰 비중을 차지하고 있으며 부동산 보유세는 OECD 평균에 가까운 정도이다. 그러나 부동산 보유세 실효세율(부동산가액 기준)을 구해보면 2017년 기준 우리나라의 부동산 보유세 실효세율은 주요국의 1/3 수준에 불과하다(유영성 외, 2020). 이러한 상황을 타개하기 위하여 보유세를 강화해야 하는데 이미 2020년 7·10대책을 통해 충분한 수준의 세제 강화가 채택되었다. 문제는 자꾸 과세 의지가 약화되는 것이다. 향후 대책 내용이 제대로 지켜지는 것이 중요하다. 물론 7·10대책에서도 아쉬운 점이 없는 것은 아니다. 토지에 대한 과세가 추가적으로 강화될 필요가 있다.

가계가 부담하는 소득세와 소비세의 소득계층별 부담률을 살펴보자(〈표 15-2〉). 우리나라 가계가 부담하는 총세액의 실효세율을 구해보면 하위 10% 가구의 실효세율이 가장 높은 역진성이 나타난다. 소득세는 약하게 누진적인데 부가가치세가 매우 역진적이기 때문임을 알 수 있다. 이는 저소득계층의 소득이 작은데 그에 비해 소비가 많을 수밖에 없는 현실 때문이다.

따라서 소비세와 소득세 중 증세 우선순위는 소득세로 잡는 것이 조세정의에 부합한다. 소비세는 세율을 조금만 올려도 세수 효과가 크다는 점에서, 그리고 OECD 평균에 비해 세수 규모가 작기 때문에 복지증세를 위한 매력적인 세원으로 여겨지지만 소득세와 소비세가 모두 OECD 평균에도 이르지 못한 상태여서 둘 다 증세 여력이 있다고 본다면 소득세 증세를 먼저 실시하는 것이 재분배 효과를 올리는 데 더욱 효과가 클 것이다. 소득세 증세의 경우 비과세감면 제도의 정비, 금융소득 및 투자소득 과세 강화, 상위 구간 세율 인상 등을 실시할 수 있다.[2]

〈표 15-2〉 10분위별 가구의 연간 평균소득 및 각종 조세의 실효세율

(단위: %)

구분	1	2	3	4	5	6	7	8	9	10	평균
소득세	0.2	0.2	0.2	0.5	1.0	1.8	2.4	4.0	4.6	7.9	3.0
사회보험료	7.3	3.0	4.8	4.8	5.8	6.0	6.5	6.4	6.4	6.0	5.0
부의소득세	-0.1	-0.3	-0.3	-0.1	-0.1	-0.1	0.0	0.0	0.0	0.0	0.0
보유세	5.0	1.4	1.6	0.8	0.7	0.9	0.9	0.7	0.8	1.0	0.8
부가가체세	30.5	12.3	10.0	9.2	9.4	9.2	9.2	8.2	7.8	6.5	7.4
전체	38.3	13.6	11.6	10.4	11.0	11.8	12.5	12.9	13.2	15.4	11.2

주: 재정패널 2019년 조사자료 활용. 전체 4,731가구로서 근로소득가구, 사업소득가구, 무소득 및 기타소득 가구 모두 포함. 경상소득은 가계 본원소득(근로소득, 사업소득, 이자배당임대소득 등)+공적이전소득. 사적이전소득(민간연금, 가족구성원의 용돈 등은 제외). 부가가치세 계산은 전승훈(2019)이 계산한 분위별 부가가치세 실효세율(소비지출대비)을 사용. 부가가치세 실효세율은 모든 분위 비슷하게 8%대 중반을 보임. 소득세는 자체 추계. 사회보험료, 근로장려세, 보유세는 가계가 보고한 금액. 실효세율=총세액/경상본원소득, 총세액에 사회보험료는 포함하지 않음. 경상본원소득=근로소득, 사업소득, 이자배당 및 임대소득=경상소득-공적이전소득.

---

2 우리나라의 경우 법인이 이윤을 유보하는 경향을 보이고 있다. 배당을 하면 주로 고소득층에 귀속되어 높은 소득세 세수로 거둘 수 있지만 유보이윤으로 남는 경우 자산 규모가 커져 주주는 주가 상승의 이익을 누릴 수 있다. 주식양도차익 과세가 중요한 이유이다.

나. 복지목적세의 장점과 도입 사례

복지 확대를 위해 적극적인 증세를 해야 하지만 국민들의 조세저항에 부딪힐 수 있다. 조세저항을 약화시키는 수단으로서 복지목적세의 도입을 고려할 필요가 있다. 특정 복지에 대한 재원으로 사용한다는 점에서 사회보험료와 복지목적세가 비슷하지만 사회보험료는 보험료를 내야 수급 자격을 획득한다는 점, 사회보험 가입과 혜택이 고용에 의해 좌우된다는 점, 고용주와 고용인이 함께 보험료를 부담한다는 점에서 복지목적세와 다르다. 복지목적세는 특정 복지에 투입할 재원을 마련하기 위해 부과되지만 그 제도의 혜택을 받는 사람이 재원을 부담하는 것은 아니다. 현실에서 실제 도입된 사례는 많지 않다.

미국의 '사회보장세(Social Security Tax)'는 '세금'이라는 명칭을 사용하지만 노후연금소득을 보장하기 위한 사회보험료이다. 영국의 '국민보험'(National Insurance)도 사회보험료에 가깝다. 의료는 제외하고 여러 사회보험을 국민보험이라는 하나의 시스템으로 통합하여 사회적 안전망을 제공한다(노호창, 2018). 영국은 국민보험제도를 설계할 때 다양한 고용 형태를 포괄하도록 설계했다. 고용 유형에 따라 경제적 상황이 다른데 그에 따라 보험료 부담 수준을 다양화함으로써 전 국민이 국민보험 안으로 들어오게 하였다. 그렇지만 고용주가 여전히 고용인의 보험료를 함께 부담한다는 점에서 사회보험료로 볼 수 있다.

스웨덴은 고용 문제에 적극 대응하기 위해 실업보험제도를 유지하는데 필요 재원의 일부분을 고용주 급여세를 통해 마련한다. 고용주에게 피용자 월 보수의 31.42%에 해당하는 금액을 급여세(employer's contributions)로 납부하게 하여 고용보험, 산재보험 등 고용 관련 복지 재원으로 사용한다. 실업급여의 재원은 조합원이 부담하는 보험료, 고용주 급여세 및 국가가 조세를 통해 마련한 지원금으로 구성된다(유길상 외, 2000). 그런데 이 급여세는 세금이라는 이름을 가지고 있지만 고용주는 고용인의 월 보수를 기준으로 급여세를 내기 때문에 사회보험료에 가깝다.

덴마크는 사회보험 방식이 아닌 조세를 걷어 모든 복지에 사용하는 복지재정 유형을 가지고 있다. 보험료를 걷기도 하지만 그것은 부가적 성격의 보장이고 국가가 규정하는 기본 보장은 조세로 조달된다. 조세 중에서는 소득세의 역할이 가장 중요하다. 덴마크의 노동시장은 '유연안정성 모델(flexicurity)'로 알려져 있는데 이 모델은 '유연한 노동시장, 높은 수준의 복지, 적극적 노동시장정책'이라는 3대 요소로 구성되어 있다. 특히 이 모델의 핵심은 관대한 실업급여와 적극적 노동시장 정책인데 이를 뒷받침하는 수단이 고용보험제도이다. 그리고 이 고용보험제도의 재원 마련 수단이 바로 임금근로자 및 자영업자의 소득에 과세해서 조달되는 '노동시장세(Labor Market Contribution)'이다. 덴마크의 노동시장세는 복지목적세라고 부를 수 있다.

프랑스의 일반사회보장세(Contribution Sociale Généralisé: CSG)도 복지목적세에 해당한다. 프랑스는 1980년대만 해도 다른 유럽 국가들에 비해 소득세 세수 규모가 상당히 작은 대신 사회보험료 부담이 컸다. 이러한 사회보험료 부담은 노동시장의 변화와 함께 취약계층에게 큰 부담으로 다가오게 되었다. 이에 1988년 모든 가계 소득에 1.1%의 세율로 과세하는 CSG를 도입했다. 비례세 성격의 증세이지만 취약계층의 사회보험료를 지원하겠다는 것을 명확히 하여 노조의 찬성을 이끌어낼 수 있었다. 프랑스는 다른 OECD 국가들에 비해 소득세 세수 비중이 매우 작았는데 CSG를 도입함으로써 단기간에 소득세의 역할을 획기적으로 제고했다(1990년 4.4% → 2018년 9.4%). CSG는 비례세이기 때문에 그 자체로 소득재분배 기능이 약하지만 취약계층을 위해 사용함으로써 지출 측면에서의 재분배 효과를 확실히 확보했다. 저임금 근로자와 영세 자영업자들의 사회보험료 인하 혹은 면제를 위해 사용되어 취약계층의 복지 접근성을 높였다.

다. 한국형 복지목적세: 사회보장세 제안

조세저항을 약화시킬 수 있는 전략으로서 복지목적세를 생각해 볼 수 있다. 복지목적세의 하나의 사례는 최근 관심을 끌고 있는 기본소득 제안이다(서정희 외, 2021). 기본소득은 모두에게 주지만 금액이 작은 부분적 기본소득(30만 원)을 지급하는 것에서 시작해 완전한 기본소득(현재가치 기준 중위 50%인 91만 원)을 지급하는 수준까지 발전시킬 수 있다. 그런데 도입 단계의 기본소득인 월 30만 원을 국내에 체류하는 모든 거주민에게 지급하려면 총 186.6조 원의 예산이 소요된다. 낮은 수준의 기본소득을 주려고 해도 거두어들여야 하는 세금이 많다는 것을 의미한다. 이와 함께 1/n로 분배한다는 것도 논쟁거리이다.

복지목적세의 장점을 살리면서도 기본소득과 같은 형태가 아니라 필요한 복지 요구에 집중해서 지원하는 복지목적세를 검토할 필요가 있다. 이에 한국형 복지목적세를 '사회보장세'라는 이름으로 제안하고자 한다.

첫째, 사회보장세는 누진적 보편증세 원칙을 실현할 수 있는 부가세 형태로 과세한다. 소비세, 자산세를 제외한 소득세, 법인세, 상속증여세 3개 세목에 부가세 형태로 부과하는 안을 제시한다. 핵심은 소득세, 법인세이므로 상속증여세를 제외할 수도 있다. 5%, 10% 혹은

20% 등의 세율로 부가세로 도입한다. 이렇게 도입하면 면세자는 제외되고 세금을 납부하는 납세자들이 대상이 되지만 아래 구간에서는 낮은 세율을, 위의 구간에서는 높은 세율을 적용받게 된다. 너무 많은 면세자를 발생시키면서 고소득층에 유리한 비과세감면 정비, 분리과세의 종합소득세화를 동시에 진행할 필요가 있다.

사회보장세의 장점은 보편적 누진증세로서 고소득층이 더욱 큰 부담을 지게 되는데 특히 금융소득, 임대소득, 퇴직소득, 양도소득이 고소득층에 더욱 집중되어 있다는 점에서 자산소득 과세가 강화될 수 있다. 또한 법인의 이윤에 대해서도 부과함에 따라 고이윤을 버는 법인들이 복지에 더욱 기여하게 한다는 장점이 있다.

둘째, 어떤 복지에 사용할 것인가가 중요하다. 덴마크의 노동시장세 혹은 스웨덴의 고용주 급여세는 고용안정을 위한 복지목적세이고 프랑스는 취약계층의 사회보험료를 지원하기 위한 복지목적세를 거두었다. 그런데 이 국가들이 이렇게 고용보험이나 사회보험 취약계층 지원을 복지목적세의 대상으로 삼은 것은 이미 다른 복지들은 대부분 높은 수준으로 발전했기 때문이고 이것들이 이 부분의 재원확보가 필요했기 때문일 것이다. 따라서 복지목적세의 대상을 위의 국가들과 비슷하게 가져갈 필요는 없다. 우리나라 사정에 맞는 제도를 설계하는 것이 맞을 것이다. 우리나라는 복지제도는 이미 다양하게 들어와 있으나 전체적으로 보장 수준이 낮다는 문제를 안고 있어 모든 복지 영역이 혜택 강화를 바랄 것으로 보인다.

혜택을 받는 것이 뚜렷해야 하므로 체감하기 쉬운 복지가 연결되는 것이 좋을 것이다. 현금복지가 더 좋겠지만 그렇지 않다 해도 개인이 받는 것을 명확히 알 수 있는 복지면 될 것이다. 또한 많은 국민들이 직접적 혹은 잠재적 혜택의 대상이 되면 좋을 것이다. 누구를 대상으로, 얼마큼 지원할 것인가는 사회보장세 재원 규모에 따라 결정할 수도 있지만 어떤 복지를 먼저, 얼마나 확대할 것인가라는 복지 우선순위에 따라 사회보장세 부담 수준을 결정할 수도 있다. 이에 대한 국민의 선호 파악이 필요하다.

4. 결론

복지 수준의 제고를 추구함에 있어 가장 큰 걸림돌이 되는 것이 바로 재원 마련 문제이다. 박근혜 정부의 '증세 없는 복지 확대'가 비판을 받았던 것이 바로 이와 관련되는데 문재인 정부도 소폭 증세하는 데 그치는 세제개혁을 통해 복지를 확대하려다 보니 의미있는 수준에서 복지 확대가 이루어지지 못했다. 영구적인 복지 확대는 영구적인 증세를 요구한다.

증세 방안은 우리나라의 심각한 소득 및 자산 양극화를 고려하면 전소득계층의 세부담이 고르게 증가하는 것보다는 여유있는 계층에게 세부담이 더 갈 수 있는 증세가 우선되어야 한다. 그렇다고 한다면 법인세, 보유세, 상증세, 소득세를 대상으로 하되 주로 상위 구간에 초점을 맞추어 세부담을 강화해야 한다. 그런데 이들이 일차적인 증세 대상이지만 최상위 일부의 상위 구간을 대상으로 한다면 복지수준제고를 위한 충분한 세수를 걷기 어려울 것이다. 따라서 복지재원을 어느 정도 의미있는 규모로 마련하기 위해 소수의 상위 구간을 타깃으로 하기보다 조금 넓은 상위 구간을 타깃으로 할 필요가 있다. 물론 위로 갈수록 세부담 증가가 더욱 무거워야 한다. 이를 우리는 누진적 보편증세라고 부를 수 있다.

그러나 증세는 국민들의 입장에서 보면 가처분소득이 줄어드는 것이기 때문에 효과를 체감하기 어렵다면 많은 국민들, 심지어 혜택을 받게 될 국민들까지도 그에 저항하기 쉽다. 따라서 어떻게 국민들을 설득할 것인가가 관건이다. 증세를 하는 목적이 복지를 확대하기 위함이라고 밝히는 것이 국민들을 설득할 수 있는 수단이 되겠지만 국민들이 이러한 약속을 믿을 수 있을지 의문이다. 따라서 이러한 조세저항을 약화시킬 수 있는 전략으로서 복지목적세를 생각해볼 수 있다.

최근 국민들의 관심을 끄는 기본소득 제안은 탄소세, 토지보유세를 거두어 1/n로 나눠주겠다고 하는 복지목적세이다. 이는 증세의 목적을 체감하기 쉬우므로 국민들을 설득하기에 용이하다. 그런데 기본소득은 내고 받은 결과로서의 순효과는 크지 않으면서 거두어들이는 조세의 규모는 매우 크다. 그로 인해 사회서비스 등 다른 복지의 재원을 마련하기 위한 추가적 증세를 어렵게 할 수 있다.

기본소득 제안이 가지고 있는 수용성을 확보하되 좀 더 복지 대상을 제한적으로 타깃팅해서 그 효과를 높이는 증세 방안을 제안할 필요가 있다는 점에서, 필요한 계층에게 필요한 복지를 좀 더 넓고 두텁게 제공하되 목적세로서 재원을 조달하는 '사회보장세'를 제안하였다. 소득세, 법인세, 상속증여세 3개 세목에 부가세 형태로 5%, 10% 혹은 20% 등의 세율로 복지목적세를 도입하는 것이다. 어떤 복지에 사용할 것인가가 중요한데 혜택이 뚜렷이 체감되고 잠재적 수혜자가 광범위할수록 수용성이 높을 것이다. 국민들의 선호가 어떠한지 파악할 필요가 있다.

| 참고문헌 |

김신언. 2020. "기본소득 재원으로서의 데이터세 도입 방안".『세무와 회계』통권 23호 제9권 제4호.

노호창. 2018. "영국 국민보험의 개관과 시사점".『법학연구』18(3). 285~337.

백수연. 2021. "탄소세 논의 동향".『나보포커스』제34호. 국회예산정책처.

백승호. 2020. "플랫폼 자본주의와 복지국가의 재구성".『한국사회보장학회 정기학술발표논문집』2020 권2호.

서정희 외. 2021.『한국 사회 전환: 리얼리스트들의 기본소득 로드맵』. 기본소득연구소.

안종석. 2020. "BEPS 2.0-주요 내용과 시사점".『조세재정브리프』No.98. 한국조세재정연구원.

양재진·윤성원·장우윤. 2021. "한국인의 복지 및 기본소득 관련 증세 태도 연구".『예산정책연구』제10권 제2호. 국회예산정책처.

유길상 외. 2020.『노동시장정책에 대한 재원조달방식의 국제비교 연구』. 한국노동연구원.

유영성 외. 2020. "기본소득형 토지보유세 도입과 세제개편에 관한 연구".『정책연구』2020-80. 경기연구원.

이승주·박소영. 2019. "정부의 복지정책에 대한 인식이 증세 태도에 미치는 영향에 관한 연구".『지방정부연구』제23권 제2호. 153~173.

홍범교. 2018.『기술발전과 미래 조세체계: 로봇세를 중심으로』. 한국조세재정연구원.

국정과제협의회 정책기획시리즈 09

사회보장제도 진단과 대안 모색

발행일   2022년 03월 30일

발행인   김유선

발행처   대통령직속 정책기획위원회 소득주도성장특별위원회
            서울특별시 종로구 종로1길 42 이마빌딩 12층
            대통령직속 정책기획위원회 소득주도성장특별위원회 (02-397-5033)

판매가   26,000원

편집·인쇄   경인문화사 031-955-9300

ISBN   979-11-978368-0-0 93330